十二世紀のルネサンス

ヨーロッパの目覚め

チャールズ・ホーマー・ハスキンズ
別宮貞徳・朝倉文市 訳

講談社学術文庫

THE RENAISSANCE
OF THE TWELFTH CENTURY

by

Charles Homer Haskins

Harvard University Press, *1927*

はしがき

この本の題を見て矛盾もはなはだしいと思う人がさぞかし大勢いることだろう。十二世紀にルネサンスとは何ごとだ！　あの無知と沈滞と陰惨の時代、中世と、あとにつづくイタリア・ルネサンスに見られる光と進歩と自由をくらべればまるで天地の差があるではないか。人びとがこの仮の世の喜びと美しさと知識にはまるで関心がなく、来世のおそろしさにばかり目をすえていた中世に、どうしてルネサンスがありえよう。この時代は、一言で言って、シモンズが描いた聖ベルナルドゥスの姿に要約されるのではないか。レマン湖の美しさには目もくれず、「この聖人は「物思わしげに視線をラバの首筋に落している。」「人間が苦しみ多い巡礼のごとく、罪と死と審判の恐怖のみを思ってこの世の街道を歩み、その景色の美しさ、人生のすばらしさを知りもしなかった」時代をあたかも象徴するかのように……

それに対する答は、歴史の連続性からして、ひきつづく二つの時代にそれほどきわだった、はげしい差はありえず、今日の研究の結果、かつて考えられたほど中世は暗黒でも生命力を欠いてもいないし、ルネサンスもそれほど明るくも突然でもないことがわかった、ということである。中世には生命と色彩と変化が見られる。知識と美を追求するしたたかな意欲もあれば、美術、文学、制度に大きな創造をなしとげてもいる。イタリア・ルネサンスに先駆けて、幅の広さにおいて劣ってはいても、似たような運動が存在していた。それどころか、イタリア・ルネサンスは中世から徐々に徐々に形をあらわしてきたもので、いったいいつをはじまりとするか学者の間でも意見がまちまちで、クァトロチェント（一四〇〇年代）の名称はもとより、その事実さえ否定する人がいるくらいなのだ。

これら早い時代の復興の中でももっとも重要なものを本書は取り上げている。時に中世ルネサンスとも呼ばれる十二世紀ルネサンスである。この世紀はまさしくラバにまたがったか の聖ベルナルドゥスの世紀なのだが、いろいろな面で新鮮な活力にあふれた時代だった。十字軍がさかんにおこなわれ、都市が勃興し、最初の官僚国家ができあがったこの時期には、美術の面ではロマネスクが絶頂に達しゴシックがその緒についた。各国語の文学があらわれ、ラテンの古典と詩、ローマ法がよみがえった。ギリシアの科学がその後アラビアで発展したものもろとも復活し、ギリシア哲学の多くの部分が力を取りもどした。ヨーロッパ最初の大学も創設された。十二世紀は、高等教育、スコラ哲学、ヨーロッパの法制、建築・彫刻、典礼劇、ラテン語・各国語の詩にまぎれもない刻印を残している。これほど広いテーマを一巻の書物に収めることはむりだろうし、ひとりの著者の手にもあまろう。そこで、美術と各国語文学はかなり知られていることでもあり、このルネサンスのラテン的な側面、もっとも広い意味での学問の復活に主題を限定することにした。ローマの古典とその影響、新しい法学とさまざまな歴史記述、新しいギリシア人、アラブ人の知識と、西欧の科学、哲学に及ぼしたその影響、学問の新しい制度などがそれで、すべてこの世紀の文化の中心と素材を背景として展望した。こういう全体的なテーマを扱った著作はほかに見あたらないことに免じて、間接的な知識に頼らざるをえない記述をおこなったこともご容赦いただきたい。

本書は一部筆者の別の研究の成果に負うところがあり、その詳細は、『中世科学史研究』(*Studies in the History of Mediaeval Science*, 2nd. ed., Cambridge, 1927) とその姉妹作で目下進行中の『中世文化研究』(*Studies in Mediaeval Culture*) に述べられている。その他の文献については、末尾の書誌を参照していただきたいが、ほとんどすべての題材がなお研究の余地を残していることを付言しておく。題目別の配列の方が人物別あるいは国別よりもよいと考えた。その結果、個々の人物や国に関する記述が分断されることになるが、その不便は索引である程度補えるだろう。また同時に、この文芸復興運動に主要な国々がどれだけ関与したかは一応明らかにしたつもりだし、アベラルドゥス、ソールズベリーのヨハネス、ラテン詩人たちの個性的な特徴もそのまま残されているものと希望したい。

原稿に目を通していただいた同僚のE・K・ランド、C・H・マキルウェイン、ジョージ・サートンの諸氏、そしてソルボンヌのエティエンヌ・ジルソン氏に心からの御礼を申しあげる。その後の段階では、ハーヴァード大学の芸術科学大学院事務局のジョージ・W・ロビンソン氏の正確な識見と適切な判断に負うところ多かった。アーマ・H・リード嬢、ジョシア・C・ラッセル博士、とりわけマーガレット・G・コミスキー夫人にも感謝しなければならない。そのご援助のおかげでいろいろと仕事がはかどったし、多くのミスや見落しをせずにすんだ。

一九二七年一月　ケンブリッジ、マサチューセッツにて

チャールズ・H・ハスキンズ

目次

十二世紀のルネサンス

第一章　歴史的背景

ヨーロッパの中世は、人間の歴史の中で、複雑で変化に富むのみならず、無視することのできない重要な時期を形作っている。その千年に及ぶ時の広がりは、多種多様な民族と制度、文化様式を含み、さまざまな歴史的発展の推移を示すとともに、また近代文明の諸相の起源を内包している。東と西、北方と地中海地方、古いものと新しいもの、聖と俗、理想と現実の対照が、この時代に活気と色彩と動きをもたらす一方、古代にも近世にもひとしく密接なつながりを持つことによって、この時代は人間発展の連続的な歴史の一環に位置づけられる。連続と変化、二つながら中世の特徴とするところだが、それは歴史上すべての偉大な時期について言えることである。

こういうとらえ方は、知識の乏しい人とはもちろん、もっと分別があってしかるべき多くの人の考えともちがっている。この人たちにとって中世とは、すべて単一で、動きのない、非進歩的なものの代名詞で、「中世」という言葉は何ごとにつけ古くて役に立たなくなったものに使われ、バーナード・ショーが言っているように、一昔前に流行した服装すら「中世的」と片付けられる始末である。ゴート族、ヴァンダル族の蛮行がひきつづく何百年に広く影を投げかけているわけで、ゴート族の建設の才能を示すみごとな成果である「ゴシック」建築にまでそれは及んでいる。この時代の無知と迷信に対比されるのはルネサンスの啓蒙なのだが、ルネサンスに栄えた錬金術や悪魔学のことは、おかしなことに目もくれられない。そして「暗黒時代」という言葉は、中間の時代、たとえば一つの目安として四七六年から一四五三年までの全部を含むように拡大される。中世が「暗黒」ではないことを認識している人でも、少なくとも中世の真中の八〇〇年から一三〇〇年あたりまでは不動不変で、封建制、教会中心主義、スコラ学というきわだって中世風のしきたりを特徴とし、その前後を活発な変化の時代にはさまれている、と考えていることが多い。これは、ヨーロッパ各地域がそれぞれちがった発展をしたこと、この時期の中でも大きな経済上の変化があったこと、東方から新しい学問が流れこんだこと、中世の生活と思想の流れにも移り変わりがあることを無視した考え方である。とりわけ、知的な側面について言えば、ローマの古典と法制の復活、古代の学問の吸収と観察による知識の拡大、詩文・美術の創造的制作がないがしろにされている。いろいろな点で、紀元八〇〇年のヨーロッパと一三〇〇年のヨーロッパとでは、類似よりも相違の方が大きい。八世紀の文化と九世紀の文化、一一〇〇年頃の状況と一二〇〇年頃の状況、十二世紀と十三、四世紀の新しい知的風潮の間にも、規模は小さいが同じ比較を立てることができる。

便宜上、これらの運動をカロリング・ルネサンス、オットー・ルネサンス、十二世紀ルネサンスなどと称するのが普通だが、これは、かつてはもっぱら十五世紀のイタリア・ルネサンスに使われていた言い方にならったものである。このルネサンス（再生）という言葉は、突然変化がおこって十五世紀に独自の文化が生まれたようなまちがった印象を与え、また、一般的に、何か過去のものがほんとうに復活することがありうるような意味合いを持つということで、絶対に使おうとしない人も中にはいる。ヘンリー・オズボーン・テイラー氏は、『十六世紀の思想と表現』（*Thought and Expression in the Sixteenth Century*）[1]全二巻を書くにあたって、一度もこの禁句を使わなかったと自負しておられる。しかし、この言葉がほかの、たとえばクァトロチェント（一四〇〇年代）とか「十六世紀」などよりもまちがった解釈を生みやすいかどうかは疑問だろうし、非常に便利ですでに常用されているから、オーストリアと同じで、存在しなかったのなら新しく作り出すほかない。なんと呼ぼうと、イタリア・ルネサンスは事実としてあったのだし、ホメロスの詩を同じ名前の別の詩人の作品だとするようなことをしても、得るところは何もない。しかし——これだけは認める必要がある——この偉大なるルネサンスは、ひとが想像するほどユニークでもきわだってもいないのだ。文化の対照は、ユマニストや近代のその追随者の思ったようにくっきりしたものでは全然なかったし、反面中世の中にもいくつか知的な復活があって、その影響は後代にまで残り、十五世紀のもっとよく知られた動きと同じ性格がそこにも見られる。そのような復活の一つを本書は取り扱う。すなわち十二世紀ルネサンス。中世ルネサンスとも呼ばれるものである。

十二世紀のルネサンスは、十一世紀末から一二〇四年のローマ人によるコンスタンティノープル占領、その他、十三世紀の到来を告げる同時代の事件まで百年あまりの間に、ヨーロッパが経験したすべての変化を網羅する、と広く解釈することもできなくはない。後のイタリアの「ルネサンス期」という用語がそうである。しかし、そんなふうに広くとっては焦点がぼやけて、全体史ならともかく、ものの用には立ちそうもない。この時代の文化の歴史に限定するのが得策だろう——ロマネスク美術の完成とゴシック美術の興隆、抒情詩と叙事詩両面における各国語の隆盛、ラテン語の新しい学問、新しい文学がそれである。十二世紀は、司教座聖堂付属学校の隆盛に始まり、サレルノ、ボローニャ、パリ、モンペリエ、オックスフォードの最初の大学の確立をもって終わる。はじめは七自由学芸の輪郭がようやくととのってきただけだったのが、最後には、ローマ法、教会法、新アリストテレス、新しいエウクレイデス（ユークリッド）とプトレマイオス、ギリシアとアラビアの医者の著書を手中に収めて、新しい哲学、新しい科学が可能になった。ラテン語の古典、ラテン語の散文、ラテン語の詩が、ヒルデベルトゥスの古典的スタイルとゴリアルディ（遊歴書生）の新しい押韻の両方で復活し、典礼劇の形もできあがった。伝記、回想録、宮廷編年史、各国語の歴史、都市の年代記など、歴史の著述活動が新たにさかんになって、変化と幅に富む豊かな時代を反映する。一一〇〇年頃の書庫といえば、聖書とラテン教父の著作に、カロリング時代のその注釈、教会の典礼書といろいろな聖人の伝記、ボエティウスその他の教科書、地元の歴史がわずか、そして場合によっては、埃にまみれていることが多いのだがラテン語古典作品のあるもの、せいぜいこれぐらいの本しかなかっただろう。一二〇〇年、あるいはもう少しあとになると、上記の古い著作の写本が質量共に向上しているだけでなく、『ローマ法大全』と古典的著作が部分的に救い出されたし、グラティアヌスや新しい教皇たちの法令集、アンセルムス、ペトルス・ロンバルドゥス、その他初期スコラ学者の神学書、聖ベルナルドゥスその他修道会指導者（二百十七巻のラテン『教父著作集』のたっぷり四分の一はこの時期に属する）の著述、大量の新しい歴史、詩、書簡、中世初期には知られず十二世紀にギリシア語・アラビア語から復旧された哲学、数学、天文学などが見られるようになる。すぐれたフランスの封建叙事詩と最良のプロヴァンスの抒情詩、それに中高ドイツ語の最古の作品もある。ロマネスク美術はすでにさかりを過ぎ、新しいゴシック様式がパリ、シャルトル、その他イル・ド・フランスの小中心地にやがてしっかり根をおろす。

十二世紀の西洋文化の全貌を展望するとなれば、ずいぶん広い範囲に及ぶわけで、いろいろな面で予備的な研究もまだ欠けている。本書では紙幅に制限があり、筆者の知識も不足しているので、この時代の建築と彫刻、それに各国語文学は割愛せざるをえず、ラテン語の著作と、そこにあらわれている生活と思想にもっぱら注意を向けることになった。美術と文学は完全に別々のものではない。ラテン語と各国語も、言うまでもないことながら、厳密に分離できはしない。路線が並行したり交差したり、あるいは一点に集まったりで、かつては学のある人の書いたものと学のない人の書いたものを分かつと思われていた水も洩らさぬ仕切りを、そのまま維持することはとうていできないことがわかってくる。この二つの文学が互いに入り組んでいることを常に頭に入れておかなければならない。とはいえ、別々に論ずることは可能だし、これまでは各国語の方がはるかに注目されていたことからして、ラテン・ルネサンスの方をよけい取り上げても十分言いわけはたつだろう。

時の枠は簡単には設定できない。世紀というものは、よくて方便にすぎず、そのため歴史的な考え方が妨げられたり歪められたりしてはならない。同じ百年の長さに切り分けたら歴史が歴史でなくなってしまう。せいぜい言えるのは、十一世紀末には政治的、経済的、宗教的、知的な面で新しい生活のしるしがたくさんあらわれているが、たとえばローマ法の復活とか、古典への新たな関心とかにはっきりした日付を与えることはまずできないということ。またかりに便宜上一〇九六年の第一回十字軍を分岐点に選ぶとしても、この事件自体は知性史上なんら決定的な重要性を持つものではなく、ほんとうの変化はそれよりも五十年ほど早く始まっていることを、十分認識しておかなければならない、ということぐらいだろう。この時代の終わりの区切りは、ますますもってはっきりとは定めにくい。知的生活は一旦いきおいを取りもどせば、鈍ったり突然性格を変えたりはしない。十四世紀は十三世紀から出てきているし、十三世紀は十二世紀から出てきているという具合で、中世ルネサンスとクァトロチェントの間にはほんとうの断絶はない。ある学生がいつか言ったものだ。ダンテは「片足を中世に入れて立ち、片足でルネサンスの星の出にあいさつを送る」！　一二五〇年頃の文学、美術、思想には、流動的な発達期にある前の時代とくらべて、十三世紀のしるしが容易に認められるとしても、この二つははっきりした境界線で区切られているわけではない。ただこれだけが言える。世紀の変わり目に、ギリシア（ビザンティン）帝国の没落、新アリストテレスの受容、論理の文に対する勝利、ラテン詩・フランス詩の創造的な時期の衰退といったような現象の中に、見すごすことのできない変化がはっきりあらわれているが、五、六十年後には新しい科学と哲学が、アルベルトゥス・マグヌスとトマス・アクィナスによってきっちりまとめられた。一二〇〇年には中世ルネサンスは相当の進捗を見せ、一二五〇年にはその仕事は大体終わっている。「十二世紀のルネサンス」と言う場合、この「世紀」は非常に大まかなもので十二世紀そのものだけでなく、その前後も含んでおり、ただその文明のきわだった特徴を示す時代として中央部にそれなりの大きな重点がおかれている、というふうに考えなければならない。この動き全体をとらえれば、実際にはさらに五十年前にさかのぼり、後の方もほぼ同じ年数くだることになる。

その上また、この動きのさまざまな側面がすべて時を同じくして起こっているわけではない。それは後のルネサンスも同様で、古典の学問の復活、イタリア美術の爆発的な興隆、コロンブスやコペルニクスの新発見は、完全に並行して出てきたのではない。ラテン古典の復活は、カロリング時代から連続的に進展してきたとは見られないが、十一世紀にはたしかに始まっていて、その新しい人文主義の力は十二世紀が終わるころにはあらかた絶えてしまう。他方新しい科学は、十二世紀の第二・四半世紀になってやっと始まり、一旦始まると中断することなく十三世紀に流れこんで、少なくともギリシア・アラビアの学問の吸収が完了するまでつづく。十二世紀に始まる哲学の復活は、十三世紀に絶頂期を迎える。といった具合で、ここでもすべて歴史というものの例に洩れず、一つの年代があらゆる事物の発展過程にひとしい重要性を持つことなどありえない。

カロリング・ルネサンスと異なり、十二世紀のルネサンスは一つの宮廷あるいは王朝の産物ではない。また、イタリア・ルネサンスともちがって、一つの国で始まったのでもない。ローマ法、教会法、ギリシア語からの翻訳については、イタリアがそれなりの役割をになっているにしても、法律の分野は別として決定的な役割ではない。全体としてはフランスの方が、修道士と哲学者、新しいパリ大学をもって頂点とする司教座聖堂付属学校、遊歴書生と自国語詩人、ゴシック芸術の中心といった面でいっそう重要だと言えるだろう。イングランドとドイツも注目に値するが、フランスとイタリアから文化がひろがった点でそうなのであって、文化がそこで始まったわけではない。ドイツの場合は、十三世紀に近づくにつれ、ある意味で下降して行く時期にあたっており、一方イングランドは、ラテン語、自国語いずれの文化についても、フランスと固く結びつきながら進んで行く。スペインの役割は、回教世界の学問との間をつなぐ主な鎖の環としての働きにあり、そこで活躍した翻訳者の名前を見ても、セビリャのヨハネス、サンタリャのフーゴー、ティヴォリのプラトン、クレモナのゲラルドゥス、カリンティアのヘルマヌス、ブリュージュのルドルフス、チェスターのロベルトゥスなど、新しい学問探求の全ヨーロッパ的性格がはっきりうかがえる。キリスト教スペインは、北方への伝達者にすぎなかった。

これらの名前は、ほとんどがわれわれにとって単に名前であるにすぎなくて、イタリア・ルネサンスに見られるあの多士済々の目を見はるような人物が十二世紀には欠けていることを示している。ルネサンスにあれほど大量にある回想録も書簡もここにはなく、群を抜いて目立つ人が比較的少ない。肖像画に対する芸術的な関心があるともいえない。彫刻と建築は豊かですぐれているが、様式の芸術であって、個人の芸術ではない。学者・文人の肖像画は全然残っていないし、君主・高位聖職者のものすらきわめて少ない。マントヴァのゴンザガ公宮殿を飾っているような馬の画像もない。

この知的復興を生み出した条件はどうであったのか、はっきりした説明は容易ではない。十一世紀はいろいろな面であいまいだし、十世紀はあいまいの度合がさらに強い。知的な動向のあとをたどることは、もっとも恵まれた状況のもとでも簡単にはいかないのである。十一世紀後半で一つ非常に目につく事実は、特にイタリアにおける商業と交易の急速な発展と、その結果、都市生活が活発になったことだろう。最近、クァトロチェントのイタリア・ルネサンスを説明するために、それに先行する経済状況、都市状況がよく強調される。それと似たことをここでも考えたくなるが、十二世紀のルネサンスはとりたててイタリアのものとはいえず、むしろ、経済復興などまだろくに始まってもいないアルプスの北の方が、ある点では目立っているくらいなので、経済的決定論者お得意の用語だけでこの事象を説明することはむりである。政治的な面での発達もいくらかあった。イングランドとシチリアを含むノルマン人の国やカタロニアなど、それにフランスの封建制強化に見られるとおりで、この発達がある程度平和をおし進めるとともに、平和な社会においてこそさかんになる旅行とコミュニケーションにはずみを与えた。これらの影響はすべて、地中海地方、および地中海地方と北方諸国の交流に大きな意味を持っていたわけだが、繁栄する封建諸侯・国王の宮廷は、次章で見るように、ラテン語・自国語の文学を培う中心となった。教会も、いうまでもなく、この次第にひろがる繁栄の一翼を担っていて、律修、在俗いずれの聖職者も旅行や稿本の購入、筆写にいっそう多くの費用をかけられるようになり、学習、研究の物理的な機会がさらに増加した。教皇制の発達は、ローマへの道にますます多くの聖職者と俗人を引き寄せたが、ほかの大きな巡礼路と同じくこの道を旅する信心深い旅行者も多く、その人たちのために多くの武勲詩が作りだされた。その上にまた、教会制度がきちんと定められたことを受けて、叙任権論争の文書、それにつづく教会法関係の著述、その他広い方面にわたってあらゆる種類の大部な、よくととのった記録が書かれるようになった。

この時代の生活が活況を呈したことにともない、当然、精神の方も活発になってきたが、いくつかの事例については、知的な動きとのもっと直接的な結びつきを示すことができる。たとえば、一一〇〇年頃のイタリアにおけるローマ法の復活は、このすぐれた法体系が適用されていた経済・社会環境の成長と密接なつながりがあった。巡礼物語の形式は、ローマとコンポステラへの道をたどる巡礼の増加にともなうものだった。科学と哲学の著作のアラビア語からの翻訳は、北スペインのキリスト教再征服が一〇八五年にトレドに、一一一八年にサラゴサに及び、北方から勇躍イベリア半島にわたったキリスト教徒の学者にサラセンの学問を学ぶ道が開かれたことに立脚していた。ギリシア語からの翻訳は、ノルマン人のシチリア・南イタリア征服と、北部都市共和国のコンスタンティノープルとの商業・外交関係によって促進された。サレルノがその地理的な位置のおかげで中世医学に覇をとなえたことは疑いをいれない。歴史は、人間活動が変化と面白さを増すにつれて多様かつ大部になった。十字軍の歴史は、歴史家以前に十字軍戦士を必要とするのである。

十二、三世紀の他のすべての変化と同じくこの知的な変化についても、十字軍が、大きな理由説明として使われたことがあった。「この金のかかる危険な遠征」が君主政治を強化（あるいは弱体化！）し、教皇の権力を高め、封建制の基礎を危うくし、都市を生み出し、人間精神を解放し、全体として新しい時代の先触れとなった、とされはしなかったか。たとえばギボンは、十字軍に加わった直臣が貧乏のために「やむなく誇りをすてて自由の特許状を出した結果、奴隷は拘束を解かれ、農夫は畑、商人は店を手に入れ、社会の中でもっとも人数が多く有用な部分に徐々に力と生命がもどってきた」と断言してはいないだろうか。あいにくこういう説明は安易な推測、上すべりな修辞にすぎず、今では歴史家は十字軍と十字軍時代の間にはっきり線を引いていて、十字軍はこの活気のある時代のもっとも重要な事件どころか、一つの相でしかないことを指摘している。十字軍は、東洋と西洋を近づけ、交易、運輸、金の流れを促進し、すでに動いている風潮にはずみを与えはしたが、特に知的な面でのその影響はそれほどはっきりしないし、また重大でもないと思われる。ギボンが、必ずしも「時間的に近い事件」ばかりが原因だったのではないにしても、ともかく「さまざまな原因からヨーロッパで学問への強い好奇心が目ざめた」と言っているのはまさにそのとおりで、最近ある著者は「たくさん旅をしても少ししかものを見ないことがないわけではなく」、「ジョアンヴィル描くところの聖王ルイ、あるいはジョアンヴィル自身は、十字軍従軍によって知的に変わることはなかった」と述べている。[2] いずれにせよ、十字軍はラテン・ルネサンスの原因ではありえない。ラテン・ルネサンスは第一次十字軍のずっと前に始まっているし、この二つのできごとはほとんど触れ合うことがないからである。

あたっているもの、あたらないものを含め、この種の説明をすべて出しつくしたあとに、「近似分析」の手法にはひっかからないおりが残る。世紀の一方の端にはアンセルムス、アベラルドゥス、イルネリウス、テュロルド（あるいは誰にせよ『ローランの歌』の作者）、バスのアデラルドゥス、反対の端にはフリードリッヒ二世、アッシジのフランチスコ、そして偉大なスコラ学者たち――こういう人たちを時と場所のしからしむるところとして説明することはできないし、まして、（フリードリッヒ二世は別として）今となってはたどるすべのない遺伝に帰着させることはむりである。このような個々の才能の発現と、社会の営みにこれほど活気のある時代なのだから精神の働きにも活気があってあたりまえという大ざっぱな考え方の間には、われわれの知識の増加に応じてさらに深く探求すべき余地がまだまだ残されている。その探求は、特に十一世紀にさかのぼる必要がある。十一世紀という朦朧たる始原の時期にこそ、十字軍とその征服よりはるかに先だって、新しいこの動きの秘密はひそんでいる。十字軍など出てきたのが遅いから何の説明にもなりはしない。ところでこの問題は、われわれの考察の対象が新たな創造ではなく知的生活の増大であること、九世紀と十二世紀の間の連続性が一度も完全には断たれなかったことを思い起こせば、いくらか理解しやすくなるだろう。「中世の各世紀は、直前の時代に知られていたものを受けついだだけでなく、さらに大きな宝を求めてはるかな過去にまで手をのばした(3)」のは、一般論としてそのとおりだが、十二世紀は普通以上に触手をひろげ、普通以上に多くのものを取りもどしたのだった。

一般にカロリング・ルネサンスと呼ばれている九世紀の学問・文芸の復興は、シャルルマーニュとその直接の後継者の宮廷を原点かつ中心としている。もともとフランク族の聖職者の間に恥ずかしくないだけの教育水準をうちたてるために始められた運動だが、学問に対する興味そのものをかきたて、イングランド、イタリア、スペインからガリアの地に学者が集まってきて、将来自分たちの仕事を継承する新しい世代を養成することになった。これは新たな誕生というよりはむしろ復活——先行する「暗黒時代」に陽の目を見なかったラテン教父、ラテン古典、ラテン語の復活であった。その神学の著述は教父たちから材料を集めたものにすぎないし、ラテン語の散文・韻文は、次の時代の作文の新しい基準になったにせよ、古いおおかたが古い題材のむしかえしである。この運動は新しいものを始めたのではなく、古いものを保存した。とはいうものの、今日なおアルファベットとして使われている例のカロリング小文字筆記体を創案して、ヨーロッパの書体を改革したのもこの運動なら、ラテン古典を無事救い出してくれたのもその写字生である。ラテン古典のほとんどすべては、直接間接にカロリング朝の筆写を通じて現代に伝えられている。蔵書も集められた。フェリエールのルプスとかスコットランド人ヨハネスというようなユマニストもあらわれた。ラテン語はメロヴィング時代の深いはざまに逆もどりすることはもうなかったし、ヨーロッパの知性は、九世紀の大きな収穫を絶えて失いはしなかった。

カロリング・ルネサンスは、宮廷と宮廷付属学校を中心としていただけに、九世紀の後半、フランク帝国の解体とともに終焉し、それにつづいてできた群小王国の宮廷には代表となるようなものを何も残さなかった。公式の編年史は八八二年をもって終わり、「勅令はその流れを止めた」。役人はもはや領内の巡視にも出かけない。しかし、さいわいシャルルマーニュがすべての修道院と司教座聖堂に学校をつくることに力を入れていたので、主としてそれを中心として知的な運動がさかんになった。修道院関係の大きな施設としては、トゥールとフルダ、ライヒェナウ、サン・ガル、ロルシュ、フルリー、サン・リキエ、コルビーなど、司教座聖堂関係では、メス、カンブレ、ランス、オセール、シャルトルなどが含まれる。これらの施設は、カロリング朝の庇護のもとですでに富と特権を獲得していたので、王朝の運命にかかわりなく教授と著述がそこでずっと継続的におこなわれることを妨げるような内在的理由はなかったものの、その起源は、シャルルマーニュのうちたてた平和と秩序に負うところ大きかったので、それがくずれれば施設の方も簡単に消滅することになった。十世紀という「鉄の世紀」がきびしい試練になった。それは無秩序と「弱肉強食」の時代だった。「誰ひとり共同の防備や広い組織づくりを考えず、強者が城をつくれば、弱者はその農奴となるか、修道院に庇護を求める。統治者——諸侯、司教、修道院長——は支配を強化して、代理人の身分を独立の身分に、人に対する権限を土地に対する権限に変じ、遠方の力のない宗主など無視する」(4) そういう時代だった。国王や領主は、理屈の上では修道院に渡したものを、実際には在俗修道院長として自分が受け取ることもあった。こういった諸侯たちは、少なくとも形の上ではキリスト教徒で、教会にある程度の尊敬を払っていたが、それはキリストと縁のないサラセン、ハンガリア、北欧などの侵入者には期待すべくもない。彼らはフランク帝国になだれこんで、豊かな修道院、司教座聖堂を、恰好の略奪と破壊の的とした。くる年もくる年も「異教徒の剣《つるぎ》が光る」。八四六年、サラセン人がローマのサン・ピエトロ聖堂を略奪。八四三年、北欧人がナントの司教を祭壇の前で殺害。八五四年、同じく北欧人がトゥールの聖マルタン教会に放火。八六六年、多額の金を得てパリから退去。フランドルやムーズ、セーヌ、ロワールの流域、後のノルマンディ地方など、全地域が荒廃の憂き目を見、バイエルンの修道院はハンガリア人、中部イタリアのそれはサラセン人の手に落ちた。大きな修道院で完全に破壊しつくされたものも数多く、命からがらのがれた修道士はごくわずかの書物しか持ち出せず、行を共にした弟子はさらに少なかった。城壁をめぐらした司教座聖堂所在都市すら、必ずしも侵略を免れなかった。

十世紀を通じ、カロリングの伝統をもっともよく残したのはドイツで、そのためドイツの歴史家は、ザクセン朝の歴代のオットー皇帝統治の時期を「オットー・ルネサンス」と呼ぶのが好きである。侵略と地方偏重がフランスとイタリアの衰退を招いたのにひきかえ、ザクセン地方には、シャルルマーニュによる征服とキリスト教化、新しいこの宗教の修道院と司教区の建設の効果がよくあらわれていた。そして、オットー大帝は、帝国の再興にあたってシャルルマーニュの方針に従ったごとく、弟のケルン大司教ブルーノとともに強く推進した知的運動においても、その強化のためにイタリアの文法家や神学者を呼び寄せた。この種の結びつきは、文法家のパヴィアのステファヌス、リエージュとヴェロナの司教で神学者のラテリウス、詩人のヴェルチェリのレオ、オットーがコンスタンティノープル大使に登用したかの有名なクレモナのリウトプランドに見られるだろう。

十一世紀に入ると、ドイツの文化は中から発する生命力をほとんど示さなくなる。たしかに、ある皇帝たち、ハインリッヒ二世、ハインリッヒ三世、ハインリッヒ四世などは、りっぱな教育を受けて、知的関心が豊かだったし、十一世紀はじめのラテン語文献としては、ウォルムスのブルハルト（一〇二五年歿）の教会法の著述、レゲンスブルクの修道士オトローの幻視と誘惑、リエージュのノトケル（一〇〇八年歿）の教本、サン・ガルのノトケル（一〇二二年歿）の翻訳、その他かなりの量の編年史や伝記など、誇るに足るものがある。しかし、ほんとうの学問の中心となる宮廷はなかったし、それ以前にあった修道院中心地は衰退の道をたどっていた。十一世紀後半から十二世紀にかけての知的発展は、中からよりもむしろイタリア、フランスとの接触を通じておこった。イタリアとのつながりは強制的に開かれたもので、オットー大帝による帝国復興後、皇帝が戴冠のためにローマに行くとか、逆に皇帝に随行して学者や書物が北に流れるというような形をとった。バンベルクのハインリッヒ二世の司教座聖堂に献げられた写本は後者にあたる。神聖ローマ帝国がドイツにどんな不幸な政治的結果をもたらしたにせよ、イタリアとの結びつきによって得られたものは、ドイツ文化にとってもっとも大きな重要性を持っている。フランスとの場合はこれとまったく異なり、主として、ドイツの聖職者が北フランスの学校で学んだことにより、後にはクリュニーやシトーがドイツに修道制度をひろめるため入植活動をおこなったことにより、つながりが生まれた。このような関係は十二世紀にはよく知られているが、もっと早い時期にもアイヒシュテットのヘリベルトゥス司教が「ラインの流域やガリアではなく故国で教育を受けた」者を軽んじたという記録がある。しかし、政治的な境界など大した意味を持たなかった時代なのだから、それをあまり強く言うのは用心しないといけない。ケルンやリエージュは、ドイツの北部、東部よりも、ランス、シャルトル、フルリーとの間の方が、知的には近い関係を持っていたのである。

イタリアでは、文化の復興は、ギリシア世界・回教世界に直接触れていた南部にまずあらわれた。南イタリアは、十一世紀がかなり進むまでビザンティン帝国の一部で、ノルマン征服の後も、ギリシアの修道院やギリシア語を話す住民が数多く残っていた。特にカラブリアにそれが著しい。シチリアは九〇二年から一〇九一年までアラブの支配下にあり、ここにもノルマン人支配者のもとでギリシアとアラビアの要素が命脈を保っていた。以上両地方とも北アフリカや東方と交易をおこなっていたことは、たとえばアマルフィのような都市の商業に見られるとおりで、アマルフィはシリアと通商し、コンスタンティノープルには自分の居住区を持っていた。二百年後のフリードリッヒ二世の絢爛たる宮廷の素地がすでに見られるのである。しかし、ギリシアとアラビアの文化がラテンの復活に重要な役割を演じたことは、当然想定されるにせよ、この早い時期にそれらの影響のあとを具体的にたどることは容易ではない。いちばんはっきりしているのは、一〇一五—八七年頃のアフリカ人コンスタンティヌスで、重要な医学書の翻訳、翻案をおこなっているが、コンスタンティヌス自身はあいまい模糊たる人物で、学者一般の意見としては、サレルノの医学の発展は、コンスタンティヌスの訳業に先んじ、むしろもっと古いその地方の伝統に結びついているというふうに考えられている。ディオスコリデスやギリシアの医者の翻訳書が、九世紀から十一世紀にかけてのベネヴェント風字体の写本で見られるのはたしかだから、これらの著作家に関するある程度の知識は、コンスタンティヌス以前からあったにちがいない。われわれにとって重要な事実は、十一世紀にはサレルノがすでにヨーロッパの医学の大きな中心になっていたということである。サレルノの学校の名声は、完全に医学にあったのだが、ほかの分野でも早くから活動していた証拠が残っている。大司教アルファヌス（一〇五八—八五）はラテン語の詩文に並々ならぬ手腕を示していて、その題材は、折々の歌から教会関係などさまざまな方面にわたっている。また彼はローマの詩人を尊敬し熟知しているのみならず、ネメシウスの『人間の本性』（*De natura hominis*）のギリシア語からの訳書にその名が記されている。モンテ・カッシノには歴史家アマトゥスと算法のカプアのパンドゥルフスの名が見える。アフリカ人コンスタンティヌスはここで世を去り、修道士アルベリクスは、新しく生まれた書簡文作法（dictamen）の最初の手引書を書いた。知的中心地としてのモンテ・カッシノについては、あとでまたくわしく述べる機会がある。ここでは十一世紀の学問復興との関連を強調するだけで十分だろう。

北イタリアでは、十一世紀はローマ法再現の時代である。それは『ローマ法大全』のテキストに基づく研究が十分におこなわれるようになったという意味で、それ以前のロンバルディアの法律家たちの影響がどうであったにせよ、また、ずっと昔のローマの学校についてどんな事実があったにせよ、一〇七六年という年に『学説彙纂』の引用が五百年の歳月を経てはじめてあらわれ、「ボローニャの輝ける光」と称されるペポなる人物に、最初の注目すべきボローニャの教師が見いだされるのである。この世紀の終わりには、衆目の一致するところ斯界の本山はボローニャ、教師はイルネリウスということになっていた。ほかの二つの分野でこの時代のイタリアは、広く影響力を持った新しい著作が注目をひく。ロンバルディアの辞典編纂者パピアス（一〇五〇年頃）の『用語解』とアレッツォのグイドの音楽書である。彼はもはや今日の記譜法の導入者とはされなくなったが、その著書の重要さに変わりはない。全体として、イタリアの水準をみごとに示すもの。時はまだ十字軍のはるか前でその兆すら見えない。

十一世紀のイタリアで注目すべきもう一つの事実は、俗界でも教育が命脈を保っていたことである。ドイツの歴史家ヴィポは、イタリアの青年が全員額に汗して学校へ行っていたように書いているが、それをすべて額面どおりに受け取らないまでも、在俗の文化がアルプスの北ではとうに消えてしまったあとも、ここでは長い間残っていた証拠は歴然として存在する。ヴァッテンバッハによれば、イタリアの俗人は「本は書かなかったがウェルギリウスやホラティウスを読んだ」という。この階層は、書物という形で自分を表現しなかったにせよ、少なくとも法律と医学という在俗専門職の育つ土壌は作ったはずで、この二つはイタリアの社会で急速な発展をとげた。公証人という重要なグループができたのもこの階層で、父子相伝の彼らの仕事は、ローマのtabelliones《タベリオーネス》（公証人）の制度を暗黒時代にも絶えることなく保ち続けたのである。公証人というのはイタリアの都市では非常に重要な要素になっていて、地元の歴史家としてもすぐれていた。そして、ローマ法の普及とともに公証人の制度も他国へひろがっていった。

イタリアが法律と医学の揺籃《ようらん》なら、この時代のフランスは自由学芸の俊英で、哲学、神学、ラテン詩、そして言うまでもなく自国語の詩に秀でていた。建築、彫刻のほか学問において、フランスが当時のイタリアからどれだけ影響されていたかは判然としない。たしかにゲルベルトゥスはイタリアを訪れたことがあるし、パヴィアのランフランクスはベックにあるノルマンの学校に学問の光をもたらして、そのあとをついだのがこれまたイタリア人のアオスタのアンセルムスだった。しかし、こういった事実を楯に包括的な結論を出すことには注意を要する。ゲルベルトゥスはイタリアへ行く前にはスペインにいたし、彼の数学がガリアの外に起源を持っていたかどうかはっきりしない。ランフランクスは気質の上では神学者よりもむしろ法律家である。アンセルムスはまちがいなく神学者だが、イタリアの教師に恩恵を受けているとは認められない。本質に関する限り、十一世紀のフランスの学問は、カロリングの土壌から直接出てきているように見える。

その連続性がいちばんはっきり見てとれるのはランスで、ここではフロドアルドが貴重な編年史を九六六年まで書きつづっており、ゲルベルトゥスが司教座聖堂付属学校で教え始めたのは九八〇年になる前である。彼の教授は七自由学芸のすべてにわたり、数学、天文学に劣らず論理学、修辞学も豊富な古典の実例つきで教えたが、当時の人びとをあっと驚かせたのは、算術と幾何の著述、そして天文の器械を使ったことだった。ごく単純なものながら、これは人びとには「ほとんど神わざ」とも見えたのだ。写本も熱心に集めた。テイラーによれば、ゲルベルトゥスは「その時代の第一人者、最大の教師、もっとも熱心な学習者、そしてもっとも諸分野に通じた学者」だった。その弟子アッポは、九八八年にフルリー・シュル・ロワールの修道院長になり、この昔のカロリング文化の中心地で、論理学・天文学に大きな功績を残した。後にオルレアンがその文学的伝統を引きつぐことになる。フルベルトゥスもおそらくは彼の弟子で、シャルトルの文書局長、そして一〇〇七年から一〇二九年まで司教を勤めた。この時代から、ここは司教座聖堂付属学校として第一級の存在となるのである。事実、早くも九九一年に、修道士ランスのリシェルがヒポクラテスを学ぶためにシャルトルまで旅した興味深い記事を残している。フルベルトゥスの多彩な教養は、特に、古典の韻律と後期の押韻の両方で書かれた詩作品、みごとな文体で書かれた膨大な書簡にうかがわれ、その手紙の内容は、医学、教会法、その他当時のあらゆる種類の政治問題にわたっている。この学校の「ソクラテス」の感化の大きさは、弟子のひとりリエージュのアデルマンが作った詩に見られる。これは、シャルトルで彼とともに学んだ人たちの死をいたんで、アルファベット順に並べたカロリング風の「哀悼詩」で、シャルトルの文書局長ヒルデゲルトゥス、修士（教授資格者 magister）のラドゥルフスとシゴ、修辞家のパリのランベルトゥスとオルレアンのエンゲルベルトゥス、トゥールの文法教師レギンバルトゥス、聖墓に巡礼したヴェルダンのゲラルドゥス、ブルゴーニュのウァルテルス、数学者ケルンのレギンバルトゥス、その他リエージュの学校の関係者三人の名前が見える。世間に名をあげた弟子たちすべてを網羅するとはとてもいえない名簿だが、十一世紀の前半に自由学芸の分野で活躍した教師、著作家の大きなグループが存在したのみならず、数学というはっきりした分野についても、ゲルベルトゥスからロレーヌとシャルトルの学校へ伝統が伝わったことをうかがわせるに足る。その伝統は一〇二五年頃ケルンのレギンバルトゥスとリエージュのラドゥルフスの間でかわされた興味深い文通にあらわれているが、この世紀の中頃になると、リエージュのフランコが円の求積問題に取りくみ、ライヒェナウの修道士ヘルマヌスが、アラビア語起源のある資料からアストロラーベ（天体観測機）のことを学んでいる。ほぼ三十年後、ロータリンギアのそろばん家がイングランドにわたった。会計局の計算にそろばんを導入したものと思われる。

もう一つの自由学芸である弁証法がそろそろ脚光を浴びはじめていて、将来それが重きをなし、スコラの論争が活発となることが予見される。フルベルトゥスのもっとも優秀な弟子のひとりトゥールのベレンガリウスは、一〇四九年から一〇八八年に世を去るまで、ベックのランフランクスその他保守派の神学者たちすべてを相手にたゆみなく論争をつづけた。その焦点となったのは、聖体に神が現存するかというくり返しあらわれる問題で、ベレンガリウスは、権威よりも理性――彼のいわゆる弁証法にたよる方法をとった。「すべての物について弁証法に訴えることこそ勇気をもってなすべき道である。弁証法に訴えるとは、すなわち理性に訴えるにほかならず、理性を活用しない者は、自分の至上の栄誉を放棄するにひとしい。人が神の姿に似せてつくられたそのゆえんは、理性にあるのだから。」その後ほどなくコンピエーニュのロスケリヌスが普遍の問題を提起し、それがスコラ哲学の論争の中心課題となった。一〇九二年、彼の唯名論は、分割できない三位一体を三体の神にしてしまうという理由で、スワッソン教会会議で異端と宣せられた。

十一世紀のラテン詩は、シャルトルのフルベルトゥスにはじまり、ル・マンのヒルデベルトゥスをもって幕を閉じるが、ヒルデベルトゥスの作品は、ある近代の編集者に古典の作品と混同されてしまった。この分野はカロリングの影響が顕著だが、新しい詩がそれ以上に豊富で種類も多彩なので、十一世紀のもっとも大きな特徴をなすとも言えるだろう。その詩の多くはまだ出版されていない。題材はすべての分野にわたり、神学、聖人伝、植物や宝石の効能、修道院の歴史、一〇六〇年のサン・タマンの炎上のような事件、時事問題の風刺、友人やパトロンの碑文などが含まれる。ロワールの流域がもっとも重要な中心だが、活動は北フランスの全域、隣接のロレーヌにも及んでいる。世紀の終わり近くに、この種の詩人として、イングランドにもカンタベリーのレジナルド、ウィンチェスターのジェフリーがあらわれた。

最後に、このような新しい作品という形であらわれる活動以外に、古典作家の作品の収蔵、収集が進んだこともあげねばならない。この点で、十世紀は想像以上に活発で、各所に散在する手稿本のリスト、特に、主なラテン古典の重要な写本で知られるとおりである。十一世紀は、この仕事を継続し、さらに拡張した。一〇〇〇年頃、オットー三世は、イタリアにオロシウス、ペルシウス、リウィウス、フルゲンティウス、イシドルス、ボエティウスの写本を持っていた。次のハインリッヒ二世は、ほかの多くの写本を北の方バンベルクの彼の司教座聖堂に運んだ。ベルンウァルト司教（九九三―一〇二二）、ゴデハルト司教（一〇二二―三八）は、ヒルデスハイムのために古典を収集したが、同じことをフロムント修道院長がテーゲルンゼーのためにおこなっている。モンテ・カッシノで当時筆写された写本の長大なリストがあるし、フルリーの膨大な蔵書は十一世紀に完成したのである。ただしこういう写本の日付はせいぜい近似にすぎない。というのも十世紀と十一世紀、十一世紀と十二世紀の間の書体の相違はきわめてわずかだからで、古文書体も学問と同じく、時代が重なり合っている。

起源の時代についてはこれだけとしよう。こういう時代の例に洩れず、あいまいでじれったくなるが、少なくとも、新しい動きが決して突然だしぬけに起こったのではなく、はるかに十一世紀、さらにはそれ以前からきざしていることを明らかにしてくれる。もう一つ、同じく明らかな事実がある。それは、この時代はまだローマの復活だということで、十字軍、スペインの新しい学問、シチリアのギリシア語翻訳家の出現は先のことに属する。アフリカ人コンスタンティヌスの医学の翻案、アストロラーベのわずかな伝統を別として、アラビア科学との接触はない。聖人列伝、ネメシウスの一つの著作を除いてギリシア語から直接得たものはまだ何もない。これらはすべて折もよく十二世紀に出てくる。それまでは、ルネサンスといってもラテンの動きで、ローマ法、ラテン語古典、ラテン詩、そしてボエティウスやラテン教父を源とする神学の復活である。これらのおのおのが十二世紀に進んだ道をこれからたどろうというわけだが、とりあえず、おもな知的中心地、それら相互のコミュニケーション、そして、この時代の学問文芸がもりこまれている書庫、写本について、ある程度の理解を得ておく必要があるだろう。

第二章　知的中心地

中世の西欧キリスト教世界の知的生活は、住民全体に広くゆきわたってはいなかった。近代世界にはあたりまえになっている交流の広さと早さを、中世はまったく欠いていた。読み書きができたのは比較的少数で、主として聖職者である。そして、小教区の司祭が個々にわずかながらも学識を持っていたことは別として、教育のある人は限られたグループに集中し、そのグループ相互の間は、田舎の広大な無知の地域で隔てられていた。コミュニケーションは旅行の手段が幼稚だったために容易ではなかったが、特に教会組織にはある程度のコミュニケーションは欠かせないものだったので、ある点では極端な地方性、またある点ではヨーロッパ共通の文明と、二つが並列的に存在していた。また、同じ地域にあっても共通点のない中心地同士よりも、たとえどんなに遠く離れていても同じ種類の知的中心地の間の方が、交流がさかんにおこなわれた。そして、地域内の異種間のつながりも最終的には見のがすわけにはいかないとしても、まず最初に目を注ぐべきは、後者のタイプの交流である。ここに言う知的中心地は、さまざまな社会階層を代表するもので、主なものを数えれば、司教座聖堂、宮廷、都市、大学がそれにあたる。これらは、中世を通じてみな同じ重要性を持っていたわけではない。中世初期にはなかったものもあり、また、新しいタイプが生まれてくることが十二世紀ルネサンスに独特な状況でもあった。

中世初期を通じて文化の主な中心地は修道院だった。無知と野蛮の大海に浮かぶ小島さながら、修道院は、西ヨーロッパの学問を絶滅から救った。ほかの勢力はそれだけの働きを持てなかった時代だったのである。たしかに修道院も、禁欲生活をつづけるのがむずかしいという人間的な事情のほか、その時代の地方主義の波をかぶりはしたが、ローマの影響、アイルランド人修道士の旅行、シャルルマーニュの中央集権、十一、二世紀のクリュニー改革によって、互いにある程度の結びつきを保つことはできた。そのため書物や思想は、今日の学者を驚かすほどの早さで遠い所まで伝えられることがしばしばだった。しかし、修道院がいつでもどこでも英知と学問の中心だったと考えるのはあたらない。われわれとしては、修道院の知的生活がどのようなものであったかについて、さらに具体的な理解を持つことが必要である。

まず最初に、「文明、教育、学問に対するベネディクト会士の貢献は、すべて副産物にすぎない[1]」という現代ベネディクト会大修道院長の発言に注目しなければならない。修道院は旅人の避難所、経済の中心、建築術の輝ける成果、思想と情報の交換所、新しい音楽・文学の源であったかもしれないが、それらはすべて、どの一つをとっても偶然の所産であって、決して必然から生じたのではなかった。西方一般に普及することになった聖ベネディクトの戒律の中心は典礼（opus Dei　神の業）で、共唱席での毎日の聖務日課の詠唱は、はじめは四時間ないし四時間半、その後は次第に発展して六時間ないし七時間をついやすまでになった。季節により毎日三時間ないし五時間は自由な読書ができたが、聖書やバシリウス、カッシアヌスのような教父たちに関する学習と黙想で、いい加減な読書が許されるわけではなかった。四旬節のはじめに、修道士は図書室から各自「順序立てて全巻通読しなければならない」書物を借りるのだが、期限は別に定められていない。そして、ランフランクスの改訂法令集によると、借りた本は一年間そのままで、次の四旬節の最初の月曜日におごそかに返却するのが普通だったことがわかる。その時自分の本をまだ読み終えていない修道士は、そのことを一同の前で告白しなければならなかった。今日一般に受けとられている印象とは逆に、ベネディクト会則は、本の筆写についてもまったく触れていないが、規定の手仕事の中にそれが入っているとも考えられるし、共唱祈禱や書庫に必要な部数をそろえるため、また言うまでもないことながら、カッシオドルスの言葉を借りるなら「ペンとインクで悪魔と戦う」ためにも、当然ある程度の筆写はおこなわれただろう。ベネディクト会則は、これまた修道院の施設として有名な学校についても何も述べていない。ただし、後世の慣習規定からはうかがい知れる。「今日の意味の学校では、定刻に授業が始まり、特定の分野の特定の教師が特定の生徒に教えるのだが、中世の修道院では、こういうやり方は普通ではなく例外だった」とピーペルは言っている(2)。特別な教室などほとんどその痕跡を見いだすことができない。授業は宗教教育を基本とし、祈り、修道会の会則、説教、霊的講話、そして何よりもまず聖書が教えられた。七自由学芸は、いちばん重要なものでもなかったし、また七つ全部がどこでもおこなわれていたわけでもなかった。

もっとこまかい点まで説明することにしよう。修道院はすべて、その創設の条件からして、典礼書のほか、一般には聖書や神学著作の写本からなる蔵書を持っていた。少なくとも修練者のための学校があり、それに付随して、いつでもそうだというわけではないが、基本的な教科書をそなえていることも多かった。土地の所有者であるからには、特許状、不動産権利書を持っており、それらは時には台帳の形に複写され、特別の管理人を要する大切な文書となっていた。生者と死者を問わず、会員の登記簿が保管されていただけでなく、互いに死者の霊魂のために祈り合う祈禱兄弟盟約を結んだ他の修道会の物故会員名簿も持っていた。礼拝には暦（祝日表）が必要で、それには新しい聖人の名前が時折り追加され、修道士や財産寄贈者の命日も記録される。また復活祭の期日表もあって、それが、外の世界からニュースが伝えられると、編年史の土台として役立つことにもなった。歴史的な記録が義務づけられていたわけではないが、その要素はあった。そして多くの修道院はそれを生かして各地域の歴史記述の中心——さしあたってはほとんど唯一の中心となった。蔵書、学校、文書保管所、原始的ながら修道院自身の記録などは、修道院のあるところきまって見られるもので、それを核としてある程度の知的生活がいとなまれていた。しばしばそれが単なる核にとどまっていたのは、修道院の数が多い割には、学問のほんとうの中心は比較的少なかったし、また最上の修道院でも浮き沈みは避けられず、活発な時期と沈滞の時期があったからである。これは、実は、修道院一般にあてはまることで、イング首席司祭が指摘するように、「宗教においては、好事魔多し[3]」で、繁栄は通常衰退をもたらす。そして次には改革のうねりが起こって新しい規則や新しい修道会がつくられ、これがまた繁栄して衰退へとおちこんでいく。多くの修道院は、どんなによくても、知的な面ではパッとしない存在で、たとえば、R・N・ソヴァージュが克明に研究したノルマンディの裕福なトロアルン修道院は、よく知られた著作家としては、たったひとり、初代大修道院長デュラン（一〇五九—八八）しか出していないし、付属学校は一一六九年の史料にわずかに引用されるだけ。一四四六年の日付のある唯一の図書目録はそのほとんどが信心書で構成されている。しかもノルマンディの修道院、女子修道院でこれ以上の実績を示しているところはわずかしかない。

ベネディクト会修道院の中でも、たとえばコルビー、リュクスイユ、サン・ガル、ボッビオなど古い文化の中心は衰えが早くきたが、それ以外も、十二世紀はきわだった衰退を示した時期だった。ただ十二世紀前半だけは、なおベネディクト会が知的中心として重要だったことがわかる。中でも最古の修道院モンテ・カッシノは、十一世紀から十二世紀初頭にかけてもっとも繁栄した。ベネヴェント風と称される南イタリアの独特の筆記体の本場で、写本の大きな蔵書を持ち、その題目の数は七十に達すると年代記作者がいかにも誇らしげに記録している。この目録には「主として神学や典礼の著作が含まれているが、若干の歴史書、たとえばヨゼフス、トゥールのグレゴリウス、パウルス・ディアコヌス、エルヒェンペルトなども入っている。古典もいくつかある。キケロの『神の本性』(*De natura deorum*)、ユスティニアヌスの『法学提要』(*Institutiones*)と『新勅法』(*Novellae constitutiones*)、オウィディウスの『祭事暦』(*Fasti*)、ウェルギリウスの『田園詩』(*Eclogae*)、テレンティウス、ホラティウス、セネカ、テオドルスとドナトゥスの文法書といったところである」[4]。これらの写本の多くは今日なお残っていて、実際、それがなければ、世界はアプレイウス、わずかしかないウァロ、タキトゥスの『歴史』とおそらくは『年代記』の残存部分などを、中世のいくつかのテクストや地方の記録と同じくほとんど知ることなく終わってしまっただろう。これらの書物が後世のために筆写されただけでなく読まれもしたことについては、多くの証拠がある。一一四〇年頃、まれに見る文書偽造家のペトルス・ディアコヌスは、「モンテ・カッシノの著名なる人びと」の長い一覧表を作成した。聖ベネディクトにはじまりペトルス自身をもって終わるもので、自分がこの著作をおこなっていることが長々と述べられている。これら著名な人々の中には教皇がふたり含まれているが、多くは著述家である。「新しき輝けるヒポクラテス」たるアフリカ人コンスタンティヌス、サレルノのアルファヌス、修辞学者アルベリクスの名はすでに前章に出てきた。さらに、修道院のすぐれた年代記作者オスティアのレオ、宗教的なテーマに関する大勢の著者。なるほどこれだけの名簿であれば、どんな団体でも鼻を高くするに足りるだろう。しかしこれは本質的に墓碑銘と同じで、モンテ・カッシノは以後偉大な著作家を生まなかった。ペトルス自身が修道院衰退の兆にほかならない。

アルプスの北とはいえなおイタリアの影響下にある十一世紀後期のもっとも有名な知的中心はベック修道院である。建立は一〇三四年。ここが知的にすぐれた場所となったのは、一〇四二年に修道院に入り、その後まもなく大修道院長になったランフランクスと、その後継者で一〇七九年から一〇九二年までの大修道院長アンセルムスに負うところが大きかった。パヴィアの教会法学者で、おそらくはローマ法学者でもあったランフランクスは、ベックではおもに三学芸（文法・修辞学・論理学）と神学に没頭し、聖書と教父の手稿の正確な筆写に心を配っていたらしい。アンセルムスは自分のおもだった論文をベックで書き、ランフランクスがベレンガリウスに屈しなかったように、彼もロスケリヌスの教説を攻撃した。つまり、この世紀の二つの大きな神学論争では、正統派はベックにその指導者を見いだしたということになる。十二世紀初頭にはベックのこの学校はヨーロッパ中にその名を知られるまでになっていた。ひとりの教皇、アレクサンデル二世、その他多くの司教や大修道院長がここで教育を受けた。アンセルムスの直接の後継者たちは、著名な人物ではなかったが、その伝統をずっと保ちつづけていて、オルデリクス・ウィタリスは、当時「ベックのほとんどすべての修道士が哲学者のように見え、どんなに学識の少ない人でも浅薄な文法家に教えられるだけのものを何か持っていた」と書いている。十二世紀のはじめにベックには百六十四巻の図書があったが、一一六四年にはバイユーの司教からさらに百十三巻の写本を受けとった。(5)しかし、十二世紀はやがて衰退の時代となり、その後半には衰退はかくれもなく現われてくる。「ベックの著作家は、今や文芸の歴史では名もない人たちばかり。教育のある修道士たちはその勤勉な生活ぶりで称賛に値するのはたしかだが、修道院の壁や狭い仲間うちを越えるほどの評判はない。……学問好きの若者はもはやこの修道院には足を向けない。(6)」

ベックの多くの修道士がイングランドで高い位についたが、イングランドの修道院はそれほど高い位置を占めることがなかった。ノルマン征服にひきつづき宗教面でも改革が押し寄せる。ノルマン人の修道院長がイングランドの修道院長に配備され、ノルマンの修道院がイングランドの土地と小修道院を受けとり、ノルマン人貴族がイングランドに新しい修道院を建立する。物質面でのこの急激な発展は、筆写、学校、著述といったような点である程度の知的活動を伴いはしたが、十二世紀イングランドのベネディクト会が生み出した著作は期待を裏切る。ただ歴史だけは別で、ウースターのフロレンスとダラムのシメオンのような司教座聖堂修道士のほか、マムズベリーのウィリアムやピーターバラのアングロ・サクソン年代記作者がその埋め合わせをつけてくれている。イングランドにおいても、この世紀が進むにつれて、活動は衰える。ヘンリー二世治下のみごとな開花は、修道院よりはむしろ宮廷と司教座聖堂に結びついていた。ところがイングランドでは、修道院の歴史編纂が十三世紀にふたたび復活し、セント・オールバンズのマシュー・パリスの著作でその頂点に達する。

イングランドでもっとも有名な修道院の見本はウェストミンスターだろうが、ここは十二世紀の知的生活のごく小さな部分しか占めていない。一〇八五年頃から一一一七年までウェストミンスター修道院長を勤めていたギルバート・クリスピンは、かつてベックの修道士で、

四学芸に秀で、三学芸もこれに劣らず、Doctus quadrivio nec minus in trivio

神学者としての権威は、一一四八年のランス教会会議でとりわけ重んじられた。アンセルムスに宛てた書簡のほか、ベック修道院の建立にまつわる話や神学的、論争的な論文も書いており、中でも評判だったのは『キリスト教徒とユダヤ人の論争』である。ウェストミンスターは、これといって重要な編年史は生み出していない。その歴史的な関心はもっぱら修道院のパトロンであった証聖王エドワードにそそがれていて、この国王についてはクレアのオズバート小修道院長（一一三八年頃）による伝記、一一六三年の証聖王の遺体移転にあたって大修道院長ローレンスに捧げられたリーヴォーのエセルレッドによる伝記がある。オズバートはまた、ヘンリー二世に対して王位継承の直前に詩を書いている。

ドイツも同じで、この時代はやはり修道院の衰退の時代である。フルダ、コルヴァイ、ロルシュのような古い帝国の修道院は、ほとんど破綻に瀕していた。修道士の数は減り、知的な指導力は消えてしまった。ドイツは、規律が減退した古い地域と新たな布教活動がおこった地域とを問わず、シトー会、アウグスティノ会、プレモントレ会など、新しい改革運動の沃野となった。しかし、これら新興修道会はいずれもドイツで生まれたものではない。すべてラテン系である。その伸展はフランスの農業と建築の東方への普及に寄与するところ大きかったが、書物や学問についてはそれほどでもない。テーゲルンゼーの書庫は相変わらず古典作品を貸し出しているが、十二世紀の新しい書庫の蔵書はほとんど教父たちの写本ばかりで、新しい思想の芽生えが見られるのはほかの場所である。このことは法学と医学の分野にはっきりとうかがえる。神学においてさえ「この世紀の後半には、ドイツは、まちがいなくロマンス語諸国に遅れをとっていた[7]」。

スペインでは、修道院の自然な発展がムーア人の侵入とそれにつづく宗教戦争で中断され、十一世紀に再び復活したときにその先達となったのは、ベネディクト会ではなくクリュニー修道会だった。これら古い修道会は十二世紀にはすでにさかりを過ぎており、シロスの蔵書で今日残っている写本は、どれを見てもこの時代の特徴であるフランス風書体を示していない。リポルのサンタ・マリア修道院は、大修道院長オリヴァ（一〇〇八—四六）のもとで最盛期を迎え、その時代に属するものとして二百四十六の書物からなる有名な蔵書目録があるが、十二世紀にはこの修道院はマルセイユのサン・ヴィクトル修道院の従属修道院になってしまっている。カルデニャのサン・ペドロが有名だったのは、エル・シッドの墓のためである。この時期にスペインがヨーロッパに広めた新しい知識は、スペイン自身の修道院書庫にはその場を見いだすことなく終わった。事実、現在スペインにある十二世紀手稿写本の数はがっかりするほど少ない。

クリュニー修道会についても、十二世紀は衰退の時代だった。修道生活の世俗化に抗議して九一〇年に設立されたクリュニーは、教会改革の大運動の中心となり、その運動はグレゴリウス七世時代に頂点に達した。クリュニーは、世俗と司教の支配からの解放を求めただけではなく、ベネディクト会の手の労働に替えて内陣での聖務を大幅に増やし、それぞれの修道院が自治機能を持つベネディクト会の地方分権組織のかわりに、ひとりの大修道院長が最高位に立つ君主制的組織を採用した。大修道院長はすべての従属修道院の院長を任命し、本人みずから、あるいは代理人が各修道院を巡察する。他方、全修道会の代表が、あとで大修道院長のもとで開かれる年次総会に召集される。この組織は、衰退に見舞われた古い修道院に規律を導入し、またそれを維持するためにはなかなかよくできていたし、また開拓入植にもすぐれた力を持っていた。そのためクリュニーの小修道院がスペインへの巡礼路沿いに大へんないきおいで建立され、再征服運動の進展とともにイベリア半島にひろがって、ついにはピレネー以遠の従属修道院が二十六を数えるまでになった。そのうちのいくつかはその地でキリスト教文化の復興に重要な役割を果たし、サアグンなど「スペインのクリュニー」とも呼ばれていた。その上、十一世紀のスペインでは、クリュニーは、モザラブ典礼に反対してローマ典礼を支持し、またフランス出身の「温和で学識ある若者」(iuvenes dociles et litterati) のために司教職を確保するというような形で、ローマのために大きな貢献をおこなっている。クリュニーの中央集権は、旅やコミュニケーションをうながし、またその結果として、書物、思想、芸術様式の交流をすすめる点でも、非常に重要な役割を果たしたと思われる。クリュニーの慣習では手稿の筆写にも考慮が払われてはいるのだが、古典の学問は白い眼で見られていた。沈黙の時間に書物がほしくなった修道士は、ページをめくるしぐさをするが、それが古典の書物なら犬のように自分の耳をかくのである。それでも古典は読まれた。特にウェルギリウス、ホラティウス、時にはオウィディウス、マルティアリスでさえそうだった。事実、当時としては目立って大きな充実したコレクションである十二世紀クリュニーの図書目録に記された五百七十巻の本の中には、多くの古典作家が含まれている。クリュニー修道会の付属学校で名のあるものはごくわずかで、会の著述家も信心書や教会人の伝記ばかり手がけている。たとえば歴史など、とりわけゆるがせにされた。七人の大修道院長のもとでクリュニーは栄えたが、その最後の人で一一五六年に死んだ尊者ペトルスは、スペインやイタリアへの旅行、異端者相手の苦闘、コーランと反イスラム教の小冊子の翻訳を入手してイスラム教と戦ったいきさつなどを、書簡に託して残している。サレルノの修士バルトロメウスとの医学上の往復書簡、そして言うまでもないことながら、説教、神学論文、古典作家に通じていることを示す詩も書いている。しかし、すでにクリュニーは、シトーの「新しきキリストの戦士」(novi milites Christi) に悪戦苦闘の状況で、聖ベルナルドゥスの新しい禁欲主義の前にその指導的な立場は次第に崩れてゆく。

新しい修道会には、十二世紀とその直前の時代は実りの多い時代だった。カルトゥジオ会、プレモントレ会、アウグスティノ会、グランモン会、フォンテヴロー会、カマルドリ会、そして特にシトー会がそれである。しかし、これらの修道会の目的は知的というよりはむしろ霊的なものだったし、その影響は学問の進歩よりは、布教活動や禁欲をより厳格に守る方向に働いた。カルトゥジオ会の戒律のように沈黙と観想の義務を特にとりたてて打ち出したものは、僧房で筆写することをその一つの例としてはっきりあげてはいても、実際にはその逆の効果がもたらされた。こういった禁欲的な傾向の最上の例は、シトー会と、その偉大な指導者聖ベルナルドゥスに見られる。その評判のほどは、四十年間に会が膨張発展した結果、ベルナルドゥスが死んだ一一五三年には三百四十三の修道院を擁していたことからも明らかだろう。

簡素な生活の代表者であるシトー会士は、聖ベネディクトの会則をもっともきびしい形で再興することを願ったのだった。畑での手仕事が要求され、内陣での聖務は、今や真夜中の勤行も含めておよそ六時間を占めるにいたる。自由時間はなかった。何もかも質素そのもの、特に教会がそうだった。筆写はおこなわれたが、彩飾や装飾は禁じられた。写本の目的は主として聖務共唱のための正確なテキストを供給するところにある。シトー会の修道院では、「ミサ典書、書簡、聖書、祈禱文集、昇階誦、交唱聖歌集、戒律、詩篇集、読誦集、暦」などすべて同じテキストでなければならなかった。クレルヴォーの蔵書が今日残っているものから復元されたが、十二世紀の写本はほとんどが聖書、教父、典礼に関するもので、少数の歴史、教科書がいくらか、それに古典がわずかながらまじっている。法律、医学、哲学、スコラ神学など皆無にひとしい。「シトーは学問の一派ではない。神学の一派ですらなかった。(8)」その最大の指導者ベルナルドゥスは、神秘家であって学者ではない。シトー会の蔵書は、リーヴォーやオーストリアの修道院の図書目録から判断する限り、せいぜい神学書にごくわずか世俗文学がまじった程度。文字が読めなくてもこの修道会に入ることができた。

新興修道会が知的な歴史にそれ以上の重要な役割を果たしたのは、その全ヨーロッパ的な組織が個々の修道院の極端な地方主義をおさえ、それ以前の不規則でゆきあたりばったりな結びつきとは対照的に、別種の、しかもしばしば遠くへだたった修道院同士の間に、定期的なコミュニケーションをある程度必要ならしめた点にある。修道院からローマへ、そしてローマから修道院への旅行も、所有権の提訴や確認の問題に関する教会内部の中央集権化の傾向と、個々の修道院に対する教皇の保護政策の増大によって、いっそう促進された。他方、新興修道会に与えられる特別免除と教皇の保護は、いずれも、司教区と修道院を結びつけていた地域的なきずなをゆるめ、律修聖職者と在俗聖職者の差をきわだたせる結果になった。とはいうものの、この分裂の時代においてさえ、特に隣接した集団については、律修聖職者と在俗聖職者の間に完全な知的分離があったと考えてはならない。たとえばパリにおいては、司教座聖堂聖職者、サント・ジュヌヴィエーヴの在俗参事会員、サン・ヴィクトルの律修参事会員、サン・ジェルマン・デ・プレその他近在の修道院の修道士を、多くの場合同じように考えてさしつかえない。特にイングランドでは、多くの司教座聖堂が修道士のための参事会（chapter）を持っていたことも忘れてはならない。カンタベリー、ロチェスター、ウィンチェスター、ウースター、ダラムなどはその著しい例である。

それから、修道院と俗界との知的な結びつきも見のがすことができない。フランス叙事詩の起源の研究でベディエがその点について説得力のある説明を与えてくれたから、ますますもってそう言えるだろう。修道院からその周辺の田園地帯、森林地帯への伝播は遅かったとしても、都市や大きな街道沿い、特にローマやコンポステラへの巡礼路に沿ったところでは、事情はまるで違っていた。多くの旅人のための休息や娯楽の場所、治療や慰安のための避難所、信心や奇蹟の霊場として、これらの宗教施設は、地元の編年史のために遠方の事実や風聞を集め、現地の聖人や聖遺物によっておこなわれた不思議なできごとを物語に紡ぎ、道路沿いや霊場周辺に育った民衆叙事詩に豊富な資料を与えた。修道士や教会の聖具室係の世界と巡礼、商人、旅芸人の世界の合流点、また聖と俗、ラテン語と各国語の合流点で、それらが見分けのつかないほど入りまじっていた。サン・ドニ、モー、フェカン、ヴェズレとノヴァレズ、ジェロヌとサン・ジル、スペインへの巡礼途上のクリュニー諸修道院、その他多くの施設が、十一、二世紀の叙事詩の創造と伝播の中心地として今日知られている。

知的中心としての修道院の衰退にともない、しばらくは司教座聖堂がその位置につくことになるが、そのためには長い準備の期間があった。九世紀に一般的になった改革によって、司教座聖堂所属の司祭は一定の規則、すなわちカノンに従う半ば修道院的な共同生活体制に組みこまれることになった。以後、カノン、すなわち聖堂参事会員というのが彼らの通常の呼び名となる。やがて参事会員は、司教選出の資格を取得し、司教に対して、司教座聖堂の収入の中から一定の分け前を与えるよう主張した。それは遅かれ早かれ個々の参事会員に聖職禄として分割されることになった。彼らは参事会長のもとで、先唱者、学校教師、宝物係など種々の下級聖職者とともに参事会を組織していた。時には解散した参事会が律修修道院に改組されることもあった。いずれにせよ、参事会にも書物、学校、記録は必要である。教区の行政で司教を直接補佐し、当時すでに教会法や文書関係の仕事が大きな部分を占めていた司教事務局を構成する職員のことも忘れてはならない。ここでの目的のためには、十二世紀における知的中心として、参事会と司教座をひとまとめに考えてよいだろう。この中心は豊かで、強力で、しかも教育があり、そして多くの修道院のように田舎に孤立しているのではなく、きまって都市につくられていた。司教座聖堂付属文庫、付属学校、記録保管所、司教の「言行録」(gesta)、司教の裁判権、司教の学問保護は、この時代に大きな役割を演じ、修道院と宮廷をつなぐ中間の存在となった。

知的な面で十二世紀の司教座聖堂のうちもっとも活動的だったのは、北フランスの司教座聖堂である。その付属学校の重要性については、フランスの大学の起源を検討するときにいずれ述べることになるだろう。学校と当時の文学や哲学との関係は、また別のつながりで論じなければなるまい。ここでは古典の復興の場としてシャルトルとオルレアン、スコラ学の中心としてランスとラーン、北部最初の大学発祥地としてパリの重要性をあげるにとどめる。いずれもドイツやイングランド、さらにはアルプスのかなたからさえ生徒をひきつけていた。当時のすぐれた著作家のリストには、司教としてはル・マン(そしてトゥール)のヒルデベルトゥス、ポアティエのギルベルトゥス・ポレタヌス、パリのペトルス・ロンバルドゥス、シャルトルのソールズベリーのヨハネス、大学文書局長としてはラーンのアンセルムス、シャルトルのベルナルドゥス、パリのペトルス・コメストル、同じくパリのポアティエのペトルス、聖堂参事会員としては世俗の詩人オルレアンのフーゴー、聖書に関する作詩家ランスのペトルス・リガ、ほかの司教座聖堂学校教師としては、ムランのロベルトゥス、コンシュのグリエリムス、ベルナルドゥス・シルヴェストリス、そしてアベラルドゥスが含まれるだろう。詩、神学、教育の面で有名な人物は大部分司教座聖堂に属している。みずからは著作することのなかった高位聖職者でも、学問の奨励はしている。シャルトルの司教でサンスとランスの大司教（一一七六—一二〇二）、枢機卿、そして第三回十字軍時代フランスの摂政だった「白手の」グリエリムスは、シャティヨンのワルテルスの『アレクサンドレイス』、無名のグリエリムスの『ミクロコスモグラフィア』、ポアティエのペトルスの『命題論集』（*Sententiae*）、ペトルス・コメストルの『聖書物語』（*Historia scholastica*）などに献呈の辞を捧げられている。その弟で隣人のシャンパーニュ伯「寛大な」アンリの宮廷のことも思い出される。

イングランドでは、カンタベリーがこのような活気にみちた司教座聖堂の好例で、スタッブズなど、文芸の中心としてのカンタベリーを、今日のオックスフォードやケンブリッジにもなぞらえている。大司教テオバルドゥス（一一三八—六一）は、もともとベックで教育を受けたのだが、カンタベリーへ来て自分の周囲に学問のある人たちを集めた。彼の秘書官が「三十年間イングランドの学問の中心的人物」だったソールズベリーのヨハネスで、その書簡は行政上の問題のみならず文学にも触れており、フランスとイタリアへのたびたびの旅行や、大陸の学者たちとの関係を書きつづっている。大司教の法律顧問は、神学、教会法、ローマ法について著作をしたイタリアの法学者ヴァカリウスだった。カンタベリーはすでに大陸の有名な学校と密接なつながりを持っていたのである。次の大司教はトマス・ベケットで、彼はすでにテオバルドゥスのもとで、また国王の宮廷で修練を積んでいた。カンタベリーや亡命地のベケットの周囲には、「聖トマスの博識の学者」グループが集まってきたが、彼らは書簡や伝記によって師の記憶をとどめるのに力があった。そのひとりブロアのペトルスは、大司教側近について次のような記録を残している。

私が生活しているこの大司教館は、まさに神の宿、神の家、天国の門にほかなりません。わが主、大司教様の館には、大した学者方がおいでになります。正義と高潔、将来への配慮、あらゆる学問を身につけた方々です。お祈りのあと、そして食事の前に、読書や議論をし、訴訟の判決などについて、たゆみなく研鑽を積んでおられます。教区のありとあらゆる厄介な問題が私たちに付託されます。そして聴問会で審議するにあたっては、争いや対立もなく、各自が問題について理知を働かせてみごとに説明し、もっとも分別があると思われる意見をすぐれた才能の中から生み出すのです。(9)

カンタベリーは修道参事会で、そこの修道士の中には、歴史家ジャーヴァス、パリの学生について有名な風刺詩を書いた詩人ナイジェル・ウィレカー、その他十二世紀末の『カンタベリー書簡集』(*Epistolae Cantuarienses*)に出ている多くの書簡筆者がいる。その中のひとりは好んでオウィディウスの『恋の手管』(*Ars amatoria*)を引用する。この司教座聖堂にも、今は散逸してしまったが有名な蔵書があって、その内容は、モンタギュー・ジェイムズ博士の根気と努力によってみごとに復元された。

その他のイングランドの司教座聖堂はカンタベリーには敵しがたかったが、当時の文芸に頭角をあらわした参事会員や大助祭は数多くいた。参事会員はだいたい歴史、大助祭は法律にすぐれ、彼らはボローニャでそれを学んだあとイングランドでの生活を楽しみながら、多分「大助祭は救われるか」[10]という当時おなじみの問題をめぐる議論にでも聞き耳を立てていたのだろう。国王スティーヴンの弟、ウィンチェスターの司教ヘンリーは、芸術や文学のパトロンとして知れわたっていた。この世紀が進むにつれて、セント・ポール聖堂はこれらの中心の中でもおそらくもっとも重要な場所となった。訪問者がこの町にやってくれば、

参事会長の尊師ラルフ・ド・ディセトからは、その著『歴史の群像』(*Ymagines historiarum*)の美しい手稿を見せてもらう。会計局長の参事会員リチャードからは財務府の歴史を教わり、まだ失われる以前の貴重な『三つの欄』(*Tricolumnis*)を借りることになったかもしれない。ブロアのペトルスは、大助祭の役得が少ないことをぶつぶつ言いながら、結構な利益をうみ出すために抜け目なくペンを使い、ロジャー・ナイジャーは、はげしい毒舌で怒らせた王のもとから今や逃げ出しているところ。かの有能な政治家、偉大なるフォリオは、ベケットの熱意の向こうを張って、技術、体験、学識のすべてをぶつけたのだが、少なくとも同時代の人びとの見るところ、その勝負には負けたようだ。[11]

ふしぎなことに、これらの司教座聖堂の付属学校の話は耳にすることが比較的少ないし、実

際に、イングランドの司教座聖堂付属学校で大学にまで発展したものは一つもない。

スペインでは、トレドの司教座聖堂がもっとも重要だった。ただ、バルセロナの蔵書、タラゾナのミカエル司教（一一一九―五一）の肝入りでおこなわれたアラビア占星術の翻訳、巡礼の大記念聖堂サンティアゴ・デ・コンポステラの『カリクストゥス本』（*Codex Calixtinus*）には言及しておく必要があるだろう。この最後のものは、カロリング時代の物語《ロマンス》の歴史のきわめて重要な資料である。一〇八五年、キリスト教徒による再征服によって昔どおりの首位の座を回復したトレドは、いきおいキリスト教とイスラム教の学問交流の場となった。この科学の古い中心地には、「アラビア語のたくさんの書物や、二ヵ国語に通ずる人が多数見られた。また、これらモザラブやこの地に在住するユダヤ人の協力を得て、アラビア語からラテン語への本の翻訳や科学を教える正規の学校が建てられ、知識に飢えた人たちをあらゆる国々からひき寄せた……そして、アラビアの学問のもっとも有名な翻訳の多くに、トレドはその名をとどめることになった」[12]。こういったことすべてにイニシアティヴをとったのは、大司教ライムンドゥス（一一二五―五一）らしい。その時代には、哲学の翻訳にひきつづき、数学、論理学、天文学の訳業も出てきた。そして、司教と、これらの翻訳者の中でも最大の人物クレモナのゲラルドゥスとの直接の結びつきはなさそうだが、同時代のトレドの参事会員マルコによる医学書の翻訳は、この世紀の終わり近くの司教座聖堂の学識をある程度明らかにしている。ところで、クレモナのゲラルドゥスの名前は、スペインで活躍した多くの翻訳者が外国生まれだったという事実を示すものである。しかし、トレドに正式の司教座聖堂付属学校があったかどうかは別として、この翻訳者たちがトレドで「この世の賢き哲人たち」を求めたことは注目に値する。

ドイツとイタリアは、また事情がちがう。叙任権をめぐる闘争は、リエージュのような古い文化の中心地に永く残る傷を与え、十二世紀はドイツにおいては、律修聖職者と同じく在俗聖職者にとっても知的な衰退の時期となった。高位の聖職者は政治にかかわっていて、それも多くの場合、かかわり方がずいぶんと深かった。ライン地方の大司教たちがそうで、マインツのクリスティアンはイタリアでフリードリッヒ・バルバロッサの代理を勤め、ケルンのライナルトは皇帝のお伴をしてイタリアまで出かけた。そのとき随員に「アルキポエータ」を加え、また自分の司教座聖堂の宝物を豊かにするために三人の王の遺骨を持ち帰っている。司教オットーのもとでフライジンクが有名だったのは、場所柄ではなく司教の人柄のせいである。オットーはまったく並はずれた人物で、フランスの新しい弁証法の教育を受け、それをはじめてドイツにも取り入れた。修道士にして司教、コンラート三世の弟で、バルバロッサのおじ。みずから故国、イタリア、東方で見聞したこのふたりの功業を記すその語り口は、宮廷歴史家と言ってもいいくらいである。[13] イタリアでも、高位聖職者は帝国のみならず市の政治にかかわっていて、ゲルフ（教皇派）とギベリン（皇帝派）の争いが激しくなるにつれ、ますますその度合は強くなった。そして、もはや前の時代の知的指導力を示してはいない。シチリア王国に関する直接の知見を数多く与えてくれる貴重な全体的な年代記を書いた、サレルノのロムアルドゥス二世（一一五三―八一）のような司教・歴史家は、この時代としてはまれな存在である。彼の司教座聖堂は、大部な『祈禱兄弟盟約簿』（*Liber confratrum*）でも注目をひく。その中には、十二世紀末で、一万二千近い名前が数えられる。しかしこれは知的な活動ではなく、むしろ地方的な人名と古文書の集大成と言うべきだし、この『生命の書』に出ている外国人は、司教座聖堂の聖職者にひかれたのではなく、医学者にひかれてサレルノにやってきたにちがいない。同じように、一一一二年頃コンスタンティノポリスでギリシア人と神学の論争をしたミラノの大司教クリソラヌスも、孤立した存在である。彼の後継者たちは、行政の問題やミラノとロンバルディアの複雑な政治問題にかまけて、アンブロシウスの伝統とは疎遠になってしまった。

封建諸侯であれ王家であれ、知的中心としての宮廷については、さまざまな考え方があるだろう。一一五五年頃、名をニザミというサマルカンドの詩人が、きちんとした宮廷は四つの教養階級を持つべきだと主張した。書記官、詩人、占星術師、医師がそれである。「国王の仕事は、優秀な書記官なしにはおこなえない。国王の功績と勝利は、能弁な詩人なしには不朽の生命を与えられない。国王の計画は、賢い占星術師が幸先よしと判断した時期に実行に移さなければ、成功はおぼつかない。そして、すべての幸福と活動のもとである健康は、有能で信頼できる医師の働きがあってはじめてたしかなものとなる[14]」からだという。これはいささか東洋風でわざとらしく聞こえるかもしれないが、西欧でも十三世紀には人ていの宮廷が占星術師をかかえていて、チェスター伯などすでに十二世紀から持っていた。ほかの三つの教養階級は、もっと早くからあっただろうが、それほどお役所的な形をとっていたわけではない。小さな封建諸侯の宮廷は、知的な面ではまだまだ原始的な機構にすぎず、特に領主自身が読み書きのできないところはそうだった。しかし、少なくとも宮廷付き司祭は必ずいて、礼拝堂でミサをたて、必要な書簡をしたためていたし、やがて書きものの仕事がふえ、公文書の扱いに配慮が必要となるにつれ、尚書あるいは書記官がおかれるようになった。事実、正規の尚書部の存在が、行政面での進歩の度合いを判定するたしかな目安となるのである。若きハインリッヒ二世は父王やおじの宮廷で家庭教師についたが、そういうものはめったになかったし、そもそも君主が書物で勉強することもまれだった。詩人、ないしは吟遊楽人《ジョングルール》は普通に見かけられた。といっても、詩人という言葉を、宮廷の道化師、おどけ者から職業的なトルーヴェールやトルバドゥールまでのすべてを含むものと考え、また、小さな宮廷の終身雇用者ではなくたまさかの訪問者もそれと見なしての話である――「行手は遠く、風は冷たい。吟遊詩人は体衰え年も老いた。」ともあれ、詩人は宮廷をラテン語文学、各国語文学双方の源たらしめるのに十分なものではあった。しかし、聖と俗の要素は、いつも申し分なく融合するとは限らない。大助祭の先行きについてはいろいろ弁護の余地があるかもしれないが、吟遊楽人《ジョングルール》については聖職者の著作家の言うことははっきりしていて、「役にも立たず、徳もなく」「救いの望みはさらになし」だった。いつも古典趣味のソールズベリーのヨハネスは、当時の役者や道化者がアウグストゥスや古代の舞台の威厳よりはネロの無作法ばかりまねしていると考える。戴冠式、結婚式、皇太子の騎士叙任のような大祝日、さらにはアングロ・ノルマン国王の年三回の謁見日には、年代記作者が「数知れぬジョングルールと役者の大群」と呼ぶような連中がわんさと押しかけたのだろう。プロヴァンス語の物語《ロマンス》『フラメンカ』(*Flamenca* 一二三四年)は、この連中が語りそうな話を、トロイア、テーベ、アレクサンドロスから、ゴリアテ、アーサー王、シャルルマーニュ、「山の老人」（イスラムの敵を暗殺することを務めとする結社の指導者、ハサン・イブン・アル・サッバー）にいたるまで、長々と並べ立てている。宮廷は、永続きするかその場限りかはともかくとして、いつも文学保護の潜在的な中心だった。同時に歴史の潜在的な中心でもあったのだが、それは後章に述べる。文学について言えば、書物の市場がまだない時代のこととて、教会からたしかな収入が得られない人にとっては、宮廷の保護はまず第一に必要なものであり、またしばしば教会内に地位を獲得するのに最上の助けともなった。

この時期における封建制の強化は、これら多くの宮廷を行政面、知的な面での中心として、いっそう強力な地位にまで引きあげた。南方では、プロヴァンス語の詩の多くの中心が恰好の例で、アキテーヌのギヨーム九世のような詩人君主や、その孫娘エレアノルのようなパトロンを忘れるわけにはいかない。歴代シャンパーニュ伯は学問に秀でた宮廷を持っていて、一一六七年にウァレリウス・マクシムスの写本がこの宮廷のために作られているし、少なくともその中のひとりティボー四世は、自身重要な詩人でもあった。ギーヌ伯のようにあまり大したところのない領主でさえ、自分の領地の歴史家としてあとで出てくるアルドルの司祭をかかえており、また、ソリーヌスその他古典のフランス語訳を作らせたりする。ザクセンでは、ハインリッヒ獅子公が――ザクセン滞在中は――文化のパトロンとして通っている。イングランドでは、グロスターのロバート伯がすぐれた文学の支持者で、マムズベリーのウィリアムの歴史書を献呈されており、また、宮廷付き司祭モンマスのジェフリーにケルトの物語を書くことを大いに奨励している。ジェフリーの画期的な名著『ブリタニア国王史』(*History of the British Kings*) はこの辺境の君主に捧げられたのである。それから少し時代がくだると、「〔イングランドの〕直臣はみな書記をかかえていた」が、「宮廷の役職についていない直臣がほとんどみなノルマン・フランス語以外の言葉をまったく知らなかったことは、まずまちがいない[15]」。

アングロ・ノルマン官僚制のはじまりは、

qui mult bien chantout

歌に巧みなりし

お抱えの吟遊詩人タイユフェールのみならず、例の土地大調査（Doomsday Survey）によって人びとの記憶にとどまっている征服王ウィリアムにさかのぼるが、その最盛期は、スコットランドの境界からピレネーにまでひろがった版図のあるじヘンリー二世（一一五四―八九）の治世である。彼はおそらく当時のラテン・キリスト教文化圏でもっとも強力な君主で、その王国は近代的な意味での単一の首都を持ってはいなかったが、財政と司法にはウェストミンスターやカーンのようなきまった核があり、国王はいつもそこにもどってきていた。そして、きっちりと定められた財政、司法、尚書の仕事は膨大な役人を必要とし、当時のある人はそれをバッタの大群にたとえたほどである。一一八二年のカーンのクリスマス法廷のように、国王が自分の大法廷を開くときには、領主に対して自分の裁判を捨ててそこに出席するよう要求することができた。その上、ヘンリーは教育があり、おじのグロスター伯ロバートの王室で育てられ、イギリス海峡からヨルダンにいたるヨーロッパ各国語に通じていた。国際的なつながりも広く、娘たちはザクセン、シチリア、カスティリャの支配者に嫁いでおり、さまざまな領土を一手に収めたことから、ゲルマン、ケルト、フランス、プロヴァンスの諸要素の交流がさらに推し進められた。王は文学や吟遊詩人のパトロンで、自分の仕事のこぼれ話がウォルター・マップの非公式の書物にとりあげられているだけでなく、公式の年代記作者をかかえていて、膨大な量にのぼる記録の委曲をつくしたその書きぶりは、相応の高い称賛を得ている。ヘンリーの廷臣の筆になる多くの書物の中で、二十にあまるものが国王に献呈されている。少数の神学書、若干の科学書と各国語による詩、医学書がいくらか、相当数にのぼるラテン語とフランス語の歴史書、それに、司法と財政関係の機構を説明した二つの著作が含まれていて、国王の行政組織の高度な発展を示すまたとない記録になっている。王室が国内を移動するにあたっては多くの混乱が生じ、「場所取り」がずいぶんおこなわれたが、こういう問題もすでにヘンリー一世の手で『王室典範』(*Constitutio domus regis*) にまとめられていた。これは、ヨーロッパの王家の数ある王室法令の中でも最初期に属するもので、その規則に準じて、尚書部長官、写本所の長、宮廷付き司祭を筆頭に、多くの役人が部局ごとにパンとぶどう酒、蠟燭の燃えさしなどを毎日支給されていた。この時代の財務府は、書記たちが慎重に計算したものをまとめあげて、年二回公開決算をおこない、そこに出席する文字の読めない知事にもわかるような形で示している。

シチリアの宮廷は官僚制がもっとはっきりしている。東洋的な色合いが濃く、アラビア的なものに加えてビザンティン風のところもある。占星術師と詩人、アラビア人医師と多くの外国語に通じた書記がいて、最初に紹介したサマルカンドの詩人が書いた理想の家臣に非常に近いものがそろっている。ラテン語、ギリシア語、アラビア語で書かれた記録は、大勢の仕事に習熟した書記と、パレルモに常置される文庫を必要とした。宮殿は東方イスラムの歓楽殿を思わせ、王室は大奥に東洋風のハーレムを持っていた。その知的な影響力は、地の利と時の運に符合する。北と南、東方と西方の合流点として、ギリシア語とアラビア語からの翻訳の豊かな源であり、これらの言語で著作がおこなわれたところでもあった。最初の王ロジェールは、地理を道楽とし、エドリシによるアラビア語のテクスト付き大地図の製作をとりしきった。その後継者ギヨーム一世のもとには、一流の翻訳者アリスティップスとパレルモのエウゲニオスが行政官として勤めていた。フリードリッヒ二世（一二二〇―一二五〇）の治世は、あとの時代に属するが、先立つ時代の精華が実を結んだといえるところが多い。イタリアの詩の揺籃《ようらん》であるフリードリッヒの宮廷は、また先代たちのアラビア的伝統も保ちつづけ、彼のコスモポリタンな科学・哲学趣味は、個人的な資質であると同時にシチリアの特徴でもある。これらの問題はすべて後の各章で吟味することになろう(16)。

官僚制の要素の少ない宮廷は、われわれの目的にとってさほど重要ではない。性格上、頻繁に移動するために、記録や歴史、その他広く宮廷文書のしっかりした核となるものを獲得するにいたらなかったからである。この種の中心として筆頭にあげられるのは、フリードリッヒ・バルバロッサとその息子ハインリッヒ六世の神聖ローマ帝国で、両皇帝とも知的な趣味を持ち、特にラテン語韻文による公式の歴史記述を奨励した。このことはまた別の関連で述べるが、この種の記録は、一段と生彩に富む後継者フリードリッヒ二世の時代以上に、彼らの治世に豊富に存在するのである。フランスの君主は、まだ学問のパトロンとしては大したものではないし、スペインは、十三世紀後半のアルフォンソ賢王の登場まで待たねばならない。

もっと高度な組織を持った中心は、文化的に重要なもう一つ別の問題を浮彫りにする。つまり、宮廷相互の交流で、それがこういう中心についてはさらに頻繁で、また跡をたどることが容易にできる。ヘンリー二世は、女婿にあたるザクセン公の長い訪問を受けているし、王女ジョアンナをりっぱな護衛付きでシチリアまで送っている。ノルウェーの大司教を数ヵ月間歓待したこともある。彼の武器法は、発達の遅れた隣国の政府、フランス王やフランドル伯の模倣するところとなったと言われる。ブロアのペトルスは、ノルマンとシチリアの両方の宮廷で重用された。イングランド人トマス・ブラウンは、ロジェール二世の王室に他の外国人とともに迎えられ、そこで裁判官と宮廷付き司祭の職についた。そして、カイド・ブルンという名前でアラビア語の財政記録に確認の署名をしているが、またイングランドへもどって国王ヘンリーの財務府の権威と責任のある地位についている。ティルベリーのジャーヴァスも、イングランドの王室からシチリアの王室へ移り、次いでアルル王国の式部官に任ぜられたが、その途中拾い集めた雑録がオットー四世に捧げられた『皇帝の余暇』（*Otia imperialia*）である。やや遅れて、フリードリッヒ二世とハインリッヒ三世は、同じラテン語作詩家をかかえていた。アヴランシュのアンリがその人で、彼は教皇や直臣のパトロンたちのためにも詩を書いている。フリードリッヒは、自分の大宮廷の詩人たちをアルプスの向こう側のトルバドゥールやミンネジンガーに引き合わせたほか、アンティオキアからは哲学者テオドロス、スペインからはミカエル・スコトゥスを呼び、北アフリカや東方のイスラム統治国の科学者や哲学者との学問的な文通をつづけた。

十二世紀の都市は、文芸の世界よりも商業や政治の世界の方に大きな地歩を占めていた。中世末期に出てきたようなはっきりした都市文化はまだなかったし、ましてイタリア・ルネサンスに現われる芸術や文学のパトロンはいなかった。十二世紀の文芸の保護者は依然として聖俗の諸侯だった。しかしまた、文化を単に学問的、純文学的にとらえるだけでは、人間の知性の長い歴史の中でこの時期の都市がどれだけ重要性を持っているかをはかることはできない。少なくとも北ヨーロッパの場合、十二世紀には大きな知的変化のはじまりを示す経済上、社会上の変革が全面的に起こっている。各地を遍歴する商人は「土地に縛りつけられた人たちのまっただ中に移動性を持ちこんだ。伝統に忠実な世界、各階級の役割と順位が固定された階層制を重んじる世界に対して、将来が社会的地位によってはかられるのではなく、もっぱら知力と活力によって左右される、敏腕な合理主義者の生き方を示した[17]」。戦う人、耕す人、祈る人という伝統的な社会階層に、都市は商人と製造業者という第四の階層をつけ加えることになった。これが将来、神さえもブルジョアの一員とみなすブルジョアジーになるわけである。一三六六年にドゥエの役人は、神を「すべてのものの中でもっとも古くもっとも高きにいますブルジョア」(li premierz plus anchiiens et souverains bourgois de tous) と呼んでいる。都市は、周辺の田舎の隷属状態とはきわだって異なる自由な地域で、資本の中心、激しい活動の焦点、討論の広場として、みずからの法のみならず、ある程度の自治も持っていた。その形が別の都市から借用されることがよくあったが、必ずしも隣の都市とは限らない。その住民の多くは、商用で、時にはずいぶん遠いところまで旅をした。こういう旅で出会うのはおもに他の都市からきた人たちである。各国語の文学成立の温床となっていた路傍の霊廟やマーケットで、そんな連中とぱったり顔を合わせたり、ヨーロッパ全土から人が集まる定期市に大挙して押しかけたりするのだ。そんな定期市に付設された簡易裁判所では、特別の商慣習法が作られ施行されていて、ほこりにまみれた請願者たちがつめかける。そうするうちに、目新しいご法度の思想に染まることもあるだろう。たとえば二元論の異端など、東方から商業の道伝いにはるばる北方の都市にひろまり、そのあたりでは機織りと異端者がしばしば同義語として使われるようなありさまだった。舞台はまったく中世的だが、状況はなんと近代的だろう！

このような発展はあったものの、読み書きはただ便利なだけで、生活に必要なものではなかった。しかし、農民がその後何百年もの間読み書きの能力なしですませる一方、北方の都市住民は、基本的な教育を授ける世俗の学校をつくりはじめた。それ以上のものを見ようと思うなら、さしあたってはまだ南の古い都市に目を向けるしかない。なかでもイタリアでは、世俗の教育の伝統が公証人や写字生の間にずっと生きつづけていて、たとえばヴェネツィアなど、読み書きは商人の階層にまでひろがっていた。すでにイタリアの諸都市は、それぞれ地元の法律学校のみならず、公文書や年代記も持っていた。その上、地中海圏の商業共和制諸国は、東方とのコミュニケーションの要衝でもあった。ヴェネツィアとピサは、それぞれシリアのおもだった都市のほかに、コンスタンティノポリスにも商業区を持っていて、しばしば外交使節を派遣したし、市民がビザンティン宮廷に地位を得ていることさえあった。一一三六年にコンスタンティノポリスでアリストテレスの「新論理学」を翻訳したヴェネツィアのジャコモもいれば、ギリシア語の写本の貴重な蔵書を持ち、故郷の町をラテン語の詩にうたったベルガモのモーゼスもいる。またピサの人ブルグンディオは、長い生涯にたびたび東方との間を往き来し、多くのギリシア語の神学書や医学書をラテン語に翻訳した[18]。その少し前には、ピサ出身の無名の人物が、マヨルカのサラセン人にピサが打ち勝ったことを詩でたたえ、同じくピサ市民のステファノスなる者がアンティオキアでアラビア語の医学書を翻訳している。イスラム東方との関係は、主として商品を介するものだったが、ギリシアとフェニキアの商人の時代からこの方、商品の交換と知識や思想の交換を切り離すのは不可能だったことを忘れてはならない。ただ、残念ながら、交易がもたらすその種の効果は、雲をつかむようで、はっきりした跡を残すことがはなはだ少ない。

別種の知的中心である大学は、ここで扱う時代よりもむしろ後代に属する。たしかに十二世紀は、後世のために大学というものの型をつくり出してくれて、あとで見るとおり、少なくとも五つの大学が十二世紀にさかのぼる起源を持っている。サレルノ、ボローニャ、パリ、モンペリエ、オックスフォードがそれである。とはいえ、これらは必ずしもいろいろな学校が集まった中から出てきたものではない。その意味での大学という名称はまだほとんど知られていないし、判然とした機構も認められない。大学同士の独占的な結びつきもできあがっていなければ、教皇庁が大学に指導の手をさしのべてもいなかった。

以上何種類かの知的中心の内部、そしてそれら相互の間でおこなわれるコミュニケーションにおいて、思想、知識、書物などがある場所から他の場所へ現実にどう動いたかは、知られるところがあまりにも少ない。道筋は、その補助となる川や海も含めて、わかっている。だいたいが古いローマの街道で、その頃には司教座の所在地となっていた古い都市を結び、多くの新興の町々をつなぎ、間には聖地、避難所、修道院が点在している。長途の知的交流はこの道を通らないわけにはいかない。「はじめに道があった」とベディエは言う[19]。もはや「ローマの平和」に守られることもなく、維持はやる気のない現地の役人の裁量のままに放置されてはいたが、主要道路はなお頻繁な、そしてかなり迅速な伝達の役目を果たしていた。長い旅の平均行程は、一日二十ないし三十マイルだったが、飛脚は四十マイル進むこともある。「ローマからの通信は、五週間足らずでカンタベリーに届いた。……旅行者は急ぎの飛脚とはちがうから、七週間かかるものとされていた[20]。」フリードリッヒ・バルバロッサが小アジアで死んだしらせがドイツに届くのに四ヵ月もかかったのに、オーストリアでリチャードが捕えられたというニュースは、およそ四週間でイングランドに届いている。一一九一年、ケルン大司教の遺体は六週間でナポリから故郷に運ばれた。書物はどれくらいの速度で動いたのだろう？

具体的なはっきりした知的交流の事実は、とらえられないのが普通で、それに関する知識は、せいぜい量的ではなく質的なものにとどまる。巡礼や商人の道筋はわかるが、その数や影響の大きさまではわからない。十字軍戦士の道程を追跡することはできるが、彼らが持ち帰った思想を跡づけることはできない。学者の中で、その旅路のあとをたどれる者はわずかで、フライジンクのオットーやソールズベリーのヨハネスのように信頼できる記録のあるものでも、細部の叙述は欠けている。高位聖職者の動向はもっと綿密に追跡できることが多く、一段とつっこんだ研究をおこなうに値しよう。たとえば、イングランドの教会人のローマへの旅を見ると、ずいぶん旅行をしているという印象が強い。五人の司教と四人の修道院長がイングランドから一一三九年のラテラノ公会議に出席している。一一四四年にはイングランド人の枢機卿がいるし、一一五四年には、イングランド人の教皇がスカンディナヴィアからちょうどもどったばかりである。一一五〇年頃、ローマへのたびたびの訪問の最後の旅で、ウィンチェスターの司教ヘンリーは、スペインとコンポステラ経由で古代の像を持ち帰った。ヘンリー二世にプリニウスの要約本を献呈したオックスフォードの聖フライデスワイド修道院長ロバートは、一度ならずローマを訪れ、シチリアにまで足をのばしている。ふたりの文人、ウォルター・マップとプティ・ポンのアダムは、一一七九年の公会議に出席したブリテンの大代表団の中でのきわだった存在だった。カンタベリーの聖アウグスティヌス修道院の修道士は、十二世紀の間に三十人の使節をローマに送り、クライスト・チャーチは十七人送った。バイユーの司教フィリップは、有名な書籍収集家で、少なくとも四回ローマを訪れている。ソールズベリーのヨハネスは、少なくとも六回イタリアに旅し、シチリア人の尚書と交際して、八年間教皇庁に勤めた。そこでピサ人の翻訳者ブルグンディオと、最低ひとりのギリシア人通訳に会っている。いったい何を持ち帰っただろうか？　これらの諸例は豊かな知的可能性をはらんでいて、中には勤勉な探求者に秘めたるなぞをあかしてくれるものもあるだろう。しかし、大部分ははかない期待に終わるのがおちで、十二世紀に関する数多くの興味深い重要な事実は失われてもはや取りもどすすべがないことを、残念ながら認めないわけにはいかない。どんな時代にもある程度はあてはまることだし、また思想史を形作る評価不能の事実については特にそうであることを思い起こして、みずから慰めるしかないだろう。

第三章　書物と書庫

十二世紀の精神を研究する際に、いつも念頭においておかなければいけないのは、当時どんな本が入手でき、その本がどんな状況で作られ読まれたかということである。できれば、それぞれの著者について、その引用、旅行、読むことのできた本をもとに、知的背景を調べることが望ましい。われわれ今日の人間には、版や売れ行きのようなはっきりした問題について先入観があるだけでなく、基礎資料の利用というつかみにくい面についても、それが容易であったような思いこみがある。それだけは少なくとも排除しておかなければいけない。ある時代の図書について現実に即した考えを持っていなければ、てきめんに誤解におちこんでしまう。クールトンは、「プラトンもアンセルムスの解釈をよしとして手を握り合っただろう」[1]と書いているが、実際問題としてこれは絶対にあり得ない。西方にはギリシア語文献はなく、アンセルムスはギリシア語を知らなかったし、当時『ティマイオス』の一部を除き、プラトンの作品のラテン語訳はただの一つも存在しなかった。十二世紀の著作家の正しいとらえ方としてすばらしい模範になるのは、オルデリクス・ウィタリスの『教会史』にレオポルド・ドリールがつけた序文で、その中には、オルデリクスがいたサン・テヴルール修道院の図書目録、その修道院の学問的な状況に関する論考、オルデリクスの読んだ本、特に例証に使われている本の概略、それに、カンブレー、ウースターまで足をのばした彼の数少ない旅行などが書き記されている。

中世の書庫が云々されているとき、それが特別な部屋ではなく、まして特別な建物でもなかったことを、まずもって頭に入れておくことが大切である。書庫にあたる普通の言葉はarmarium《アルマリウム》で、その意味は衣裳戸棚ないしは本箱。つまり、書庫とはそういうものだったのだ。普通は教会の中、後には修道院の奥の部屋におかれることもよくあって、壁に書棚がそなえられていた。時には学校の教科書をおく特別な場所があった。蔵書は必然的にわずかなもので、いちばん古い修道院の目録には、ほんの数冊、あるいは二十冊前後しか載っていない。十一世紀末のイギリスのベネディクト会について書かれたランフランクスの『慣習規定』(*Consuetudines*)は、修道院の本を、全部ひっくるめても敷物一枚に載るくらいの分量に見ている。しかしまた、その写本は修道士全員に一年間の読書として一冊ずつわたるだけはあったように書かれてもいる。最低それだけは必要だったのだろう。文庫なき修道院は武器庫なき城塞のごとしと当時の俚諺《りげん》に言われている(claustrum sine armario est quasi castrum sine armamentario.)。

蔵書は、もらうか買うか、その場で作るかしてふえていった。十二世紀には、本を買うことは珍しかった。というのは、パリとボローニャがすでに本を売買する場所として登場してはいるものの、筆写を職業とする人も、本を取引する市場もまだなかったからである。写本はもとより値が張るし、とりわけ共唱用の大部な典礼書など大へんなもの。大きな聖書を十タレントで買ったとか、ミサ典書をぶどう畑と交換したというような話もある。一〇四三年にバルセロナの司教は、プリスキアヌスの本二巻をユダヤ人から買うのに、家一軒と土地一区画を提供した。本の寄贈もしばしば記録に残っている。修道院に修道士として入る人、修道院で歓待を受けた旅人などが贈るのだが、とりわけ多いのは遺贈である。たとえば、十二世紀のルーアンの司教座聖堂は、寄贈書として次のものをあげている。ロトルー大司教（一一六五―八三）からプリニウスの『博物誌』、ヒエロニムスの書簡、アウグスティヌスの『神の都』、イシドルスの『言葉の起源』、ウィトルウィウス、前任者ユーグ大司教の著作二巻。ローラン大助祭から聖書の半分。修士ガレランからミサ典書一部。修士R・ド・アンタンから聖書九部。そのうち一部は注釈付詩篇と交換でボシェルヴィルのサン・ジョルジュに貸与。本の貸し借りは当時まだ普通におこなわれていた。一一六四年、バイユーのフィリップ司教は、ベックの書庫に百四十巻の書籍を遺贈したが、うち二十七巻は届かなかった。一一八〇年には、ソールズベリーのヨハネスがシャルトルの自分の司教座聖堂に、わずかな蔵書をおくっている。しかしながら、蔵書の最大の源は、修道院内での製作にあった。それというのも、修道士の労働は無償だし、本に必要な羊皮紙も教会の所有地から手に入れられることが多かったからである。

修道院の写本室は、独立した建物である。写本は、古い規則には特に定めがないが、やがて称賛すべき労働と認められるようになり、「修道会の会則が一新されると、それにともなって書くことの情熱もきまってあらたになった」[2]。クリュニーでは、筆写係は内陣での勤行を免除され、院長の尊者ペトルスは、筆写を畑での労働にまさるものとして強くすすめた。シトー会では、収穫期を別として筆写係を農作業から解放し、仕事に必要ならば禁域の厨房に入ることも許した。カルトゥジオ会の修道士は、各自部屋で写本をすることを求められた。衰えた気力は、永遠の報いを将来に期待して、またかきたてられる。「一字、一画、一点を写すごとに私の罪はゆるされる」と十一世紀のアラスの修道士は書いているし、オルデリクスは、道を誤った修道士が写本のおかげで救いを得た話を伝えている。多くの罪を犯したが、善悪の収支決算が文字一つ分貸方になったために、悪魔の手から救い出されたという。それでも修道士に写本の仕事をさせるのは容易ではなく、雇いの写本屋がますます多くなったらしい。修道士の筆写係さえ雇われ仕事をするようになった。フリードリッヒ・バルバロッサがミサ典書とミサ用書簡集をテーゲルンゼーに注文したときがそれである。

本を筆写するというのは、どんなによく見ても退屈な仕事だし、時にはずいぶんつらいこともあっただろう。オルデリクスのような熱心な筆写者でさえ、冬場は寒さで指がかじかみ、しばらく仕事を休まずにはいられなかった。十世紀のノヴァラの修道士レオは、三本の指が文字を書いている間、背中は曲がり、肋骨は胃袋にめりこみ、体中が痛むとこぼしている。実際にどれだけ時間がかかったか、筆写がぞんざいになった後期の時代以前の正確な記録は少ししかない。一〇〇四年に、リュクスイユのコンスタンティヌスは、いわゆるボエティウスの『幾何学』の、今日の印刷で五十四頁の分量を十一日で筆写している。十二世紀に、サン・トロンの司教代理は、羊皮紙の準備から始め、最後の彩飾、楽譜の記入まで、ミサの可変部聖歌一篇をしあげるのに丸一年を要した。一一六二年に、レオンで、聖書を半年で写し、七ヵ月目に彩飾したのが、驚くべきことだと記録されている。一二二〇年から二一年にかけてノヴァラの筆写者が聖書を写すのに一年と三ヵ月ついやした。もっと急ぐ必要があるときは、一冊の本を何人かに分けて写した。

いずれにせよ、仕事が片付くといかにも人間らしく喜んだことが、多くの署名にうかがわれる。「終わり。主に感謝」というのがいちばん普通で、それといっしょに、時には天国での報いを願ったり、時にはワイン、ビール、ふとったガチョウ、ご馳走など、もっと地上的なものを望む言葉が述べられていることもある。

終わり。神に感謝。　Explicit, Deo gratias.

本は完成しました。キリストには賛美と栄光。　Finito libro sit laus et gloria Christo.

書いた者にはさいわいがありますように。　Hic liber est scriptus, qui scripsit sit benedictus.

キリストのために、この本はりっぱにまとめられました。　Propter Christum librum bene condidit istum.

書いた者は常に主と共に生きますように。　Qui scripsit scribat, semper cum Domino vivat.

また書き写してよい酒が飲めますように。　Qui scripsit scribat et bona vina bibat.

ふとったガチョウが与えられますように。　Finito libro pinguis detur auca magistro.

美しい乙女をたまわりますように。　Detur pro penna scriptori pulchra puella.

そして、筆写者は、外へ歌いに、あるいは遊びに出かける。

これで終わり。歌いに行こう。 Explicit expliceat, psallere scriptor eat.
これで終わり。遊びに行こう。 Explicit expliceat, ludere scriptor eat.

時には、カンタベリーの筆写者エアドウィンのように、自分の仕事とその評判を自慢する者もいる。

私は筆写の第一人者。今後私の誉も名声も、消えることはない。私が誰か、文字よ叫べ。

Scriptorum princeps ego, nec obitura deinceps

Laus mea nec fama: qui sim, mea littera clama.

一般的に言って、十二世紀にはすでに、修道院のさまざまな務めに対して、土地や収益の特別な割り当てがあるという状態になっていた。そして、図書については、そういった考慮が払われていない場合は、臨時の贈物にたよることが多かった。たとえば、コルビーの図書係は、古い本の修復と新しい本の製作のために特別な基金を持っていたのに対し、セント・

オールバンズでは、筆写係を雇うために十分の一税をとりのけていて、その額は少なくともひとりの写字生を常置するのに足りた。アビンドンには修道院のすべての仕事について、それを維持していく細かい記録があるのに、本作りのことは出ていないが、イヴシャムでは、一二〇六年には「小修道院が一つの村の十分の一税を羊皮紙と筆写係の俸給支払にあてており」、また同時に「地代と十分の一税を資金に、先唱者が、彩飾用のインクと絵具、製本材料をととのえていた。」(3) ザンクト・エンメラムのオトローが筆写して友人に与えた教導書は大へんな数だが、それにさける時間といえば、学校の教師としてのきまった仕事の合間のわずかなひましかなかった。

この時代の書物はすべて羊皮紙製である。パピルスは中世初期にもう一般には使われなくなり、紙はまだ西方には入っていなかった。品質の悪いものがパーチメント、上質のものがヴェラム（子羊から作る）で、いずれも羊皮から丹精こめて作られ、切りそろえ丁寧にたたんで定規で線を引く。(4) 本の大きさはさまざまで、大きな文字で書かれた大判の聖書、典礼書もある反面、十六折本あるいはそれ以下の小型本も十二世紀のものがたくさん残っている。きれいだがこまかい字で書かれており、旅人のポケットに入るぐらい小さい。十二世紀初期は、中世書法の黄金時代と言ってもよく、カロリング小文字体の読みやすさがまだ残っている。後期にはゴシックの筆法、連結文字、それに数多くの略字がとり入れられ、十三世紀に入るとそれがあたりまえになって、草書体もふたたびあらわれる。

十二世紀はまた、写本の彩飾技術の復興期でもあった。十一世紀には多くの場所でカロリングの伝統はすでに姿を消していて、十二世紀の美しい頭文字が、次の時代のすばらしい作品の到来を告げる。これまでのところは、赤と緑と金の頭文字にほぼ限られているが、ペトルス・コメストルが広く読まれた『聖書物語』(*Historia Scholastica*)に模様を入れたことがわかっているし、ランズベルクの女子大修道院長ヘラートの絵入りの『喜びの庭』(*Hortus deliciarum*)が、かつて十二世紀修道院芸術の有名な例だったのだが、一八七〇年にストラスブールの図書館もろとも焼失してしまった。この時期にデザインを徐々に身につけたことが、芸術全般の進歩に大きな意味を持っている。もう一つ、本につぎこまれた丹念な仕事ぶりは、この世紀のものとして残っている革の表装に押された精巧な刻印にも見られる。

こういった十二世紀の写本にはどんなものがあるのだろうか? その問にはこの方面のすぐれた権威者であるモンタギュー・R・ジェイムズ博士に答えていただくとしよう(5)。

ヨーロッパの力とエネルギーは今やあらゆる部門ですさまじいばかりで、われわれの当面する分野でも並々ならぬものがある。図書館には十二世紀の手写本がぎっしりつまっていて、グレゴリウス、アウグスティヌス、ヒエロニムス、アンセルムスの作品は数百を数える。十二世紀はすばらしい聖書と「注解」の時代で、余白と行間に注釈をつけた聖書の一冊本や合本が豊富にある(ちなみに、その多くは北イタリアで作られたらしい)。著作家も多数生まれている――ベルナルドゥス、サン・ヴィクトルのフーゴーとリカルドゥス、ペトルス・コメストル、ペトルス・ロンバルドゥス。あとのふたりは、中世でもっとも一般的だった教科書の著者で、ペトルス・ロンバルドゥスは『命題集』(*Libri quatuor sententiarum*)、ペトルス・コメストルは『聖書物語』を書いている。各地に修道院を建てているシトー会は、基本的な著作の、みごとではあるがきびしいばかりに単純な写本を書庫におさめるのにとりわけ熱心なようで、建物と同じように書物にも飾り模様を避け、世俗の学問にはほとんど関心を払わない。

十三世紀の多くの小聖書、『命題集』や『大全』、大量の教科書、すぐれた神学や法学の評釈書の出現はまだ先のことに属する。

全体として十二世紀の書庫におさめられていたものについて言えば、そこには新しい写本のみならず古くからある本も含まれていた。ある程度は当時の目録でわかるし、またある程度は、後代の記述や、今日、本に押されている所有印、書架番号、その他特有の記号でわかる。ただし、これらのしるしは製本のし直しのときになくなってしまうことが多い。蔵書の再構成は、本来興味深い問題であるのみならず、特定の時代のヨーロッパ精神の断面を示してくれる点で、非常に大切な作業でもある。目録[6]は、十二世紀のものは数にして六十ばかりあるが、必ずしも大きな助けにはならない。というのは、だいたいが写本の見返しを照合した大ざっぱなチェックリストにすぎず、日付もなければ、内容もごく不完全な説明があるだけのことが多く、古典の著者など十把一からげに「学校本」(libri scholastici) と書かれている。中世も後期には、記述がずっと完全正確になり、一冊ごとに、第二枚目の最初の行、時には番号あるいは書架番号まで示されていることがしばしばである。アルファベット順にはまず絶対になっていないと言っていい。中世の人たちはアルファベット順など、少なくとも二字目からあとについては、どうでもよかったので、今の電話帳を見たりすればさぞかしびっくり仰天したことだろう。私が見た目録で曲がりなりにもアルファベット順になっていたのは、コルビーとサン・ベルタンのものだけだが、聖書に始まり典礼書、教父というような大ざっぱな配列には、だいたいなっているようである。

このようにこの時代のきちんと整った蔵書はすべて、あるきまったものをその内容として持っていた。第一は聖書で、同じ写本を何冊もそなえていることが多い。そのヒエロニムスの版には、しばしば注解、評釈がついていて、比喩的・寓意的・神秘的解釈で本文を補足し、文字どおりの意味は、一般に認められた伝統的釈義の中に埋もれた感がある。中世ののどの時期にも、人びとの頭は、聖書の本文の語句や言及だけではなく、それぞれの句が含みとして持っている寓意や神秘性でいっぱいだったのである。たとえば、雅歌（2・15）の中の「ぶどう園を荒らす小ぎつね」は、長い間異端者を意味すると解釈されてきたため、初期ワルド派の評釈では、異端者自身がその意味にとってしまっている。聖書は注解がなくても数巻になるのが普通で、しばしばbibliothecaつまり「書物の宝庫」と呼ばれた。理解できる人にはたしかにそうにちがいない。言うまでもないが、聖書の一部、たとえば詩篇、福音書、書簡が別々に典礼用にとっておかれることもよくあった。さて、聖書の次は教会の典礼書――ミサ典書、交誦集、読誦集、昇階誦集、進句集――教会暦、そして一つあるいはそれ以上の修道会戒律である。つづいて教父たちの著作。アンブロシウス、ヒエロニムス、アウグスティヌス、グレゴリウスは、聖書評釈は勘定に入れないでも、大きな部分をなしている。四人の中では、アンブロシウスとヒエロニムスの占めるスペースがいちばん少ないが、ただヒエロニムスの場合、修道生活をたたえる書簡がとりわけ好評で、キリスト教の学問的伝統の中で高い地位を保ちつづけていた。アウグスティヌスの長い著作リストは、どの中世の目録にもそっくり全部出ていることはないが、いつも相当な比率を占めていて、評釈と神学の著述がいくつかと『神の都』(*De civitate Dei*) がそこに含まれている。中世思想の中でも知的程度の高い領域にアウグスティヌスほど持続的な影響を与えた作家はいない。十二世紀における彼の重要性は、とりわけスコラ神学の形成と歴史哲学の分野にあって、そのことは後で見るとおり、フライジンクのオットーによく示されている。大グレゴリウスは、中世では大へんに人気のあった人物で、きびしく古典的なアウグスティヌスよりも知的には低い階層を取りこみ、その奇蹟のような話が信じ易い人たちに広く訴えるところがあった。彼の見るところ、聖書はすべての人に対して何かを持っている本で、「子ひつじが渡れる水たまりや浅瀬もあれば、象が泳げる深みもある」。そして、グレゴリウスは、すべての人の必要とするものを、ローマ風ではなく中世風に心に留めていた。「文学史の宝庫」といわれる「ヨブ記」を取りあげた彼の六巻からなる『ヨブ記解説』、『エゼキエル説教』、不思議な物語を集めた『対話』、司教の務めを説いた『牧者の心』をそなえていない書庫は、どれほど熱意はあっても完全とは考えられなかった。一一三三年に、ローマ・キリスト教会の辺境アイスランドの司教トルラックは、死の床にあって『牧者の心』を読んでくれとたのんだ。「そして、朗読を始める前にくらべて、一段と勇気をもって死を待ち望んでいるように、人びとには思えた。」(7)

必要図書のもう一つのグループ、つまり「それがなければ、紳士の蔵書は完全とはいえない」ものは、古代の学問を次代に伝える——次第に変える、ではない！——人たち、マルティアヌス・カペラ、プリスキアヌス、ボエティウス、イシドルス、そしてベーダである。マルティアヌスは、いささか大げさながら、聖書とウェルギリウス以後、中世でもっとも人気のある作家といわれていて、七自由学芸の概念とそれぞれのおよその内容を伝えた。プリスキアヌスはラテン文法の大家で、実例を通じて多くのラテン文学を広めるのにも力があった。ボエティウスは十二世紀に広く世に知られた人で、教養豊かな『哲学の慰め』(*De consolatione philosophiae*)、今日の学者によって彼の作とされている神学的著述、なかんずく、論理学、修辞学、数学、音楽の教科書、そして、誤って彼の名が冠せられているが、幾何学がある。イシドルスの『言葉の起源』(*Etymologiae*) は、あいかわらず中世のすぐれた百科辞典だった。時として子供用百科辞典のおもむきだが、この中の多くの珍しい話はプリニウスからとられている。十二世紀のその手写本の数をかぞえた人はいないが、紀元八五〇年までに、つまりこの本が書かれて二百年あまりの間に、完全な写しが五十四部、抜萃は百部以上がセビリヤからピレネー山脈を越えて伝わったことはわかっている。ベーダも、アイルランドやアングロ・サクソンの修道士の間で好評を博していた。そのすぐれた聖書注釈のほか、教科書も年代学や天文学には欠かせぬ基本図書になっていた。

法律、特に教会法の分野のものもいくらかある。ゲルマン族の法典やフランク族の法令集は、当時ほとんど筆写されることはなく、『ローマ法大全』はようやく一般に広まりはじめている段階だが、教皇書簡集と公会議法令集はきまって見られるし、グラティアヌスの『教令集』もしばしば認められる。詩は、キリスト教詩人のものがよく出てくる。プルデンティウス、フォルトゥナトゥス、フルゲンティウス、その他カロリング時代のものがいくらか。各国語で書かれた本はほとんどない。

これが中心をなす基本図書で、それをとりまく蔵書の残りの部分は、所によってかなりむらがある。ドイツのシトー会など、ほとんど教父文学ばかりと言っていい。古典は、後で見るとおり、代表的なものがおさめられていたようだが、これといってきまった方式があったわけではない。カロリング朝の神学者や人文学者、たとえばアルクィヌス、ラバヌス・マウルス、パスカシウス・ラドベルトゥス、ヒンクマル、レミギウス、スマラグドゥス、オセルのヘルペリクスの『算法』(*Computus*)などがはいっていることもよくあった。聖人伝はいつも見られるが、どの聖人かは大きな幅がある。歴史もいくらか含まれている。たとえば中世初期の一般的な年代記やトゥールのグレゴリウス、そしてその地域あるいは教会自体の年表といったようなもの。個々の修道院あるいはカテドラル(司教座聖堂)に所属する人の書簡、伝記、著述などその場所特有のものも、古文書的な資料とともに、あると見てだいたいまちがいない。十二世紀自体に属するすぐれた作家、聖アンセルムス、聖イヴォ、聖ベルナルドゥス、ペトルス・ロンバルドゥスなどは、早々にふさわしい取り扱いを受けているが、それ以下の作家は目録の中に安定した場所を得ておらず、それによって判断する限り、論理学、医学、自然科学といった新しい学問の拡がり方は非常に遅いように思われる。

目録からいくつか実例を拾ってみよう。アナトール・フランスも言っているように、写本の目録ほど心の休まる、魅惑的なものはない。一一二三年、サンスのサン・ピエール・ル・

ヴィフ修道院長アルノルドゥスは、火事で焼失した修道院の蔵書の穴埋めに自分が二十七年の在任期間中に筆写した二十巻の本のリストを作らせた。うち十四巻は聖書ないしは典礼書で、その筆頭をなすモーセ五書は「聖書全冊ではあまりに重いから、兄弟たちの苦労を減らすため」一つずつ別に書かれていた。教父からはグレゴリウス、アウグスティヌス、オリゲネス、歴史からは、パウルス・ディアコヌスの『ランゴバルド史』(*Historia gentis Langobardowm*)、「エルサレムにおける異邦人とキリスト者の名誉ある戦い、そして聖なる土地のあらまし」、とわずかながら聖人伝が選ばれていた。ヒルデスハイムの聖ゴデハルト修道院長フレデリクスは、修道院に「丈夫な羊皮紙に書かれた」十六冊の本を贈った。グレゴリウスの『ヨブ記解説』(*Moralia*)が三冊、説教集と霊的講話が八冊、聖人伝が三冊、聖書の一部が二冊である。ポブレートの四十四の写本は、ほとんどすべてが典礼書。フルダの八十五冊は、このころはすべて典礼書と教父の著作だった。モンテ・カッシノの付属修道院、フォルミスのサン・タンジェロも状況はほぼ同じで、その百四十三冊の蔵書の主要部は、二十冊の詩篇、九冊の行列聖歌、九冊の交誦集で占められていたが、医学書が四冊と、宝石に関する本、「説話集」もそれぞれ一冊含まれている。大きな書庫には変化も多い。一〇八四年以前に、トゥールは、教会関係と古典と、あわせて二百七十冊を所有し、詩人についても「聖なる」者と異教徒の両方がうまく選ばれている。同じような配分は、一二〇〇年前後のコルビーの蔵書三百四十二冊にも見られる。一一一二年から一一二三年までのミッヒェルスベルクは、なかなか当世風で、二百四十二冊の写本の中に「サラセンの数学書」や、同じく数学に関するギリシア語の本が二冊、それにリシェル自筆の『歴史』もまじっていた。この最後のものは今でもバンベルクにある。サン・タマン所有の百二冊は多くが医学書である。医学はダラム大聖堂でも大きな位置を占め、そこの五百四十六冊の蔵書は、十二世紀後期で最大のものの一つだったと思われる。

これまで修道院や司教座聖堂など団体の蔵書のことしか述べてこなかったのは、十二世紀においてはそれらがもっとも重要だったからで、もちろん、個人の学者なり聖職者なりが本を持って悪いわけはない。ただこのような例は、後にその本が修道院やカテドラルに贈られない限り、記録されることがめったにない。君主は付属礼拝堂用の本を持っていたし、教養のある君主ならほかの本までそろえていたことは、シャンパーニュのアンリ（ギーヌ伯）の例に見られるとおりで、彼は国語による注目に値する蔵書を持っていた。王室の蔵書も見受けられる。イングランドには『国王ハロルドの図書』(*libri Haroldi regis*) の話があるし、ヘンリー二世は、すでに見たとおり、献呈された本で相当なコレクションを作っていたことと想像される。彼の息子のジョンは、およそ本好きではなさそうだが、レディングの修道院長から、六巻本の旧約聖書、サン・ヴィクトルのフーゴーの『秘蹟論』、ペトルス・ロンバルドゥスの『命題集』、アウグスティヌスの『神の都』（ジョン王がマグナ・カルタ調印の地ラニミードでこの本を読んでいるところを思い浮かべてみるがいい！）、そのほかを受けとっている。どうやら「朕のプリニウスなる者の本」という調子で修道院長に貸し出していたのが、三、四日してもどってきたものらしい(8)。フリードリッヒ一世は、ハーゲナウとアーヘンに本を持ち、フリードリッヒ二世もかなりの蔵書を抱えていたようである。聖王ルイも図書の収集に関心を寄せていた。とはいうものの、国王やパトロンの蔵書はまだまだ一般的ではなく、ヴァティカン図書館、ラウレンツィアナ図書館（フィレンツェ）、大英博物館、フランス国立図書館の核となるべき王室蔵書の登場は、十四世紀以降に待たなければならない。

中世の書庫は、もちろん公共のものではない。当時はまだ読書大衆がいなかったのだ。また それらは大学に生まれた貸出し文庫でもなかった。もっぱら所有者が利用するためのものの。ただし、写本のために貸出された例は数多くある。きちんとした借出人名簿は、もっと後の時代に属する。やがて時とともに、箱の中にかぎをかけて納めておく本と、外においてその場で自由に閲覧できる本を、はっきり分けることが多くなってくる。後者は、安全のためしばしば机にくさりでとめられていた（cathenati ad communem utilitatem「公共の利用のためくさりをかけた」）。プロテスタントが「くさりをかけた聖書」とはなはだしい憤慨の的にしたのは、実は、人びとの利用を保証するためで、制限するためではなかったのだ。

どの書庫にしてもその一部にしても、十二世紀にあった場所を今日そのまま占めていることはあまりない。おもな例外は、スペイン、イタリア、ドイツ、イングランドのいくつかの古い司教座聖堂だが、これらも後代に再建されたものが多い。修道院の例はめったになくサン・ガルやオーストリアのシトー会修道院ぐらいなものである。たしかにモンテ・カッシノは、ベネディクトゥスが「外を見下ろし、内を眺めた」たぐいまれな山をいまだに占有しているが、建物は現代のものだし、古い蔵書の多くは散逸している。ボッカッチョが十四世紀に部屋を訪れたとき、ドアはなくなり、窓には草が生え、りっぱな本は引きちぎられ、余白は修道士が切りとって小さな詩篇や信心書を作り、売りに出してしまっていた。多分、ボッカッチョ自身の誇張もあるだろう。ポッジョがサン・ガルの塔の下にある暗い部屋の湿気とかびから、有名なクィンティリアヌスの写本を救い出したときの話がそうである。ともあれ、慎重この上ない修道院でも十四世紀、十五世紀には重複した写本をどんどん売却していた。ヘンリー八世治下のイングランドの修道院解体によって、蔵書はちりぢりばらばらになり、近世初期には大陸でも大きな破壊がおこなわれた。フランス革命やその他の国々での同じような運動が、修道院などの蔵書を民衆に寄託することを要求したときには、すでに被害は大方出たあとで、このような世俗化の措置によって、モン・サン・ミシェルの蔵書はアヴランシュに、テーゲルンゼーとベネディクトボイエルンの蔵書はミュンヘンに、フィレンツェの修道院の蔵書はウッフィツィの国立中央図書館に移されたわけだが、多くの場合、時すでに遅しだった。フルリーの蔵書はオルレアンに運ばれたものの、それ以前の一五六二年にプロテスタントの手で多くの部分は四散してしまっていて、断片を捜すにはベルン、ローマ、ライデン、ロンドン、パリまで行かなければならない。ベックとボッビオの蔵書も同じように散逸している。一つ一つの写本についても、ばらばらにされた上、時には遠くまで持ち去られていて、わずかに残った見返しでそれとわかるようなこともある。本が一旦書庫を出ると、危険は容易ならぬものがあった。インテリの手に入って、結局はほかの蔵書におさまることもあるが、ただの羊皮紙として、あるいは本の装丁、貯蔵瓶の被い、薬莢作りに使われることもあった。すべてこれ内容の何たるかを問わない。本の場合、時間の牙はえこひいきをしないのである。

書庫と異なり記録保存所は、中世初期にはほとんどなく、あるのはただイタリアのある都市、特に教皇庁のようにローマの官庁組織の伝統がいくらか残っている所に限られる。写本と公文書のちがいは、近年でもしばしば無視されるので、中世にその認識がなかなか進まなかったのも驚くにあたらない。両方のために本箱あるいは戸棚一つで足りたし、ひとりの人間が古文書係と図書係、それにまた別の役を兼ねていられた。しかし、起源の上でも実用の上でも、公の記録と文学の作品の間にはちがいがあって、そのちがいは、十二世紀に行政組織が発達するとともに明らかになってくる。教皇の記録簿や書簡集が今日、一一九八年のインノケンティウス三世から始まっているのは、偶然の事故のためである。ローマ教皇はすでに六世紀から記録簿を持っていたし、ヴァティカンの古文書館はヨーロッパでもっとも古い。しかし、膨大なイングランドの特許状、開封・封緘勅許状簿の記録がジョン王の初期に始まっているのは偶然ではない。実際のところ、イングランドの政治機構の中でももっとも発達している財務府は、一一三〇年以前に記録簿を持つようになったし、すばらしくユニークな記録である土地台帳（Domesday Book）ができたのは一〇八六年である。シチリアでは、古い記録簿が軍役による土地保有権を除いて消失してしまったが、その行政管理はイングランドに劣らぬ早い発展をとげていて、十二世紀のなかばには、scriniarius《スクリニアリウス》つまり膨大な財政記録や土地・農奴のリストを管理する責任者をおいていた。これらの文書はおそらくローマ帝国時代の記録にまでさかのぼるものである。ここでドイツの皇帝は、はじめて官僚制を学んだ。それまでは彼らの支配は、本質的に領地中心の家長制で、言ってみれば「転国、記録保管所を生ぜぬ」たぐいの移動性の国だったのだ。フランスの記録保管所も同じく住所不定だったが、ようやく一一九四年にいたり、フィリップ・オーギュストは、戦闘で行李を失ったことが身にしみて、パリの新しくつくった古文書庫に書類をおさめることにした。修道院と司教座聖堂には、それほど厄介な問題はなかったが、やはり、文書を分類し筆写して、いわゆる「黒本」、「白本」、「赤本」という台帳にする仕事がある。これは保存と照合の便宜のためで、トリーニのロベルトゥスの命で書かれたモン・サンミシェルのみごとな台帳がそれにあたる。都市の記録保管所もこの時期の南方の公証人記録簿がはじまりである。その一つ、ジェノヴァの公証人ジョヴァンニの記録簿は一一五五年から一一六四年までの地中海商業について多くのことを教えてくれる。記録保管所は地方のものも国のものも、そのまま残っている。時には昔と同じ場所にある。教会の古文書庫が教会の書庫と、だいたいのところ同じ運命をたどっているように、十二世紀以来連続した伝統を保っている都市の古文書館もあるわけだが、ヴァティカンとイングランドの政治体制の連続性は、ヴァティカン古文書館と、今日英国公文書館に集められている膨大なコレクションに、とりわけはっきり示されている。

十二世紀に記録が発達し、訴訟がふえ、文筆の才が進んだことから、また別の問題が生じてきた。大量の偽造である。中世は、後の時代にくらべて、この問題についてそれほど道徳意識が発達していなかったし、修道士の方にも弁護すべき点がないではない。つまり、彼らは、ノルマンの侵略によって古くからの土地権利書を全部失い、封建制の無法な敵対者に対し、できるだけ巧くその代用品を作って立ち向かわなければならなかったのである。しかし、「偽造はいつも人気のある仕事で、それを実行するのに必要な書く技術さえあれば、どんな時代にもはやった。(9)」中世の偽造でいちばん有名なものは、もっと初期に属し、八世紀のコンスタンティヌスの寄進状、九世紀の偽造教書などがそれだが、十二世紀も並々ならぬ貢献をしている。ウォルター・マップのおかげで、ヘンリー二世の印章がまったくの模造であったことがわかっているし、インノケンティウス三世は、教皇勅書の偽造に対し、一段と注意が必要であることを認めている。カンタベリーの大司教ランフランクスほどの人でさえ、カンタベリーがヨークよりも上位にあることを証明するために、九通の文書を偽造したが、印章がないこと、「書体にローマらしさがまったく欠けていること」を理由に、一一二三年教皇庁に却下された。十二世紀の偽造物でこっけいなのはいわゆる「ローマ旅行法令」(*Constitutio de expeditione Romana*) ——つまり、ローマ皇帝が戴冠を受けにイタリアへ旅するときの家臣の務めに関する法令で、シャルルマーニュが七九〇年に「戴冠に先立って」公布したことになっている。なんと、中世のローマ帝国ができる十年前のことである！今日の鑑定家は、なんの苦もなくこの偽造のマスクをはぎとり、偽造の張本人がコンスタンツ湖畔ライヒェナウの修道院の古文書係で学校教師のウドアルリックであることをつきとめた。彼の筆蹟と書体は、この修道院の利益になるたくさんの偽造文書にたびたびあらわれる。古文書係であることは、肥満王カルルのライヒェナウ憲章の切抜きに、教師であることは、この修道院のいろいろな特許状に使った押韻文に、はからずも暴露されている。いっそう組織的なのは、フルダの当時の修道士エベルハルトがおこなった広範囲にわたる文書改造と、モンテ・カッシノのペトルス・ディアコヌスの仕事である。反面、後世に作られて十二世紀のものだとされたが、実際は十二世紀のあずかり知らぬものとしては、たとえばクロイランドのイングルフの年代記、メッシナ市に与えられた偽特許状があげられる。また、オーストリアの特権の根拠となっているユリウス・カエサルとネロの架空の文書もその一つで、これは皇帝カール四世によってペトラルカの歴史批判にゆだねられた。ペトラルカやヴァラの仕事を見れば、偽造の時代はまた鑑定家も生むことがよくわかるし、そういう歴史批判の跡は、いくらか十二世紀にも認めることができるのである。(10)

第四章　ラテン語古典の復活

ローマ帝国の滅亡からさらに近世をずっとくだっても、ラテン語古典は西方ヨーロッパ各時期の文化をはかる恰好のバロメーターになっていた。その研究は、視界からまったく消え去ることはなく、教育や知的活動の水準と密接な関連を保ちながら盛衰を重ねた。中世初期の波乱の時代に古典は一時的に光を失ったが、シャルルマーニュとその後継者のもとで、ふたたび力を得、学問・教育が復興する。つづいて十世紀の「鉄の時代」にまたもや背景に押しやられ、十一世紀後半から十二世紀にかけてのルネサンスで、再登場する。十三世紀は例外的にさかんな活動がおこなわれた時代だが、文学よりは哲学、科学の分野で、それもラテン語原文をそのまま自分のものとしたのではなく、ギリシア語・アラビア語からの翻訳を通じて活力を得たのである。それから十四、五世紀の偉大な学問復興が起こる。これはまず第一にラテン語の復活で、その先達となったのは、キケロ、ウェルギリウスを愛し、ラテン語著作家の写本を熱心に捜し求めたペトラルカである。ギリシア語が旧に復したあと、人文主義のラテン語面も負けじとばかりに力を取りもどしたわけで、ラテン語は長らく近世の一般教養教育の基礎となった。

はじめの二度の古典復興は、永続きこそしなかったが、その限りでたしかに存在はしていた。九世紀のそれが、歴史家の評価を受けるのに値するものであることはまちがいない。当時の写本家は多くの古典作家を消滅から救ってくれたし、立派なラテン語韻文がつくられて、来たるべき時代のためにラテン語の使い方や文体のレベルがあがることにもなった。しかし、中心となる場所が、比較的少なく、まばらで、古典研究家もフェリエールのルプスのようなタイプは珍しかった。「本を借りるのは熱心で、貸すのは慎重な」彼の書簡は、「修道院の時代」の学者生活を面白く描き出している。その上、カロリング時代の活動はフランクの領土に限られていた。それにひきかえ、十二世紀には、文化がはるか遠くまでひろがり、司教座聖堂や修道院など中心となる場所の数も大幅にふえた。文化の領域は単なるフランク王国ではなく、ヨーロッパ全体に及んでいたわけである。同時に、生活は一段と変化と緊張を増し、それが古典の競争相手、のみならず敵までも作り出すことになった。古典作家は無知と野蛮のほかに、宗教とも戦わねばならなかったのに、今度は論理学まで新たな敵にまわった。中世における古典の盛衰曲線は、これらすべてを変数として描かなければならない。

キリスト教とラテン語古典の葛藤はローマ時代にさかのぼる。というのは、ラテン文学は異教の文化の一部であって、キリスト教という新しい宗教はその異教文化の中で生まれ、それと激しい戦いを交えたものだからである。そして、ラテン語・ラテン文学は、中世の人たちに、ローマの遺産の切り離すことのできない部分として受けつがれていた。ラテン語が教会の言語である限り、ローマの文学はいわば公開図書で、教会の教育の基本を身につけた人は誰でも読むことができるし、教会の聖なる図書、その信条、法律、典礼がラテン語で書かれている限り、ラテン語の能力は、聖職者に欠かせぬ資質として要求された。ところが、この公開図書は異教の本なのだ。そこに直接示されているわけではないにしても、前提となっている宗教の点でもそうだし、それ以上に、あるがままのこの世と、その喜びと楽しみをすなおに受けいれる人生観の点でもそうだった。こうしてこの矛盾は、文化伝統、教会組織に内在する解決不能のものとして、時代から時代へと受けつがれていった。きびしい考えを持つ人たちによれば、ラテン語の学習は実際の役に立つだけの基本的な文法に限るべきで、それ以上の古典作家の勉強は、せいぜいよくても時間のむだ、悪くすると霊魂に危険を招くという。ラテン語の文章の美しさだけでも、この世に背を向けた人にはあぶないかもしれない。聖ヒエロニムスは、よく引き合いに出される話だが、幻の中でキリスト的ではなくキケロ的だと天使に叱られたことを語っている。三九八年の第四次カルタゴ公会議は、司教が異邦人の書物を読むことを禁止した。十世紀の教皇使節レオは言っている。「聖ペトロの後継者や弟子たちは、プラトンやウェルギリウス、テレンティウスを師とする必要はない。そのほかの哲学者どもも同じである。」大グレゴリウスは、ごくわずかの文法の勉強にも反対して、こう書いた。「私は、蛮族のごとく蒙昧であることを少しも忌避しようとは思わない。むしろ正しい構文や格変化を軽蔑する。聖なる神のみことばがドナトゥスごとき者の規則にしばられるなどもってのほかと思うからである。」プリスキアヌスとドナトゥスは、神の名を使わなかったと批判され――合衆国憲法や掛算表にもそれがないと文句を言われたものだ！――九世紀のスマラグドゥスは、実例を危険な異教の作家ではなくヴルガータ聖書からとった文法書を書いた。

十二世紀にも同じ問題があった。通称オータンのホノリウスは、「ヘクトルの闘いぶり、プラトンの論証、ウェルギリウスの詩、あるいは、オウィディウスの哀歌が、どうして霊魂に益するところあろうか。彼らは今、ほかの同類ともども、地獄のバビロンにとじこめられ、無情な暴君プルートーのもとで歯ぎしりしているというのに」と問うている。アベラルドゥスさえ、「キリスト教の司教や博士が、プラトンもこの世の都に入れるのをこばんだ詩人たちを、神の都から追い出さないのはなぜか？」と質問する。「また、クレルヴォーのベルナルドゥスの秘書ニコラスは、かつてキケロやもろもろの詩人たち、哲学者の金言や『セイレーネスの歌』に魅力を見いだしたことを思い浮かべて溜息をもらし」[1]、ノジャンのギベールは若い時に読んだラテン詩人に悔恨の目を向ける。詩人は特別嫌われて、時には魔術師の仲間に入れられることもあった。たとえばランズベルクのヘラートの『喜びの庭』の挿絵には、四人の「詩人もしくは魔術師」が、それぞれ自分をそそのかす悪霊とともに、七自由学芸の円の外に描かれている。一一四〇年頃、グラティアヌスが『教会法矛盾条令義解類集』(*Concordantia discordantium canonum*) を書いたとき、意見が二つに分かれていてなんとかその融和をはかろうとした大きな問題は次のことだった。「司祭は異教の文学を知っているべきか、否か？」権威ある論拠が両方の陣営に集められるありさまは、この議論の山場に次のように示されている。

これらすべての実例から結論されるのは、異教の文学の知識を教会人は追い求めるべきではないということである。

しかし他方、私たちは、モーセやダニエルがエジプト人、カルデア人の知恵をすべて学んでいたことを読んで知っている。また主がイスラエルの子らに、エジプト人の金銀を奪い取れと命じたもうた話もある。その心は、詩人の作品に知恵の金、雄弁の銀を見いだしたら、それをためになる学問に役立てよということであろう。レヴィ記にも、最初にとり入れた蜜、すなわち雄弁の甘味を主にささげよと書かれている。東方の博士も主に三つの贈物をささげたが、それは私たちに哲学の三つの部分を理解させようというようすがであろう。(2)

教皇クレメンスその他の人びとも、異教の書物の知識が聖書を理解するのに必要だという趣旨の意見をここで述べていて、結局グラティアヌスは、司祭は無知であってはならないというだけの、味もそっけもない結論をひき出している。明らかにこの問題は教会法学者の手にあまるもので、完全な解決には遂にいたることがなかった。というのもクァトロチェントのイタリア・ルネサンスに純然たる異教思想の強い流れがあったからである。

しかしながら、実を言えば、古典のもっとも危険な敵で、結局、十二世紀の古典復興の息の根をとめることになったのは、宗教ではなく、論理学と実際上の利益だった。この世紀の中頃にアリストテレスの「新論理学」が受けいれられたことで、七自由学芸の中で弁証法にぐっと重みが加わり、その不釣合いは、アリストテレスの全作品の復権とともにさらに大きくなった。論理学と哲学をこれほど修得しなければならないとすると、のんびりと文学など勉強するひまもなければ、気も起こらない。論理学が権威の座につけば、文学は身をひくばかり。コルニフィキウス派と呼ばれる新しい世代の教師は、得々として近道をとり、文法の勉強を最小限に切りつめたが、それと同じく、ボローニャの修辞学者はキケロに時間を浪費するのをやめて、実用的な修辞学を教えた。古典の著者《アウクトーレス》（auctores）は、技術《アルテス》（artes）の前に影をひそめる。古典作家は、シャルトルやオルレアンの司教座聖堂付属学校では、大きな場所を与えられていたが、新しくできた大学からは姿を消すことになった。すでに一二一五年には、パリ大学の一般教養科目から大幅にはずされ、一二五五年の全体カリキュラムは、ラテン作家としてはドナトゥスとプリスキアヌスを指定するだけで、アリストテレスの新しい翻訳書に全力を注いでいた。パリは論理学の勝利を象徴し、一方、文法と古典作家はオルレアンに命脈をつなぐ。その闘争の最後の様相は、一二五〇年頃のアンリ・ダンドリの詩『七学芸の戦い』に描かれている。文法はオルレアンを、論理学はパリをあらわすこの本の戦いで、プリスキアヌスとドナトゥスは、主だったラテン詩人の援軍と、この詩の作者の同情に力を得て、しばらくは論理学を砦に押しもどすのだが、最後には論理学の方が勝利をおさめることになる。

パリとオルレアンが争っている。
この二つの仲が悪いのは
大きな損失、大きな悲しみ。
不和のわけは何かと思えば、
学問の食いちがいがそのもとで、
口論好きの「論理学」が
古典作家を三文文士と呼び、

オルレアンの学生を文法小僧とさげすむ。
しかし、論理学には学生がいるのに
文法の方は数が減ってしまった。
……

いきおいまださかんなころの十二世紀の古典の復活は、ラテン諸作家、特に詩人の作品やその注釈が広く読まれたこと、文法・修辞がさかんに研究・運用されたこと、すぐれたラテン語の散文・韻文が大量に作り出され、中には古代風の特性・感覚を持つものまであったことなどにあらわれている。いちばんいい時には、文学と論理学の両方がそれぞれ所を得ているような調和のある、釣合いのとれた文化が築かれたが、それは、新しい大学を制覇した専門技術精神とは相反するものだったのだ。この意味からして、古典復活を最もよく代表するのは、北フランスで長期にわたり悠々と哲学と文学の研鑽を積んだソールズベリーのヨハネスである。彼はシャルトルのベルナルドゥスの学問の方法に意気投合して、ベルナルドゥスのことを「今日、ガリアでもっとも豊かな学問の泉」と呼んでいる。その教授法についでは、後で文法の研究を述べるときに考える機会があるだろう。(3) ヨハネスは、当時手に入れることのできたラテン巨匠の作品をよく読んでいて、自由自在に、しかも的確に引用する。そして、ギリシア語こそ知らなかったが、中世の著述家で、古典読書の幅と深さにおいて彼にまさる者はひとりもない、とプールは言う。スタッブズは、彼の読書と引用能力を『憂鬱の解剖』(*Anatomy of Melancholy*) の著者ロバート・バートンになぞらえている。ヨハネスがとりわけほれこんでいたのはキケロで、最大のラテン作家とまで目しているが、なるほど哲学や人文学に対する彼の姿勢にはいくらかキケロ的なところがうかがわれる。非常に純粋で柔軟なその文体は、キケロの影響を強く示しているし、文学、歴史、詩、哲学的人生論、学問、国家など多彩な著作は、まさしくキケロのごとく多面的である。「詩人、歴史家、雄弁家、数学者の本を読むべきことは、疑いをいれない。さもなければ学問があるとはいえないことからしても明らかだろう。こういう作家を知らない人は、たとえ自分の学問には通じていても、無学と呼んでしかるべきである。……しかし、読書量の多さが哲学者を生むことにはならない」と彼はいう。英知は真理からのみ生ずる。(4) ヨハネスは古典に通じていたが、彼なりの聖書、彼なりの教父の知識も豊かで、両方を並行して引用している。彼にとって、古典は単に神学研究のためのトレーニングとして役立つだけではなく、それ自体研究の価値があり、道徳的にもプラスになるものだった。ローマとキリスト教の間に対立するところなどまったくなくて、両者は渾然と融合してキリスト教的ヒューマニズムを形作っているのである。ソールズベリーのヨハネスは、シャルトル学派のもっともよく熟した果実だった。若い頃シャルトルで学び、一一八〇年シャルトルの司教として死んだ彼は、教父と古典の自筆写本をカテドラルに遺贈した。

シャルトルの学校は、フルベルトゥス司教、さらにはその先任者たちに伝統を発しており、十二世紀はじめの司教座聖堂付属学校の中ではずぬけた存在だったが、それはまず第一に、文学の学校としての優秀さにあった。いちばん有名な教師は、ブルターニュ人のベルナルドゥスとティエリ兄弟、ノルマン人コンシュのグリエリムスである。ベルナルドゥスは、少なくとも文学については霊感の最大の源と言ってよく、第一級の文法学者ながら自由闊達、ウェルギリウスとルカーヌスの作品をこよなく愛して、古典作家をあらゆる面から注解し、研究と思索の静かな生活をたたえる詩を作っている。彼の見るところ、当代の人たちは偉大な過去の巨人の肩に乗る小人だった。ティエリはパリでも教鞭をとっており、ソールズベリーのヨハネスに「学芸のこの上なく勤勉な研究者」と呼ばれていた。当時の自由学芸の概要を記した大部な二巻の著者『七学芸』(*Eptatheuchon*)を見れば、その判断は十分裏書きされるが、一一五〇年頃書かれたこの本は今でもシャルトルに保存されている。そこで大きな部分を占めているのは修辞学で、修辞学は『ヘレンニウスに寄す』(*Ad Herennium*)の注釈でさらにはっきり解説されているが、また一方、創造に関する論考は、思い切って大胆なプラトニズムの著作である。彼に宇宙論や論理学の本、プトレマイオスの『平面天体図』(*Planisphaerium*)の最初のラテン語訳(一一四三年)が献呈されていることは、彼の感化の大きさをさらによく示している。コンシュのグリエリムスは、哲学者として高名だが、ソールズベリーのヨハネスは、彼を文法学者としてもほめたたえ、ベルナルドゥスの次に位置づけている。彼の人文学への関心は、古典精神の最後の所産たるボエティウスの『哲学の慰め』の注解にうかがえる。そして、おそらくは彼の作と思われる『誠実と有用』(*De honesto et utili*)という論文にもあらわれているが、これはグリエリムスが別のことでつながりのあった後のイングランド王ヘンリー二世にささげたものと推定されている。誰が著者であるにせよ、この本はさまざまな異邦人の哲学者やモラリスト、特にキケロ、セネカ、そしてローマの風刺作家の引用をつなぎ合わせているところが、いかにもこの時代の作品らしい。こういう哲学と文学の組み合わせは、「古典作家をうやうやしくよりどころにする」[5]のが大きな特徴のシャルトル学派を、よく象徴すると言えるだろう。

オルレアンは、文学の中心としてはシャルトルよりも時代があとで、シャルトルにくらべて「うやうやしさ」には欠けるというか、少なくとももっと異教的な印象を受ける。また、ベルナルドゥスのような教師も、ソールズベリーのヨハネスに匹敵する弟子もいない。おそらくその学問の方法は、ヨハネスが書いているものよりは、徹底さに欠けていたのだろう。それでも、ウェルギリウス、オウィディウス、ルカーヌスは高い評価を受けていて、修士アルノルドゥスなる人物によるルカーヌスとオウィディウス注解が今日まで伝わっているし、当時の書簡文の筆者は、この作家たちの研究についてオルレアンがぬきんでていることを語っている。修辞的な作文、ディクターメン（書簡文作法）の大きな流れが、オルレアンとその近くのフルリーの修道院とつながりを持って存在していたが、多くの書簡が、十二世紀末のオルレアンの学生の暮らしぶりや文学的関心を伝えている。書簡には、ピラムスとティスベー、パリスとヘレナ、タイス、ヘーベーとガニュメーデスなど、神話への言及が非常に多く、現に一一九九年のある文法学者は、異教の神々をこれほど賛美するオルレアンは、このままでは天国への道を失うであろうとまで言っている。遊歴書生詩の分野で、オルレアンはもっとも才気あふれる作者のひとりを出している。オルレアンの司教座聖堂参事会員で教師の通称プリマス（第一人者）で、その令名は十四世紀にいたるまでヨーロッパ全土に響きわたっていた。絢爛として、しばしば不謹慎な彼の詩は、異教的な特性を強く持っている。

古典研究の中心としてシャルトルやオルレアンほどすぐれていた学校はほかにない。ラーンやランスの司教座聖堂付属学校は、どちらかといえば弁証法や神学できわだっていたところだし、トゥールにあった修辞学と詩の学校は、ただ名前が残っているにすぎない。しかし、この時代の多くの著作家がラテン作家を広く知っていた証拠はたくさんあり、その手紙や詩は、古典の模範に深く影響されている。当時のラテン語の詩は、古典的な韻律によるものであれ、中世的な脚韻を踏んだものであれ、しばしばまぎれもなく非凡の域に達しているが、そのことはまた章を改めてくわしく述べることにしよう。これらの詩は北フランスとその近隣に広くゆきわたっており、中でも最良の作品はロワールの流域から出たものが多い。ラティニストとして特にひいでていたのは、世紀のはじめではトゥールのベルナルドゥス・シルヴェストリス、その弟子ヴァンドームのマテウス、さらに世紀の終わりでは、ソールズベリーのヨハネスの弟子で同じ人文学の伝統を守ったブロアのペトルスである。一一四二年頃、『ゴリアス司教の変身』(*Metamorphosis Golie Episcopi*)の著者は、自分の推奨する同時代の有名な学士はおおむね論理学者なのに、夢の中では古代の神々と、それにつづいて古典の詩人、哲学者が「みな粗野なところの少しもない洗練された言葉で語っている」姿を見ている。この世紀のもっとあとにパリで研鑽を積んだ、たとえばアレクサンデル・ネッカムのような人でさえ、学芸科目だけにとどまらず、古典の作品を実に幅広く読み、むしろそういう作家を好んでいることを示している。彼が青年の読むべきものとしてすすめた古典作家の長いリストは、このあと一度ならず引用することになるだろう。

十二世紀に手に入れられる可能性のあったラテン語古典は、今日と似たり寄ったりだった。というのは、それ以後、われわれの知る限り、重要な作品は何も失われていないし、当時西ヨーロッパの書庫におさめられていた写本以外の経路で今日に伝わったものはほとんどないからである。しかし、手に入れられる可能性というのは、実際に使われることを意味するものではない。多くの写本は人に知られないまま放置されていたし、タキトゥスの『ゲルマニア』やカトゥルスの詩のように、わずか一つの写本が命の綱で、それがまた当時は目にとまらなかったり、無視されたりしていた例もある。それだけではない。たとえばリウィウスの『ローマ建国史』のような大部な作品は、ローマ帝国後期のもっと手頃な要約が幅をきかせており、ルクレティウスなどは、今日でこそ人びとに強くアピールするものの、当時はほとんど知られていなかった。十二世紀の文学状況はローマ帝国時代とも、現代とも同じではない。そしてその違いは、入手可能性もさることながら、好みにもあった。

中世に知られていた個々のラテン作家の中で、筆頭に位するのは言うまでもなくウェルギリウス。ダンテが「折目正しきマントヴァの詩人、その名声は世の続く限り消えることはない」とたたえた人である。「ローマ人が残した文学遺産の至高の中核として、また、ローマ帝国の没落をこえて存続したローマ的感性を説き明かす者として、ウェルギリウスの名前は、ヨーロッパにおいて、文明そのものにも匹敵するほどの重要性を勝ちえたのであった。[6]」中世にウェルギリウスが保っていた地位は、ローマ時代後期と同じで、最高の詩人にして文体の模範、学校教育の核心であると同時に、また文法家にとっては実例をいつまでも提供してくれる豊かな泉だった。帝国の伝統の復活とともに、永遠のローマの栄光と偉大さをみごとに歌いあげるローマ帝国精神の詩人となるが、一方で『田園詩第四歌』がキリストの誕生を預言するものと考えられたことから、時には預言者の性格を持つようにも見られた。サモラのカテドラルの十二世紀にできた内陣には、ウェルギリウスが旧約の預言者たちにまじって描かれている。ウェルギリウスは十二世紀に、筆写され、引用され、賞賛され、模倣された。いや、中世を通じてずっとそうだった。ベルナルドゥス・シルヴェストリスが『アエネイス』の最初の六巻――今日の学校の生徒にもおなじみの六巻――の注釈を書いたが、これは文法的な注釈であると同時に道徳的な注釈でもあって、人間の霊魂がかりそめに肉体にとじこめられた生涯をウェルギリウスが描いているように見立てている。ウェルギリウスは、聖書と同じく、いかにも「寓意の時代」にふさわしく寓意的に解釈され、隠れた意味を与えられた。申し分のない古典学者のはずのソールズベリーのヨハネスでさえ、ウェルギリウスは寓話にことよせて哲学の真理を語り、『アエネイス』は人間の一生を幼時から老年まで巻を追って展開している、というふうに説明している。寓話と踵を接して出てくるのが物語《ロマンス》で、十二世紀のウェルギリウスは、当時各国語で形をなしてきたトロイア、アエネアス、ブルートゥスの物語の出所となった。たとえばウェイスは『ブルート』あるいは『ブルトン王武勲詩』を、『アエネイス』の要約ではじめ、クレティアン・ド・トロワの描写する白銀《しろがね》づくりの鞍の前弓には、次のような言葉が彫られている。

エネアス、トロイアから来たり
カルタゴ大いに喜ぶ

Comant Eneas vint de Troie,
Comant a Cartage a grant joie

Dido an son lit le reçut,
Comant Eneas la deçut,
Comant ele por lui s'ocist,
Comant Eneas puis conquist
Laurente et tote Lonbardie,
Dont il fu rois tote sa vie.

ディド、エネアスを床に迎え
エネアス、ディドを裏切る
ディド、ために自ら命を断ち、
エネアス、征討の旅に出る。
ラウレンティアとロンバルディアを従え、
生涯その地の王となる。(7)

　ウェルギリウスは、伝説の源であるとともにまた伝説の題材ともなる。この十二世紀にはじめて、ウェルギリウスは魔術師であるという考えがあらわれ、奇蹟の墓、その他ナポリでの不思議な働きの物語が、次の時代にヨーロッパ中に広まった。詩人にして預言者、魔術師にして黒魔術の大家、ダンテの模範で霊界をめぐるその先達というウェルギリウスの名が、多くの書物を埋めることになるが、十二世紀にはその全体像の輪郭があらわれている。

　中世でウェルギリウスの次に来るのはオウィディウスである。いや、肉欲に傾く人にとっては、むしろオウィディウスが第一であることがしばしばだったのではなかろうか。カロリングの「ウェルギリウス時代」につづく「オウィディウス時代」である十二世紀には、彼こそ筆頭であったと思われる。中世の人間にはラテン語の古典など謎にひとしく、彼らは末世ばかりを気にかけて文学の美しさも感覚の喜びも解さなかったと、いまだに信じている人は、オウィディウスがどれほど人気の的だったかを考えれば、少しは得るところもあろうというものである。このスルモナの詩人の流行は、ボッカッチョやチョーサー、さらに後のイタリア・ルネサンス作家にいたるまで続いた。作品に寓意を読みとり、教訓を示すのが通例ではあったが——オウィディウスは、ボーヴェのヴィンケンティウスに『徳の華』（*flores morales*）の豊かなみのりをもたらしている——それは、人びとが実際には別の理由で本を読んでいるのに、何かもっともらしい理由をつけようと苦労しているあらわれだったにちがいない。オウィディウスの作品はすべて読まれていたが、とりわけ評判だったのは、『変身物語』（*Metamorphoses*）、『愛の手管』（*Ars amatoria*）、『愛の妙薬』（*Remedia amoris*）である。この最後の作品は普通、道徳的な論説と考えられていたし、『変身物語』の中にさえ隠れた真理を見つけようという努力がなされたが、大方の読者にとって、この「詩人の聖書」、「古代の黄金伝説」は、詩心と喜びの源であり、古典神話を知る主要な媒体であった。十二世紀にオウィディウスが広く普及したことは、古典復活のまぎれもない確かな証左である。彼の詩は、厳格なクリュニーの中でも自由に筆写され、遊歴詩人が引用のみならず、多分に模倣するところともなって、その押韻詩の一つには『ゴリアスの変身』（*Metamorphosis Goliae*）という題までついている。修辞学やディクターメン（書簡文）の教師に多くのテーマを提供し、かの不滅の恋人、アベラルドゥスとエロイーズの一度ならぬ引用の対象となった。カンタベリーの修道士も文通にオウィディウスを引用し、『愛の手管』（「愛なくして愛するすべ」）は、修道女向きに寓意的な解釈もされている。さらに、オウィディウスは、各国語の詩人にも感化を及ぼした。特にトルバドゥールや吟遊詩人がそうで、彼らにとってこの「愛の書」（amorigraphus）は、愛に関する事柄の最高の権威だった。オウィディウスのピラムスとティスベーは、プロヴァンス詩人の間に広くゆきわたり、今日、バーゼルのカテドラルの柱頭にその不朽の石像を目にすることができる。『愛の手管』は、ボンコンパーニョの『ウェヌスの車』(*Rota Veneris*) に霊感を与え、クレティアン・ド・トロワの訳によって、各国語でも長い歴史のはじめの一歩を刻んだ。クレティアン・ド・トロワは、『愛の妙薬』の翻訳もおこなっている。厳格派もそれなりのオウィディウス像を持っている。世紀の終わり頃のある著作家、おそらくセント・オールバンズの修道士でサイレンセスター大修道院長のアレクサンデル・ネッカムだが、その彼が言うには、「学生にオウィディウスのエレギアと『変身物語』を聞かせよう。特に『愛の妙薬』に親しませるのがよい。しかし、愛の詩や風刺詩は若者の手から遠ざけておくべきだというのが権威ある人びとの考えである。

若者よ、君たちは花や苺を摘もうとするが、
気をつけるがよい。葉の陰にヘビがいる。

という教えなのだろう。『祭事暦』も読んではいけないと考える人もいる。」もちろん、その異教精神のためである。

風刺作家に対するこれに類する疑惑は、ネッカムが学生に結論として「ユウェナリスの道徳的な教えを肝に銘じ、ホラティウスの〔作品を読むときにはその〕本性に決して近づいてはならぬ」と助言した文章にもあらわれている。中世という時代は、この上もなく道徳的、教訓的だった。これらふたりの詩人やペルシウスをたびたび引用するソールズベリーのヨハ

ネスは、彼らを「道徳的」と呼んでいて、ホラティウスの多くの名句についても、世間的な知恵にその価値を認めている。ホラティウスの作品でも『風刺詩』や『書簡体詩』の方が『頌詩《オーデー》』や『エポーディ』よりも、高く評価され、たびたび引用されているように見受けられるが、ある種の風刺詩など、いったいどれほど道徳的な教訓がひき出せるのかと、不思議な気がする。『オーデー』は、テーゲルンゼーのメテルスが聖クィリヌスをたたえる詩を作るときの手本になった。しかし、どう高く見ても、ホラティウスは、今日ほどの人気はなかったし、一方、ユウェナリスやペルシウスは、道徳的な教訓が喜ばれたとはいえ、なおホラティウスの下位についていた。これに対し、中世のお気に入りだったのは、ダンテの読者はご記憶だろうが、ルカーヌスとスタティウスで、彼らはカエサルやテーベの物語を大衆に知らしめたのみならず、収集家や写本家に膨大な引用や抜萃を提供した。ソールズベリーのヨハネスに「博学の詩人」(Poeta doctissimus)と呼ばれたルカーヌスは――自分でも言っているとおり――詩人と同時に歴史家でもあって、十二世紀の歴史著作家に影響するところ多く、ストラスブールのグンテルの『リグリヌス』(*Ligurinus*)のような史詩の模範ともなれば、またその人たちの散文文体に感化を及ぼしもした。

マルティアリスは、修道院の詩人の敬虔な「賛歌」(tituli)に、たびたび引用、模倣されている。オウィディウスとホラティウスを除けば、抒情詩人はほとんど知られていない。後代の詩人の中ではクラウディアヌスがいちばん人気があり、この時代の著作家にたびたび言及されているほか、主要な作品の一つであるリルのアラヌスの『反クラウディアヌス』(*Anticlaudianus*)に、明らかな作詩のきっかけを与えている。ネッカムはセネカの悲劇のあることを聞き及んではいた。プラウトゥスは間接的に知られているだけ。テレンティウスからの多くの引用は、プリスキアヌスから拾い出されたもので、なんとテレンティウスは散文作家と思われていることがしばしばだった。しかし、ソールズベリーのヨハネスは、テレンティウスをたびたび直接引用し、『ヘキュラ』(*Hecyra*)を除くすべての戯曲を利用している。ところがその彼でさえ、スエトニウス・トランクィルスをふたりの著者と見るようなことをしでかしているらしい。

散文作家の中では、もちろんキケロが第一で、何はともあれ「雄弁の王者」として、また七学芸の一つ、修辞学の代表者として尊敬されていた。しかし、これだけ多作な著者であれば、写本による伝達も運まかせということになって、その作品はどれもみな同じ程度に知られているわけではない。実際のところ、キケロの賛美者コルヴァイのウィバルド(一一五八年歿)が、キケロの書いたものを一巻にまとめたいと自然な願いを表明しているのを見ると、キケロも「読まれるよりは賛美されて」いた作家だと考えてよさそうな気がする。修辞学や哲学関係の論考がもっともよく目に触れ、次は「演説」の中のあるもの、もっとも少ないのは「書簡」である。クリュニーのような大きな書庫なら、作品の全部、もしくはそれに近いものを持っていたかもしれない。この時期の目録には、「書簡」の写本は三つ、「演説」は四つ、修辞学は五つ、哲学書は七つ記載されている。少年の時に『友情について』(*De amicitia*)が好きだったリーヴォーのアイルレッド大修道院長が、晩年に書いた対話で霊的な友情を強調しているのは、いかにもこの時代らしい。ソールズベリーのヨハネスでさえ、「演説」と「書簡」を直接知っていたかどうかははっきりしない。ただし、彼は『義務について』(*De officiis*)、『雄弁家について』(*De oratore*) の自分の写本を、シャルトルに遺贈している。ネッカムは『義務について』を大いに推奨しているが、『神々の本性について』(*De natura deorum*) には疑問を表明している。しかし、ベックの蔵書では、キケロのほかの哲学書にまじって『神々の本性について』もリストにあげられており、そこのエティエンヌ・ド・ルーアンは、キケロとセネカの文体の長大な実例集を筆写し、クィンティリアヌスの『雄弁術釈義』(*Institutio Oratoria*) の要約本をつくった。クィンティリアヌスも修辞学の部類に属していて、この世紀の目録にその名が見られる。ただ、『釈義』のごく不完全なテキストが、彼の作とされていた『修辞法』(*Declamationes*) とともに当時流布していたにすぎない。あとで見るとおり、十二世紀の新しい修辞学は、ローマの模範に大した敬意を払っていなかった。

この時期にしばしば「道徳家セネカ」が口にされるのは、『自然の問題』(*Naturales quaestiones*) と『書簡』(*Epistulae*) と倫理的な著作のためである。さらに、聖パウロとの文通の当事者のように想像される面があって、そのためキリスト教徒にも擬せられた。彼の格言や警句もふんだんに世間に広まっていて、聖ベルナルドゥスは、十字軍の派遣を躊躇する教皇を励ますのにセネカの文章を引用することまでやっている。大プリニウスは、超自然好きの中世人に大いに受けたのだが、何ぶんにも『博物誌』(*Naturalis historia*) は筆写するには大部過ぎ、完全な写本は数が多くない。むしろ人びとは、ソリーヌスによる『博物誌抜萃』(*Collectanea*)(一二〇六年以前にフランス語に翻訳された)、クリックレードのロバートによる『プリニウス抜萃』(*Deflorationes Plinii*) を頼りにした。後者はイングランドのヘンリー二世のためにつくられたもので、「もはや貢物を取ることのできない」土地の名前は、そこから削られている。フロンティヌス、アウルス・ゲリウス、マクロビウスといった作者の名前もかなり頻繁にあらわれる。ローマの歴史家の大作が当時どれほど読まれることが少なかったか、それは歴史書の章で見ることにしよう。

この時代の古典作家の影響をどう評価するにせよ、教父、ラテン語文法書、語義解説、各種抜萃を通じての膨大な間接的引用を、十分考慮にいれなければならない。こういう資料の中でも第一にあげられるのは、プリスキアヌスのラテン語文法で、その一万行にのぼる古典作家の引用には、大量のキケロ、サルスティウス、もろもろの詩人が含まれ、そのおかげで多くの読者は、いかほどにもせよこれらの著者についての知識を持つようになった。それに詞華集（florilegia）――カロリング時代から始まった文学ジャンル――そのほか美しい文章を集めた本もあった。こういった大部な選集の中で、この時代の二つの写本が恰好の実例として役立つだろう。一つは、ヴァティカンにある十二世紀後半のもので[8]、まずマクロビウスの『サトゥルナリア』(*Saturnalia*) の断片、「キケロの詩」、諸哲学者の格言や文章に始まり、続いて聖ヒエロニムスとプリニウスの書簡、アプレイウス、キケロの「演説」と『トゥスクラヌム論争』(*Tusculanae disputationes*)、セネカの『書簡』と『恩恵について』(*De beneficiis*)、アウルス・ゲリウス、エンノディウスなどの抜萃をあげ、最後に雑多な事柄を記して終わっている。もう一つは、フランスの国立図書館《ビブリオテーク・ナシオナル》のもので[9]、ほぼ一世代あとの時代に属し、所収作品には詩がもっと多い。プルデンティウス、クラウディアヌス、ウェルギリウス、スタティウス（多量）、ウァレリウス・フラックス、ルカーヌス、オウィデイウス（特に充実）、ホラティウス（かなりの量）、ユウェナリス、ペルシウス、マルティアリス、ペトロニウス、カルプルニウス、テレンティウス（散文の例としてあげられた詩句）、サルスティウス、ボエティウス、わずかのプラトン、マクロビウス、キケロの『義務について』と『友情について』、クィンティリアヌス、多くのセネカ、プラウトゥスの『アウルラリア』（*Aulularia*）、シドニウス・アポリナリス、カッシオドルス、スエトニウスからの抜萃から成っている。

もう一つ、この時代の古典への関心をはかる物指しになるのは、相当量にのぼるラテン作家の注解と分析である。古典作品の簡潔な注解、つまりスコリアは、文学教育の形式として学校で好まれたものだった。ホラティウスのこういった注解付写本が、この時代のものとして目に付くし、ウェルギリウスとルカーヌスの注解を貸す話が、オルレアンの学生の間で交わされた手紙のテーマになっている。「注解ろくになし。借金あり」というのが、シャルトルのふたりの学生が一言で要約した学生生活である。オルレアンの修士アルノルドゥスがルカーヌスとオウィディウスの詩数篇の注解をおこなっていることは、すでに述べたが、ルカーヌス、ユウェナリス、ペルシウスに関する同じような注解が、それよりもいくらか早くリエージュ地方から出ている。トゥールのベルナルドゥス・シルヴェストリスが『アエネイス』のはじめの六巻の注解を書いたことも、すでに見てのとおり。これは、当時の多くの注解と同じく、マクロビウスによる『スキピオの夢』の注解（*Commentarii in somnium Scipionis*）に影響されている。シャルトルのティエリが『ヘレンニウスに寄す』について書いたことも前に述べた。古い時代の人文学者のこういった注解の習慣は、十三世紀にも存続し、ブルターニュ人グリエリムスは聖書のむずかしい語句を説明するのに、異教の詩人の文を援用している。

古典の復活をはかる物指しがもう一つある。十分な論議をつくすことはできないながら、ぜひとも触れておかなければならないのだが、それはほかでもない、各国語の詩に対する古典復活の影響である。ちょうどこの時代はフランスとプロヴァンスの詩の形成期にあたっていて、ひいてはそういう詩に左右されるほかの文学もこの頃できあがったわけだが、すべてがこの時代の古典嗜好に深い影響を受けている。ラテン詩人は、古典の神話や古い物語《ロマンス》、手本になるモデルやテーマ、さらには直接翻訳する機会まで提供した。そして、ダンテの『神曲』(*Divina commedia*) やチョーサーの『誉の宮』(*House of Fame*) でラテン詩人たちの占めている位置は、各国語による作家が二百年にわたって書いたことが基礎になっているのである。十二世紀には、トロイアやテーベについて、アエネアスやアレクサンドロスについて、ラテン語のみならずフランス語の長い詩も書かれている。ペロプス、フィロメラ、ナルキッソス、フィリス、ピラムスとティスベー、その他、偉大なストーリーテラーたるかのオウィディウスからとられた数々のエピソードをめぐる、短い詩も書かれている。そしてオウィディウスの教訓は、当時の宮廷愛の掟を作りあげるのに大きな力となった。『偉大なるローマ』の事物がどれもこれもローマらしくなくなっているとしても、またアエネアスやアレクサンドロスが、シャルルマーニュのように、新時代の騎士に仕立てられていても、それは文学の復興につきもののあやまちである。今日の人びともアーサー王、ジャンヌ・ダルク、トロイのヘレンに同じことをしているではないか。

現代的な見方からすれば、十二世紀の人びとは古代をごっそりひとまとめに受け入れていて、批判的な選別に欠けるところがあった。彼らにとって、プラウトゥスのように言葉があまりにも古めかしいものでない限り、古代は古代、ほとんどその間に区別がなかった。ホラティウスがスタティウスと、キケロ時代、アウグストゥス時代の作家が帝国後期の作家とごっちゃにされた。それどころか、後期に属するフロルスやソリーヌスのような短いものを書く作家、マルティアヌス・カペラのような教訓的な作家の方がむしろ好まれ、プルデンティウス、アラートルなどキリスト教詩人が高く評価された。それよりなお後期の人を除外するような線もまたはっきり引かれるわけではなく、カロリング時代のテオドゥルスの『田園詩』(*Eclogae*)が、初歩向きの愛読書だったし、十二世紀に書かれたヴァンドームのマテウスの『トビアス』(*Tobias*)が、中世後期の少なくとも一つの大学で指定図書になっていた。『七学芸の戦い』の著者は、セネカを、これまた十二世紀の作品、リルのアラヌスの『反クラウディアヌス』と同類扱いにする一方、文法学習の助けとして、同じ時代のほかの本、たとえば、シャティヨンのワルテルスの『アレクサンドレイス』(*Alexandreida*)やペトルス・リガの『あけぼの』(*Aurora*)(韻文聖書)を使っている。『ラボリントゥス』(*Laborintus*)も、これら後期の作家をホメロスやローマの大作家と同じグループに入れる。十五世紀にはいっても、文体感覚は一挙に完璧な段階に至りはしなかったし、その時代の散文も、キケロ的な優雅さにたちまち達するということなどありはしなかった。一五〇〇年代にキケロを求めても、得られるのは「せいぜいウルピアヌス」どまりだっただろう。

実のところ、人文学者のどのグループも、ある程度文学を見る目は持ちながら、ローマの作家をそれぞれの時間空間の背景において眺める能力はそなえていなかった。というのも、歴史感覚に欠陥があって、時空両面における発展変革の観念が不足し、また、古代人に対する迷妄に近い尊敬の念でその感覚にくもりが生じていたからである。十二世紀にはこの尊敬の念がラテン作家全体に及ぶ一方、遠い過去の魅力と「ありし日のローマの壮麗」が、彼らすべてを巨人の大きさに拡大した。古代人は、古代人であると同時にローマ人であった。ローマ文学、そしてラテン語の背後には、ローマそのもの、「ローマの名の影」が時代を超えて横たわっていた。

中世の人たちにとって、ローマはほんの一昔前の偉大な事実である。何世紀にもわたって、ローマ帝国即ち文明世界にほかならず、ローマ帝国が伝えてきた統一、普遍、秩序、権威といった概念から、ラテン・ヨーロッパはのがれることができなかった。ローマは彼らの共通の思い出。ローマは滅びない。ローマは永遠である。ふりむけばローマがあり、ローマの声が聞こえた――「ローマのつぶやくようなその声」が。十二世紀には、そのつぶやきは、『ローマ人言行録』(*Gesta Romanorum*) や「偉大なるローマの事物」にとり入れられた膨大な素材に見られるように、伝説や創作とまじり合ってしまったが、それでもなお文学のテーマたるを失いはしない。ローマは獅子、ローマは鷲。莫大な富を蔵するローマ。不落の砦ローマ。ゲルマン、ガリアの都市の建設者ローマ。その一つルーアン（古名Rotoma）は、文字二つ取り除けばローマになるではないか。

ローマはこの世のかしら。その車の手綱を
さばく。

Roma caput mundi regit orbis frena
rotundi

と、古詩はうたう。モンテ・カッシノのアマトゥスは、

この世のほまれ、ローマは輝けるうるわし
の冠。

Orbis honor, Roma splendens
decorata corona.

アレクサンデル・ネッカムは、

ローマはこの世の冠、ほまれ、宝石にして
飾り。

Roma stat, orbis apex, gloria, gemma,
decus.

と書いている。

中世人の考えるところ、ローマは帝国であって共和国ではなかった。多くの年代記を見ても、タルクィニウスからいきなりカエサルにとんでいる。帝国は、いちばん近い時代であるだけに、それ以前のものすべてに影を投げかけているのみならず、ラテン詩にも、ローマ法にも、キリスト教文学にも反映されていた。ローマが共和国としてアピールするのは、おおむね現代か、「教室の学問が街路にあふれ出た」革命時代のフランスか、十八世紀アメリカ

の護民官、ブルートゥス、プブリコラたちにとって、である。「シーザーにはブルータスがいた」とアメリカ独立の愛国者パトリック・ヘンリーは叫ぶ。「十二人のローマの属州総督と数人の市民」という言葉を、ハリソン大統領の就任演説から削るのが時宜にかなうとダニエル・ウェブスターは考えた。すでにシェイクスピアの時からしてブルートゥスは英雄である。しかしダンテの頃には、ブルートゥスは裏切者で、地獄の最下層でユダとともに悪魔のあごに嚙みくだかれている。十二世紀にはローマはもちろんまだ帝国で、皇帝の大権は復活したローマ法によって与えられていたが、それはやがてフリードリッヒ・バルバロッサの主張となってあらわれる。彼は自分の勅令を法大全の中にいれることを命じ、「先任者たる皇帝たち、コンスタンティヌス大帝、ウァレンティニアヌス、そしてユスティニアヌス」を引き合いに出している。ところが、面白いことに、この同じ年に、ちょうどリエンツィとペトラルカの時のような共和制の復活が、ブレシアのアルノルドゥスの指導のもと、短いながら見られるのである。この時元老院は昔のままの「ローマ元老院と人民」(Senatus Populusque Romanus) という銘を打ち出した鋳貨を作り、ローマが世界の都として君臨し、人民が最高権を握って教皇も皇帝もその命令下におくような状況を夢みた。これを目のあたりに見たフライジンクのオットーは、著書の中でその二つの主張を立ち向かわせている。一方はローマの使節の口から出る大上段の演説、一方は赤髭王（フリードリッヒ一世）のそっけない尊大な答で、法律的に正当な権力保持者たる王は、使節に向かって、ヘラクレスの手から棍棒を奪えるものなら奪ってみろとうそぶくのである。棍棒はさしあたっては皇帝のものだったが、しょせんは神聖ローマ帝国とて、ローマ共和国といずれ劣らぬ夢まぼろし。両者とも過ぎし昔の美しく飾られた思い出にほかならなかった。

十二世紀の都ローマは、もはや外づらすらいにしえのローマではない。「ゴート族、キリスト教徒、歳月、戦争、洪水、火事」がすでに久しく破壊の手を加えていた——特にキリスト教徒が。一〇八四年にロベール・ギスカールと配下のノルマン人によって略奪と放火の憂き目を見たばかりの頃で、この打撃からアウェンティヌス、カエリウス地区一帯は遂に立ち直れないのだが、それ以上に漸進的ながら致命的な破壊は、大理石切出し業者、石灰製造業者の手でおこなわれた。彼らは古い石像から石灰を取り、ローマの大理石やモザイクを輸出して、さかんな商売を営んでいたのである。これらの素材は、ピサ、ルッカ、サレルノといったイタリア各地の司教座聖堂を飾ることとなった。モンテ・カッシノの修道院付属教会のために、デシデリウスが「円柱、柱基、柱頭、色さまざまな大理石」を購入している。遠いウェストミンスター修道院でも、十三世紀に「ローマ市民ペトルス」がエドワード証聖王の廟に自分の名前を刻んでおり、ウェアの修道院長リチャードが自分の墓のために斑岩と蛇紋岩の板を持ち帰ったことは、次の碑文にはっきり語られている。

ここなる石は、ローマより運びたる石。　Hic portat lapides quos huc portavit ab Urbe.

サン・ドニの教会をみごとに建立したシュジェルは、ディオクレティアヌスの浴場でたびたび感嘆しながら眺めた石柱を持ってこられなかったのが残念、と言っているが、同時代のウインチェスターの司教ヘンリーは、イタリアからほんとうに彫像を持ち帰った。ローマはすでに好古家のあさり場になっていた。

今は廃墟のローマには、旅行者も来れば、「ローマ見物」の案内書もある。旅行客はだいたいが巡礼で、異教の遺跡よりは聖都の霊場を見たがる。少なくとも彼らは考古学者ではなかった。ギボンは『自叙伝』(*Autobiography*)の中で、一七六四年にイタリア旅行を始めたことに触れて「ハンニバルの足跡を、これほどの準備と知識を持って追った人はいるまい」と誇らしげに述べている。十二世紀の人間の誰ひとりギボンのこの言葉に反論できない。一一六〇年から七三年までイタリアから東方まで旅したトゥデラのラビ、ベンヤミンの関心は、主としてゲットーにあった。一一九五年頃、ヒルデスハイムの司教、クヴェルフルトのコンラートは、かつて学校でおぼろげに習った場所を、今、目のあたりに見て、古典の学識をしぼり出しながらその情景を書き記している――マントヴァ、モデナ、オウィディウスの生地スルモナ、何ということもない小川ルビコン、ウェルギリウスの墓所とその近隣の伝説、エトナ火山とアレトゥーサの泉。しかし彼は、ローマは通っていない。当時の北方の作家で、ローマについて多くを語っているのは、ただひとりマムズベリーのウィリアムで、彼はローマのあわれに衰えた現状を、世界の女王として君臨したかつての偉大な姿と対比させている。この都に近づく多くの旅行者が胸に抱いていたのは、前の時代に北イタリアのどこかでつくられたあの美しい歌の心だった。

O Roma nobilis, orbis et domina,
貴きローマ、この世のあるじ、

いと高くすぐれたる都。
殉教者のバラ色の血に染まり
乙女のユリを真白に装う。
おん身に心からなる挨拶を送る。
さいわいあれ、とこしえに。

Cunctarum urbium excellentissima,
Roseo martyrum sanguine rubea,
Albis et virginum liliis candida:
Salutem dicimus tibi per omnia,
Te benedicimus: salve per secula

こういう訪問者のためにこそ、当時一番の案内書はつくられた。『ローマの不思議さまざま』(*Mirabilia Urbis Rome*)である。事実と説話、異教とキリスト教を奇妙に組み合わせたこの本は、三つの部分に分けられる。第一部は、ノアの子ヤヌスがヤニクルムの丘にローマを建設した話を書いたあと、門とアーチ、浴場、宮殿、劇場、橋、キリスト者の墓地、聖人殉教の地を列挙する。第二部は、皇帝や聖人のさまざまな伝説、特に彫像にまつわる話で構成されていて、その中には、民間伝承の「ローマの救い」の話——カピトリヌス神殿のいくつかの属州をあらわす像に鐘がついており、属州が反乱をおこすとその鐘が鳴るという話などが含まれている。ティベリウス帝時代の哲学者フィディアスとプラクシテレス、デキウス帝治下の殉教者の受難、コンスタンティヌスの建立した三つの大きな教会のことも書かれている。第三部は、読者を市内各所に案内し、人目をひく建造物やそれにまつわる伝承を紹介した上で、最後に結びとして言うには——

皇帝、執政官、元老院議員、属州長官たちのここにあげた、またその他多くの廟堂、宮殿は、異教の時代にこのローマの都にあったもので、それは古い年代記で読み、自分の目で見、昔の人のことを話で聞いてわかるとおりである。そして、金、銀、真鍮、象牙、宝石で作られたその美しさがいかばかりであったか、人びとの記憶に呼びもどそうと、私たちはできる限りの努力をしてここに書き記した。[10]

もう一つの案内書は、つい最近印刷されたばかりだが、これも同じ時代のものらしく、「不可思議なる力あるいは人の働きによりてつくられたるローマの驚くべき見ものについて、修士グレゴリウス」とある。ここに取りあげられているのは、主として古代の遺物で（その多くはその後消滅した）、聖人や殉教者ではない。しかし、著者は考古学者ではまったくない。ローマの塔や宮殿は、すべてこの世のものの進む道を進んでやがて滅びるのだから、一々数えあげることは誰にもできない、と彼は言う。そしてその記述は、遺蹟を場所ではなく種類によって分ける。青銅の獣、大理石の像（ほとんどすべて大グレゴリウスの手で壊された）、宮殿、凱旋門、ピラミッドというように。古代の建造物の運命はパラス（ミネルヴァ）の神殿がその好例で、キリスト教徒の手で毀たれ、時の流れにそこなわれ、残されたのはわずかに枢機卿たちの穀物貯蔵所に使われたところばかり。周囲は壊れた石像の山。その中に立つ頭のとれた女神の像の前で、その昔キリスト教徒は信仰をためされたのだった。十五世紀にポッジョが古代遺跡の荒廃を嘆く話は前に述べた。かつての黄金のローマは、今やピラネージの銅版画に描かれる朽ち寂びた都となっている。その「ゾッコランティ（フランチスコ会士）」の教会にすわって物思いに沈み、カピトルの廃墟のユピテル神殿で晩課を歌う会士たちに耳を傾ける」ギボンの頭に、『ローマ帝国衰亡史』の構想は浮かんだ。

十二世紀のローマに古代から残されているものは、せいぜいゆがんだ追憶にすぎない。そのひずみの程度は、帝国の街道沿いの廃墟に結びつけられたシャルルマーニュの伝説に劣らない。皇帝のローマがもはや明らかに教皇のローマと化していることは、一一九九年、インノケンティウス三世が聖セルギウスとバックス教会に、セヴェルス帝の凱旋門を、付属の部屋と当時その上に建っていた塔もろとも下賜した文書によっても、明らかに知られる。『ローマの典礼』(*Ordo Romanus*)によれば、教皇が市内を公けに練り歩くときには、古代の異教の凱旋門を通る道をわざと選んだらしい。「キリスト教の威風を示す新しい『聖なる道』が生まれた。[11]」十五世紀の人文主義の教皇たちにはほど遠いが、一一六二年に元老院が、トラヤーヌスの記念柱は「損傷・破壊することなく、世のつづく限りローマ国民の栄誉のために、今あるがままの姿で残さねばならぬ[12]」と布告したような、古代建造物を保存する努力は見るべきものがある。そして、この同じ時代のものとして人文主義のすばらしい作品が一つ残っている。当代最高のラテン詩人ルマンのヒルデベルトゥスが一一〇六年にローマを訪れてつくった詩。その冒頭を紹介しよう。

たぐいなきローマ。今は廃墟にはあれ
瓦礫にしのばるる大いなる姿。

Par tibi, Roma, nihil, cum sis prope tota ruina;
Quam magni fueris integra fracta doces.

歳月の流れに祭はすたれ、
沼に横たうとりでと社。

Longa tuos fastos aetas destruxit, et arces
Caesaris et superum templa palude iacent.

第五章　ラテン語

十二世紀の西ヨーロッパの共通語はラテン語だった。文学の目的にかなうような各国語は、さまざまな地方のラテン語方言から、ようやく形成途上にあったにすぎない。フランス語はイングランドと、ある程度イタリアでも話されたが、「もっとも快い、万人の共通の言葉」フランス語は、次の世紀にはじまる。しかし、ラテン語が国際語だったといっては、非常にまちがった印象を与えることになる。ラテン語は国際的な交流に使われただけではなく、いくつかの国民が多くの目的で自国でも使っていた。普遍の教会の話し言葉として、互いに遠く離れた地方の聖職者の意思疎通の手段でもあれば、教会生活、信心生活の用語でもあった。西方キリスト教圏では、人びとはラテン語で祈り、ラテン語で歌い、ラテン語で説教した。どこへ行っても、教育の用語はラテン語だった。教科書はラテン語、子供たちは何もかもラテン語で教わり、学校でラテン語を話すことを教えられるから、教育のある人は、軽い通俗的なものを書くのにもラテン語を使うようになる。それはまた法律の用語、少なくとも法律に関するすべての論文の用語だった。ローマ法、教会法はもとより、グランヴィルの著書、ノルマン慣習法、ランゴバルド封建法書（Libri feudorum）、バルセロナの慣習法、イングランドのヘンリーやシチリアのロジェールの法令もそうである。行政や実務の記録でもあったことは、たとえばアングロ・ノルマン財務府の公文書、イタリアの公証人記録、その他ヨーロッパ全土の膨大な記録、特許状、証書に見られる。商人、弁護士、市政官書記、医者など、みな学者、司祭と同じくラテン語を必要とした。

これだけ広い場所で、しかもこれだけいろいろなものに使われれば、どんな言語も一定不変ではありえない。当然予想されることだが、中世のラテン語は、所により人によりさまざまで、新しい意味やニュアンスを表現する新しい慣用を生み、局地的な用語のみならず語順、思考法まで、土地の言語からとりいれている。その一例として、マグナ・カルタのラテン語は、vicecomes（州知事）、sergenteria（役務と引換えの土地保有権）というような単語を当時のノルマン・フランス語から借用し、文体も、アングロ・ノルマン法の文体で、キケロや当時の教皇勅書の文体とは異なる。その中でいちばん有名な文は次のもので、中世独特の専門用語でいっぱいである（三十九条）。

Nullus liber homo capiatur, vel imprisonetur, aut dissaisiatur, aut utlagetur, aut exuletur, aut aliquo modo destruatur, neq super eum ibimus, nec super eum mittemus, nisi per legale iudicium parium suorum vel per legem terre.

対等の公民の法的判断、もしくは国の法に基づかない限り、自由民は何人《なんぴと》も捕えられることなく、収監されることなく、不動産を侵奪されることなく、法益を喪失することなく、追放されることなく、いかなる損壊も受けることがない。また自由民を捜査することも、ひとに捜査せしめることもない。

特に語彙は国により千差万別で、ヨーロッパの大きな地域ごとに別のラテン語辞書が必要なほどである。実際のところ、このように新しい要素を吸収同化する力と、適応力があったからこそ、ラテン語は、十五世紀に古代の規範が復活したために死んでしまうまで、ずっと生きた言語でありつづけたのだった。中世ラテン語は、一般の教育・文化水準と各国語からの影響の多少、そして実際に筆をとっている個人の教育程度に応じて、上昇下降を経過するが、常に標準的なラテン語文法からは指呼の距離を保っている。十二世紀は古典復活の時代であるだけに、ラテン語も、少なくとも文化の中心地に関する限り、比較的きちんとしたラテン語である。地方の公証人や書記は、古典の、あるいは当時の最上の標準から相当ずれているにしても、それは大した問題ではない。スタッブズ司教は言っている。

十二世紀のラテン語は、なかなかりっぱな、文法的なラテン語である。形容詞は名詞と、動詞は主語と一致し、ut は接続法を支配し、従属文は主文の規定する法と時制に従う。語彙は非常に豊かで、古典ラテン語にはいくらかまれな単語をしきりに使う。まるで著者は、dumtaxat（ただ単に）とか quippe（たしかに）とか utpote（…なるが故に）といった言葉の用法を心得ているのが自慢で、ことごとにそれを使って見せているような気がする。しかし、そんな場合でも作りものの感じはまったくなくて、ずいぶん自由ではあるにしても、決して不自然とはいえない。文学的な事柄については話すのも考えるのもラテン語を用いている人が書いたようなラテン語である。死んだ言葉ではない生きた言語。多分、老いにさしかかっているだろうが、まだ元気いっぱいの老年である。(1)

古典ラテン語にこれだけ近いということは、当然、ラテン語文法の訓練を徹底的に積んでいるわけで、十二世紀は、形態的な語形や構文といった狭い意味でも、もっと広く、学問的な文学鑑賞の意味でも、文法研究については中世の頂点を形作っていた。テクストとして権威があったのはカエサリアのプリスキアヌスの『文法』(*Institutiones*) で、六世紀初頭に書かれたこの本が中世を通じて人気があったことは、今日残っている何千という写本や抜萃で証明される。ローマの作家を縦横に引用した、ずっしりと充実感のあるこの十八巻の著作は、ラテン語の文法のみならず文学の伝統も伝えている。プリスキアヌスを知っているのは、つまりキケロ、サルスティウス、ウェルギリウス、テレンティウス、その他たくさんの詩人を知っているということで、実際のところ、多くの人にとって、これらの抜萃は古典作家に親しむ大きな媒体となっていたのである。古典復活の時代は、必然的にプリスキアヌスの時代で、シャルトルのカテドラルのファサードを飾る七自由学芸の象徴の中で、文法をあらわすものにプリスキアヌスが選ばれているのは当然というべきだろう。シャルトル学派のティエリは、その著書『七学芸』(*Eptatheuchon*) にプリスキアヌスをそっくり写しとっている。そのまる百年前にシャルトルのフルベルトゥスは「われらのプリスキアヌスの一巻」をハンガリーの司教に貸出し、一一四七年には、ハルベルシュタットの参事会員は、遠い異郷のトロワで永遠の眠りについたとき、自分の司教座聖堂に、プリスキアヌスを遺贈している。またほぼ同じ頃、プリスキアヌスは、パリで教鞭をとるペトルス・ヘリアスの文法注解書の材料にもなった。ところがこの『文法』は、現代の印刷でもたっぷり二巻を占める大部な本なので、初歩者はもっと簡単な入門書をむしろ好んだ。プリスキアヌスの先輩ドナトゥスの『上級文法』(*Ars major*)や、もっと短く、また普及していた『初級文法』(*Ars minor*)などがあり、後者は印刷して十ページの分量の中に質疑応答形式で八品詞が説明されていて、そのまま暗誦されることがしばしばだった。プリスキアヌスの短い著作も問答形式で、ウェルギリウスの『アエネイス』の冒頭の十二行がいわば解剖の実験材料に使われ、最初の単語arma(武具)に——性、数、格といった名詞としての性質、統語法、派生語など——三頁がついやされている。

十二世紀に入門書としてよく使われていた読本は、長期にわたる使用でゆるぎない地位を得ていた。それは通称カトーの『対句』(Disticha)、アウィアヌスの『寓話』、テオドゥルスの『田園詩』で、この三つは一冊の本に収められていることが多い。カトーの『対句』は、今ではローマ帝国後期の作と目されているが、大カトーを連想させることで、いっそうの権威をかちえていた。特にキリスト教的な事柄を含んでいるわけではない。しかし、その道徳的な調子は申し分ないもので、教訓豊かなところが一般に高く評価された。たとえば出だしの行は、次のように書かれている。

詩人が歌うように神が霊なら
心を清くして捧物をせよ。
目をさまして、惰眠を避けよ。
悪徳は怠惰から養分をとるものだ。

「ソロモン以来の賢人」とウォルター・マップが考えていたとおり、「カトー」は十一世紀の善徳とラテン語の手本だった。その後何世代にわたってもその通りで、チョーサーが『カンタベリー物語』の大工について書いた句では、カトーが基礎教育の代名詞になっている。

この男はカトーを知らない。教養がないのだ。　Knew nat Catoun, for his wit was rude.

アウィアヌス（四〇〇年頃）は、数あるラテン語寓話集の中でいちばん人気が高かったものの著者で、詩で書かれていることと、初歩者向きであることのために特に好まれ、テオドゥルスの『田園詩』も、カロリング時代の作ながら、同じく古典のように取り扱われていた。以上三つとも、くり返し筆写され、パラフレーズされている。十一世紀にはユトレヒトのベルナルドゥスによるテオドゥルスの注解があり、それから百五十年後には、アレクサンデル・ネッカムによってアウィアヌスのパラフレーズが書かれた。とにかく、テオドゥルスは大変な値打ちのある本で、聖書と同じように、字義的、寓意的、道徳的と三つの段階の解釈が必要だ、とまで思われていた。

一〇五〇年頃に活躍したイタリアの辞書編集者パピアスの仕事までこの時代に含めれば、十二世紀もまずまず自分の辞書をこしらえたと言えるだろう。パピアスの辞典は、『アルファベット』（*Alphabetum*）、『要諦』（*Breviarium*）、『言葉の母』（*Mater verborum*）、『基本原理』(*Elementarium doctrine rudimentum*) などいろいろな名前で呼ばれている。古い文法書、注釈書から材料をとった辞書・事典だが、新しい用例も数多く入れられていて、学校の授業科目にぴったり合わせて作られたもののように見受けられる。中世はいつもそうだが、これもアルファベット順になっているのはつづりの最初の字だけで、その上また当時流布していた中世のスペリングに影響されている。パピアスは、印刷になっても数版を重ねたが、あとの世代を十分満足させるものではなかった。十一世紀初めにイングランド人オズバーンが大部な『パノルミア』(*Panormia*) を書き、一二〇〇年近くになって、ピサの教会法学者でボローニャの教授、フェララの司教のフグッツィウスが、パピアスとオズバーンの本から『言葉の由来』(*Derivationes*) を編纂し、ペトラルカの世紀にプリスキアヌスと並ぶ地位を獲得した。これら三人の著者はみな語源、特にギリシア語起源に注意を払ったが、誰もギリシア語を知っていたわけではなくて、そのためこっけいなまちがいや改悪をたびたび犯している。コルベイユのグリエリムスは、多少ギリシア語の心得があるようなことを言っている。彼は十二世紀はじめにギルベルトゥス・ポレタヌスに著書『相違』(*Differentie*) を献呈した。これらの辞書編集者は、また音の長短について大変なやかまし屋で、フグッツィウスなど、sincerus の終わりから二番目の音節を短く発音する人は『生命の書』から名前を削られてしかるべきだ、というような激しい言葉まで使っている。辞書のもう一つのタイプは、記述的な単語集で、無味乾燥なそれまでの語義解説単語表を廃止し、文章の中に単語を組みこんで、その意味が説明されるような形をとっている。この系統のはじまりは、この時代でいえば、十二世紀初頭のパリの修士プティ・ポンのアダム。それに続く人は、十二世紀終わり頃のこれまたパリの教師アレクサンデル・ネッカムである。彼らの著述は、家庭用品、宮廷生活、勉強道具を取りあげており、百年後のガーランドのジョンは、読者をパリの町の散歩に連れ出し、道すがらぶつかるいくつかの商売で売っている商品を話題にしている。この種の著作の陥りやすい欠点は、めったに使われない変わった言葉の知識をひけらかすことで、十三世紀のペダントリーを発揮するには恰好の場になってしまうのである。比較的単純なスタイルの一例として、ネッカムが写本の材料について書いているものを取りあげよう。

筆記の係 librarius は、普通は写字生と呼ばれる。その椅子は板を支えるため腕が前につき出ていて、羊皮紙はその板の上に置かれるようになっている。板をフェルトでおおい、その上に鹿皮を留める。こうしておけば羊皮紙の余った部分を剃刀 novacula で切り落すのが楽にできる。それから、四枚一組の帖を作る材料となる鹿皮を軽石できれいにし、表面をかんなで平らにする。シートを附属板 appendix ではさみ、上部と下部の二ヵ所でとめる。帖の余白には両側に錐で等間隔に穴をあけ、定規で正しく線を引く目印しする。書いている途中で抹消すべきところが出たら、書いた上に線を引くのではなく、削り取る。(2)

ネッカム（一一五七生―一二一七歿）は、その上にまた、単なる辞書編集者ではおさまらないところがあった。パリの学生、ダンスタブルの教師、サイレンセスターの参事会員で修道院長だったネッカム自身の語るところでは、「学芸をまじめに学びかつ教えたあと聖書の研究に転じ、教会法やヒポクラテス、ガレノスの講義も聞けば、市民法もまんざら嫌いではなかった」そうである。その膨大な散文・韻文の著作には、イソップの寓話や通俗科学、神学、聖書の注釈が含まれ、そのほか彼の作かどうか疑わしいものも少なくない。いちばんよく特徴が出ているのは『事物の本性』に関する論考で、教訓的に説明した科学二巻と「伝道の書」の注釈三巻からなっている。新アリストテレス主義を受けいれているが、当代のユマニストのひとりに数えるべきで、りっぱなラテン語の詩も書き、古典作家から幅広い引用をおこなっている。しかし、とりわけ関心の対象としているのは、言葉とその意味である。

十二世紀の文法の勉強は、最盛期には、文学についての真剣な勉強も同時におこなわれた。シャルトルにいたソールズベリーのヨハネスが、次のように述べている。

現代ガリアでもっとも水量豊かな文学の泉であるシャルトルのベルナルドゥスは、この方法に従い、いろいろな著作を読むときには、通常の法則に支配される単純な事柄、そして、文法上の変則、修辞的な装飾、詭弁的な言葉遊びを示すのだった。また、自分の授業の内容がほかの分野に関係を持っていれば、それをはっきりと表明するのだが、その方法が、それぞれの問題についてすべてを教えてしまうのではなく、受講者の能力に応じて、適当な時に、適当な量を与えるのである。そして、論述がすぐれているかどうかは、適正な用語（すなわち、動詞や形容詞の名詞との正しい結びつき）か、内容の転換（すなわち、ある表現を、しかるべき根拠に基づいて別の意味に移しかえること）に左右されるので、ベルナルドゥスは、これらのものを、あらゆる機会をとらえて生徒の心に吹きこんだ。

経験を積むことによって、記憶は強められ、英知はとぎすまされる。そこで彼は、ある者には訓戒、ある者には体罰まで加えて、習得したことをたゆまず実地に模倣するよう勧めた。全員が前の日に聞いたことの一部を次の日に筆写してこなければならない。ある人は多く、ある人は少ない。彼らにとって、あすはきのうの弟子なのである。夜の課業は「語尾変化」と呼ばれていて、文法がぎっしり詰めこまれていたから、丸一年それをやれば、よほどの鈍才でない限り、話すこと、書くことは身についたし、普通使われる表現の意味がわからないことなどありえなかった。〔しかし、夜の課業の材料は、道徳宗教教育を目的として選ばれ、痛悔の詩篇第六と主の祈りでしめくくられた。〕

散文や詩を模倣する初歩的な練習が課せられている人には、詩人、雄弁家を模範として示し、言葉の組み合せや、美しい語法を説明して、その方法を踏襲してみるよう命じた。しかし、自分の作品をりっぱに見せるために、ひとの衣裳の上に縫い取りをしたような人があれば、ベルナルドゥスはたちまちそれと気づいて盗作をあばいた。といっても、罰は科さないことが多かった。作品は貧弱でも見るべきところがあれば、やさしくおだやかに、古典作家そのままに似せてみるよう命じるのである。そして、先輩をまねた人は、後輩にまねられるだけのものがそなわることを説きあかした。

次にあげるものも、最初の基本として教え、学生の頭に植えつけた。秩序の価値、文の飾り、言葉の選び方でほめるべき点、書き方が貧弱でいわばやせ細っている箇所、快く豊かな箇所、どこが行きすぎているか。何ごとにつけどこに限界が必要か、というようなことである。歴史や詩も、無理じいではなく、こつこつ読まなければならぬと教え、生徒ひとりひとりに、毎日何かを暗誦することを強く要求したが、よけいなものは避けて、有名な作家のものだけで満足するよう指示した。……そして、生徒の基礎的な訓練全体を通じて、もっとも役に立つのは、熟練が必要とされる事柄に習熟することなので、彼らは毎日散文や詩を書き、それを互いに比較し合って練習を積んだ[3]。

こんなふうに辛抱強く時間をかけて古典作家にうちこんで、「はじめて文学の素養を身につけさせることができる」わけなのだが、これと対立する考え方がソールズベリーのヨハネスの時代にあって、十三世紀にはもはや文法は七自由学芸の単なる一つの地位に落ち、実用的な目的でラテン語を教えるという基礎の仕事を果たすだけのものになってしまった。「術」(artes)が「文」(auctores)を打ち負かしたということである。『七学芸の戦い』(一二五〇年頃)の中でドナトゥスとプリスキアヌスは、依然、文学研究という意味での文法を代表しているが、その戦いは負けいくさだった。実際のところ、論理学が、文法の分野のみならず方法にも入りこみ、文法の学習についやされる時間が減ったのみならず、その学び方も文学的ではなく論理的にしなければならないことになった。すでに十二世紀に、ウィリアム・フィッツスティーヴンは、ロンドンの少年たちが学校対抗の討論で、「文法の原理や、過去時制・目的分詞の法則を詩の形で言い争ったり議論したりしている[4]」ありさまを述べている。文学という形式は軽んじられるようになったばかりか、文法の勉強は欠陥があり、それを論理学が補うとまで主張された。十三世紀には、文法はもはや理屈だけの学問になっている。この新時代の教科書は、アレクサンデル・ド・ヴィルディユーの『学理』（*Doctrinale*）（一一九九年）とエヴラール・ド・ベテューヌの『ギリシア語法』（*Grecismus*）（一二一二年）で、いずれも記憶に便利なように詩の形で書かれていた。『学理』は、六詩脚のレオ詩体二六四五行からなり、プリスキアヌスや読本の代わりとなるようもくろまれていて、たとえば第一変化の規則（二九―三一行）は、

第一変化の主格は as es a
ヘブライ起源は am となり
属格・与格は二重の ae

Rectis *as es* a dat declinatio prima,
Atque per *am* propria quaedam ponuntur Hebraea,
Dans *ae* diphthongon genetivis atque dativis.

『ギリシア語法』は、一つの章がギリシア起源の言葉に関するもので、タイトルはそこからとられているが、ギリシア語の知識はまるでなくて、音便に関する章は次のように始まっている。

子音は慣用でしばしば変わる。
b は f、c、g、p、m、s、r。

Ecce quod usus habet, cedunt sibi saepe sonantes,
B mutantur in *f* in sexque *c g p m s r*.

こういったやり方は、明らかに、文学的な完成よりは、即時的な効果を目ざしている。これらの「野蛮なラテン語」の代表は、ユマニストの手で追放されるまで確固とした地歩を保っていたし、また追放という段になっても衰退がはなはだ緩慢だったことは、印刷術の発明から一五八八年までの間に、『学理』が二百六十七回も版を重ねたことからわかる。

文法の妹分にあたる修辞学は、中世にはこれとちがう歴史をたどった。というのは、ローマ時代のままの形では中世の状況に合わなくて、修整を施した結果、古典の模範からははるかに遠いものになったのである。古代の修辞学は演説を対象とするが、中世の修辞学は主として書簡を対象とする。ローマの修辞学が根本的に演説の性格を持っていることは、主な著作の標題でもわかる。キケロの『雄弁家』(*Orator*)、『雄弁家について』(*De oratore*)、『ブルートゥス——明晰なる雄弁家について』(*Brutus sive De claris oratoribus*)、クインティリアヌスの『雄弁術釈義』などすべて、法廷や集会の場でいかに効果的に演説をするかという点に力が注がれている。このような法廷向き弁論の基盤は、ローマの政治司法制度とともに消滅し、oratio という言葉自体も、普通は、もっともプライベートな談話、つまり人間の造物主に対する祈りを意味するようになって、まれに、この時代の無名の著者がヴァティカンの写本に残しているような[5]、祈りの修辞に関する論文が見いだされる。後期ローマ帝国の法廷臭のうすい修辞学でもキリスト教の雰囲気には合わなかった。マルティアヌス・カペラがキケロの伝統を永遠不滅のものにまつりあげて、職業的な修辞家の教えはますます形式的で空虚なものになった。中世にとって、修辞学はもはや一般教育の中心にも目標にもなりえなかった。

それに修辞学は、暗黒時代の荒波を乗り切れるだけの、プリスキアヌスやドナトゥスに匹敵する簡単で便利な手引きを持っていなかった。マルティアヌスや後期ローマの概説書はなかなかりっぱなものだし、ベーダやイシドルス（彼は相変わらず修辞学に法廷向きの定義を与えている）にも、多少落ちるがいいところはあるが、本性的に、これらは文法の教科書の持っているしっかりした芯を欠いていて、ほかの理由で死に瀕しているこの科目に生命を与えることはできなかった。十二世紀のすぐれた学者は、キケロやクィンティリアヌスにも目を向けて、ネッカムの一流作家リストにもあるように、この人たちを修辞学の理想のテキストとして生徒に示しはする。しかし、これはむしろ実行不能の理想案だし、またいずれにせよこういったローマの作品は、教科書としてよりは、修辞的文体の模範として読まれたのである。キケロとクィンティリアヌスが現実にはどれほど使われることが少なかったか、現存する写本の数でわかる。古典として敬われても、定評のある教科書ではなかったのだ。新しい世代が出てくれば、しばらくはその人たちから口先だけの称賛を受けるが、学生は、書簡の書き方、つまりディクターメンという実用的な科目に力を入れている当世風の手引書を、ますます頼るようになった。はじめのうちこそこれらの著作は「キケロによる」とレッテルを貼っていたが、十三世紀には、修辞学の人気教授は、キケロなど知らなくても実際的な目標を達成できる自分の力を誇りに思うようになっていた。キケロ派のばかばかしさが決定的にあらわれているのは、出版はされなかったがヨハネス某の著述で、キケロとその息子の対話の形をとり、古典の引用や修辞学の論議がふんだんにくりひろげられたあげく、教皇と皇帝、フリードリッヒ・バルバロッサとイングランド王ヘンリー二世の間では、どのような形のあいさつをしなければならないかを、父キケロが教えるという結末になっている。(6)

新しい書簡体の――「すてきな新しいスタイル」とは言えたものではないが――唱道者として知られている中でもっとも古い人は、モンテ・カッシノの実り豊かなデシデリウス修道院長時代（一〇五八―八六）に活躍したアルベリクスである。公式の手紙あるいは文書を書く技術は――中世の公式文書はローマの書簡形式を引きついでいた――たしかに、中世初期にも消えることなく、公証人や王室書記の手で生かされてはいたが、厳重一点ばりの実用技術で、標準となる型や用例集の模倣に終始し、表現の自由や自発性はまったくなかった。実際のところ、こういった用例集は中世全体を通じ、公の通達にも私的な文通にも大へん人気があった。というのも、この無学の時代には、すでに書かれた手紙をそっくりまねるのが手紙を書くのにいちばん手っ取り早い方法だったからだが、それはちょうど、今日でも教養のない人が「完全手紙例文集」を利用するのと同じである。十一世紀後半から十二世紀にかけての新機軸は、新しい状況に即した簡単な手引書、つまり、随所に例文を示すとか、もっと系統的に形式集を付録につけるとか、わかりやすい実例を入れたものをつくったことにあった。文法学者で聖人伝、詩、論争的な文書の作者であるアルベリクスは、この種の手引書を最初に作った人ではなさそうだが、少なくとも、今日まで残っている手引書を最初に作った人ではある。彼の『書簡文要諦』(*Breviarium de dictamine*) は、まだ文法と称すべきものを数多く含んでいるし、例文は少ないが、それでもはっきりした型を定めている。『書簡文精選』(*Flores dictaminum*) にはある程度古典を読んだしるしが見えていて、アルベリクスは、古代の律動的な散文、つまりクルスス (cursus) を新しい、アクセントの強弱主体の形の中に復活させるのにも力があったように思われる。これは、イタリアのユマニストがあらわれるまで残るもので、たしかにアルベリクスの弟子のひとりであるゲータのヨハネス——教皇庁尚書院長で後の教皇ゲラシウス二世(一一一八—一一九)——によって教皇庁にもとり入れられた。その『ローマ教皇庁クルスス』(*cursus Romane curie*) は、教皇聖座の文書として真正かどうかの基準になった。

しかし、イタリアにおける書簡文作法 (ars dictaminis) のその後の発展に深くかかわりを持ったのは、ボローニャであった。ローマでもモンテ・カッシノでもなく、十二世紀はじめにそれをとり入れたボローニャであった。書簡文は、中世初期に法文作成の付属物として生き続けてきたものだけに、法律が専門的な勉強の独立した科目となってからは、法律の授業と密接なつながりを持ったのは当然だし、中世最大の法律学校でいちばんさかんになったのは自然のいきおいだった。こういう状況だから、この技術の実用的な側面がますます強調されて、十三世紀には、公正証書作成のための特別な技術 (ars notaria) ができあがり、特別な学位と特別な学部まで作られて、その教授は人文学的な修辞学やその著作にはなはだしい軽蔑を示すようになった。十三世紀初期ボローニャの教授ボンコンパーニョの愉快な仰々しい文章の中に、修辞学の勉強が短期の実務課程になり、それを教える先生は宣伝の技術をよく心得ていることが見てとれる。ボンコンパーニョの『古代の修辞学』(*Antiqua rhetorica*) は広く読まれて一二一五年にはボローニャで、一二二六年にはパドヴァで桂冠を受けているが、彼はほかのあらゆる機会をとらえて自己宣伝をおこなっている。オルレアンやシャルトルのおだやかなユマニスムからははるかに遠いようである。

ところでディクターメンはフランスに移植され、オルレアンの土がよく合ったようでそこに根をおろした。そして、教皇庁の書記官を養成していたこの学校で、古典の研究と深い結びつきを保ちながら育っていった。オルレアンとトゥールで作られた手引書は、キケロ、クインティリアヌスにたち帰るものではなかったが、ラテン語散文韻文の作文に力を入れ、そこに出ている手紙は、当時の遊歴詩人の詩の散文版といった形で書かれている。こういう書簡集は尊厳王フィリップ（一一八〇―一二二三）の治世に特に多く、この時代のオルレアンの文学的伝統の活力をもっともよく示すものだろう。そして、まさしくその通りだと言えるのは、パリスとヘレネー、オデュッセウスとペネロペー、冬と春、霊魂と肉体、死と生、人間と悪魔といったものの間に交わされる文通や、普通は書くのがむずかしいような扱いにくい状況を取りあげた手紙に出てくる、何はばかるところのない架空の創作で、こういう題材が実に巧みにかつ自在に、時として古典精神豊かに表現されている。すべてこの種の編纂物には、修辞学とその教師の才能をたたえる手紙がいくつか入っていることが多い。大ていは、学生生活のよしなしごとを書き記していて、それについてはまた後で別の関連から述べることになるだろう。もとより、作り話が多いから、歴史的な価値といえば、委曲がつくされていることより、むしろ時代の一般的な状況が反映されているところにある。編纂者はあらゆる場合に応じられる形式を一通り集めることをねらいとしていて、手もとに現物がなければ、一つでっちあげるなり、生徒の課題の中からいいものを拾うなりするわけである。一方の極には古文書を集めたもの、一方の極には作りものコレクションがあるということになる。

書簡文の構造を理論的に示すために、普通は手紙を五つの部分にわけていた。まずあいさつで、この点については中世のエチケットは非常に厳格で、社会的な格や身分に応じて形がきっちり定まっていた。次は序文（captatio benevolentiae）。読み手にしかるべき心構えをさせる部分で、ことわざや聖書の引用を使うことが多い。そして、本文あるいは提示。つづいて、陳情。頼みごとは当然あるものだろうし、それは、序文と本文という大前提小前提から導き出される論理的な推論という形をとることになりやすい。そして最後に結論。一つ簡単なテーマの分析例をあげよう。本来の形では、このテーマの展開、変形も含まれているのだが、それは除いてある。[7]

父上Hへ、Cより愛をこめて。〔以上あいさつ〕お金をお送り下さってありがとうございます。〔以上序文〕けれども、前から持っていたものは学校で使ってしまったので、まだ貧乏なことに変わりありませんし、今度いただいたものも、借金の一部の支払いにあてた上、まだ大きな負債が残っているので、あまり役には立てられないことをご承知おき下さい。〔以上本文〕そこでお願いがあるのですが、もう少し送っていただけませんでしょうか。〔以上陳情〕さもないと、ユダヤ人に質入れした本はとられてしまいますし、勉強を途中でやめて家に帰らなければならなくなります。〔以上結論〕

次の手紙も結論は同じだが、そこにいたるまでの経過がもっとはっきり書かれている。

敬愛する父上、騎士マルトルと母上へ、息子MとSからごあいさつと孝順をお送りします。おかげさまでオルレアンの町で元気に過ごし、「何事にせよ知るのはいいことだ」というカトーの言葉を体して、懸命に勉強にはげんでおります。住んでいる家は、きちんとしたりっぱな家で、学校からも市場からも一軒おいた隣なので、毎日足をぬらさずに学校へ行けます。家にいっしょにいる仲間もすてきな人たちで、勉強の程度も高ければ、日常の習慣もりっぱ。私たちにとって大へんありがたいことです。詩篇にもありますね、「咎なき人には、咎なき人となる」と。そこでご両親さまにお願いしたいのですが、原料不足で生産がとまることのないよう、羊皮紙、インキ、机、その他必要品購入のためのお金を、Bに託してお届けいただけませんか。父上母上のせいで困るようなことなどありませんように！　勉強を終わりまでつづけて故郷に錦を飾れるだけの額をお願いします。靴や靴下もぜひ送っていただきたいので、それもいっしょに、それから何かニュースも、Bにことづけて下さい[8]。

オルレアンの書簡文教授（dictator《ディクタートル》）の一段と空想的な文章には、想像力の豊かさを示し、古典や同時代のテーマをいかにも当代のラテン詩人らしく取りあげたものもある。たとえばある写本[9]にある一群の手紙は、霊魂が、卑しい肉体と始終戦わなければならないと創造主に不平を言う手紙に始まっている。創造主が肉体に態度を改めるよう戒めると、肉体は、自分は土から生まれたもので、弱い材料で作られているから、これ以上よくはなれっこないと答える。一一八七年のエルサレムの陥落が、キリストの花嫁たる教会から神の母なるマリアにあてた手紙にそれとなく示される。あるいは、ヨブが運命の女神にみじめな境遇の不満を述べると、女神は、自分は運命の輪を回しておごれる者を卑しめ卑しき者を高くあげるのだと答える。肉と魚がそれぞれ「四月」を自分のものにしようとして争い合う。ピュグマイオスがツルをやっつけるのにイスパニア王の助けをたのんだところ、ハヤブサの援軍を約束される。あるノルマン人が大怪獣オオガメ（testudo）との戦いで友だちの助けをせがむ。最後は、アドラストスがテュデウスの運命を悲しむポリュネイケスを慰める手紙。そして、父親が子供に勉強をすすめている手紙で、もう一度われわれは教室にもどることになる。

修辞学の形式をめぐる著述、それに付けられている模範例のほかに、当時最高のラティニストの書いた手紙で、この時代、さらに次の時代に恰好の書簡体の実例としてくりかえし筆写されたものも考えに入れなければならない。特にルマンのヒルデベルトゥスとソールズベリーのヨハネスの書簡、ヨハネスの弟子ブロアのペトルスが筆者とされているがなお検討の要がある手紙がそうである。ヒルデベルトゥスの書簡は、学校では暗誦までさせられた。一般的に、こういった書簡集は、十三世紀にカプアのディクタートルのもっと大げさな書き方が勢いを得て、そのため脇に押しやられるまで、ラテン語文体のみごとな模範となっていたのであって、後世のかの教養豊かな教皇秘書コルッチョ・サルターティにも高く賞賛されている。

どんな文章の手引でも、書式集でも、長期にわたたって使われることはない。流行はたえず移り変わり、新しい環境が次々に生まれる一方、固有名詞あるいはイニシャルも不断の改訂を必要とするからである。とはいってもディクタートルはそれぞれみな先輩の著作を頼りにしたので、時と場所に応じた調整はおこなわれたものの、ヨーロッパ全域、中世後期全時代を通じる連続した伝統が存在していた。系統立った述作は十三世紀に最高点に達し、以後は、個々の官庁用の書式集、手紙例文集だけで満足していた。

修辞学の手引書は、もう一つの散文、すなわち説教の構造や文体については、何も語っていない。十二世紀に説教がなかったわけではなく、この世紀からは数百篇、次の世紀からは数千に及ぶ説教が残っていて、この時代の説教に描かれているフランスの社会について二巻の書物まで書かれている。また、説教のやり方についても議論がされなかったわけではなくて、そのことはリルのアラヌスの短い著述の示すとおりである。しかし、これらの説教は、古代の修辞学の伝統とまったく縁がないわけではないにしても、当時の知的生活に関するわれわれの知識に何一つ付け加えるものがない。その上、十三世紀に入ると、形の整ったスタイルは、物語や逸話をもりこんだ庶民向きの説教の前に次第に影が薄くなり、ついにはダンテが「説教に冗談やおどけをまじえ」笑わせることができれば得意満面になる手合いを嘆くまでになる。もはや、ラテン語から各国語へ深く入りこんだ時代である。一つの点で説教と手紙は似通っていた。それはまねである。多くの説教者はひとの説教を勝手に借用することにまったく良心のとがめを感じなかったし、なまけ者あるいは学のない者のために、教会暦に合わせた説教全揃いまでできていた。当時評判の『安らかに眠れ』(*Dormi secure*)は翌日の説教の準備ができていない司祭に朝の眠りを保証したもので、なるほど重宝な説教集であるだけに、何度も版を改め、一六一二年までくり返し印刷された。扉には、その「信心の深さとさまざまな効用」がたたえられている。

模倣の一つの形として、どの時代の雄弁術にも好まれたのは、逸話である。説教の飾りとなる物語、あるいは範例（exempla）は、多種多様な伝説、奇蹟、世間話からなっているので、当時の民衆の宗教や迷信について貴重な知識を得させてくれる。もちろん、その時代の風俗習慣の情報を大量に残している、ということもありがたい。逸話は、そのまま使えるように手頃な本に集められていて、そういう本はほとんどが十三世紀のものだが、十二世紀にも、ペトルス・アルフォンシの『聖職者の規律』（*Disciplina clericalis*）に出てくる東洋の話、ペトルス・カントルの『約言』（*Verbum abbreviatum*）にその徴候があらわれている。ジャック・ド・ヴィトリとハイステルバッハのカエサリウスの有名な選集は、次の世紀の初頭に属する。ここでももう学者向きの主題と庶民向きの主題、ラテン語向きの主題と各国語向きの題材を区別することはできない。物語集は、宮廷のためにも、また宮廷の中でも作られた。たとえばティルベリーのジャーヴァスは、ヘンリー二世の息子の「若王」のために書いた『おもしろ話』（*Liber facetiarum*）で作家活動を始め、オットー四世のひまつぶしのために書いた『皇帝の閑暇』（*Otia imperialia*）をもって活動を終えている。ウォルター・マップの『宮廷のよしなしごと』（*Courtiers' Trifles*）の愉快な雑文は、ヘンリー二世の宮廷での多忙な生活のさなかに書き記されたのである。

ウォルター・マップの名前を出すと、また修辞学に話がもどるが、そこからさらに、形式張らない説話や民話の範例に入ってゆくのも面白いだろう。マップは、読書の幅が広く、人文主義者らしい英知を備えていただけでなく、最近わかったことだが、取りあげる対象が素朴な説話か熱弁を要するものであるかに応じて、単純な文体と凝った文体とに古典的な区別をすることを、はっきり心得ていた。マップの同時代人で饒舌なギラルドゥス・カンブレンシスの著述にも似たような対照があらわれているし、かの謹厳なマムズベリーのウィリアムにさえ、華麗な文章がうかがえる。十二世紀のほかの歴史家も詩的な用法を好んでいるようで、特にルカーヌスを思い起こさせる。そして、概してこの時代の歴史の文体は、次の世紀の大部な編纂物には見られない文学的な形式に注意をそそいでいるようである。中世で修辞研究がもっともさかんだった時代だけあって、十二世紀はほとんどすべての散文文体にその跡を残している。

中世の修辞家は、手紙の書き方にもっぱら力を注いだのはたしかにそのとおりだが、詩の作り方にも少なくとも理論的な注目は払っている。まずディクターメンを散文、韻律的、リズム的の三つの種類に分けていて、古典的な音節の長短による韻律と、新しいアクセントによるリズムを認識し区別していることが多い。散文による作文だけを取りあげる場合でさえそうである。いわゆるベルナルドゥス（修辞家）は例外として、手引書で詩の作り方はあまりパッとした扱いを受けていない。ほとんどの手引書は、もとのラテン語文法書から簡単な作詩の規則をそっくり借用するだけでお茶をにごしている。十二世紀に新しい強勢リズムの形式が豊富に作られたことも、手引書には反映されておらず、それは詩そのもので帰納的に確かめるほかはない。世紀の終わりになって、ようやく作詩術に関する理論的な著述が次々に出始めるが、その基礎になっているのは、キケロの『創案について』(*De inuentione*)、

『ヘレンニウスに寄す』、ホラティウスの『作詩術』、そして、古い時代の型や、リルのアラヌスのような同時代人についての多少とも独自の研究がそれに加わる。著者は詩人もあり批評家もありで、みな古典作家の名作のほか自作の詩を例に使っている。おもな著述は、ヴァンドームのマテウス（一一七五年頃）の『作詩術』（*Ars versificatoria*）、ヴィヌソフのジョフロワ（一二〇〇年頃）の『作詩の原理』（*Doctrina de arte versificandi*）と韻文で書かれた『新体詩』（*Poetria nova*）である。これらの原理が外へ広がってゆく中心は、はじめはオルレアン、後にはパリだったらしい。詩学よりは修辞学に力を注いでいるために、詩の愛好者よりは文章の研究者に興味あるものとなっている。この時期の最上の詩は、評論家が登場してその作り方を示す前に、すでに書かれていたわけで、今度はその詩に注意を向けることにしよう。

第六章　ラテン語の詩

中世の三つの重要な古典復活は、それぞれラテン語の詩作の面でも顕著な復活を伴っていた。実際のところ、それがラテン文芸再生の活力をはかる最上の基準であるとさえ言えるかもしれない。三つのルネサンスの中で、カロリング時代のものは、作品の量も、関心の幅も、もっとも限定されている。大部な四巻からなる『カロルス時代のラテン詩人』(*Poetae Latini Aevi Carolini*) は、なるほどラテン語文体のいちじるしい進歩を示しているし、取り上げているテーマも、歴史、聖人、行事、雑事などさまざまな分野に及んでいる上、形も古典的な韻律と中世的な脚韻の二つを持ってはいる。しかし、庶民の生活とのつながりはわずかなもので、その最上の詩作品は、学術的な特性を持っていることから、文化史の中でこそ高い位置を与えられても、広くヨーロッパの詩を考えた場合はそうでもない。古典の精神を積極的に吸収同化している点、才気と技術的な完成度の点で、イタリアのルネサンスはずばぬけているが、この時代にはラテン語の詩は、各国語との争いに勝目を失い、詩の広い流れは今や新しい水路に注ぎこんでいた。すでに十四世紀に、ペトラルカは、イタリア語のソネットのためにこそ人びとの記憶にとどまっていたのであって、彼自身が永遠に名声の宿ることを期待したラテン語叙事詩『アフリカ』のためではなかった。十二世紀のラテン語の詩は、性格においても時代においても以上二つのルネサンスの詩の中間に位する。カロリング時代にくらべてはるかに量も種類も豊富だが、まだ各国語に押しのけられるまでには至っていない。それどころか、各国語の詩は、この時期に急速に頭角をあらわしてきてはいるが、ラテン語との親密な関係を数多く残している。多くの点で両者は並行して進み、主題と形式の両面で互いにたえず影響を及ぼし合っている。ラテン語は依然として、大部分の詩人の自然な表現手段だったし、ラテン語の詩は、一般大衆に好まれ、日常生活のあらゆる側面を反映していた。古典の模倣が広くおこなわれ、それがしばしばみごとな成果を収めていただけでなく、多くの新しいタイプの詩、新しい韻律も生まれた。とりわけそれが認められるのは、ゴリアルディ（遊歴詩人）の自由な抒情詩と新しい宗教劇で、これらはいずれも古い伝統よりはこの時代の新しい環境に負うところが多い。こんなわけで、十二世紀のラテン詩は、古代の様式や題材の単なる復活ではなくはるかにそれ以上のものであって、そこには、時代の——宗教の時代であると同時にロマンスの時代でもあるこの時代の——力強い多面的な生活が、種々様々な形であらわれていた。しかし、この多様性がラテン語の迫りくる衰退のきざしでもある。数多くの国語が文学のより自然な媒体となる。十二世紀は国際的な詩を持つ最後の偉大な時代なのである。

この一群のラテン語の詩から受ける印象は、第一に、混沌と言っていいほどの豊かさである。全集を作ろうというこころみは今までに一度もなかったし、かりに作られたとしたら、カロリング詩人の四巻の何倍にもなることだろう。あらゆる題材が使われている。叙事、歴史、伝説。聖書物語に昔の寓話。奉納、碑文、行事。聖歌、続誦、進句、その他典礼用の作品。教訓的、道徳的、そして瞑想的な詩。抒情詩、宗教詩、世俗詩。あらゆる種類のパロディ。酒の歌に愛の歌。対話に討論。便利な覚え歌にことわざ。教授の練習問題、教材、そして学校の作品。その他種々雑多なタイプの詩。何千行もの長い詩もあれば、わずか一、二対の短い対句もある。散文のまじった詩があるかと思うと、ラテン語と各国語の混交体もある。

こういう資料を系統的に分類せよといってもむりな話だろう。叙事詩、抒情詩、劇詩という型どおりの術語を使うにしても、非常に幅が広くて、その下の区分けがやたらに多くなるから、ほとんど役に立たない。地理的な分類もだめ。西ヨーロッパ全域に同じ言語がゆきわたり、作品の多くはヨーロッパ中に流布していたからである。北フランスがこの時期の制作の中心地ではあったが、不思議に地方的な要素に欠けている。特定の個人あるいは場所を取りあげているものは別として、地理的な境界で区切ることはできない。時間的な幅が狭いから、年代による分類もほとんど指針にはならない。せいぜい、十一世紀末から十二世紀はじめにかけては、古いタイプの宗教詩や、何か特別な機会につくられた作品にむしろしぼられており、多種多彩な抒情詩、叙事詩、そして庶民的な脚韻は、十二世紀の間発達をつづけてほぼ一二〇〇年頃頂点に達する、というような一般的な事実を指摘できるだけである。

韻律の面でも根本的な区別はできない。ただ、ここでも、世紀の進むにつれて新しい詩型の種類がふえ人気が上昇するということはある。修辞学の本には「詩型による書簡文(dictamen)は、韻律か強勢か、そのいずれかに従う」と書かれているが、それぞれに適切な題材までは規定されていない。世紀を通じ古典的な五詩脚と六詩脚がふんだんに使われていて、時にはサレルノのアルファヌスのように、もっと複雑なむずかしい詩型を使う人もいた。リルのアラヌスもサッポー詩体を自在に駆使し、また、ほかの人たちとともに、マルティアヌス・カペラやボエティウスの『哲学の慰め』の中に伝えられていた散文と詩の混合体を用いている。当然のことながら、古代精神に浸っている人は古代の詩型を生かし、それが引きつづき叙事詩の伝統として残るわけだが、各国語に密着した主題をえらぶ人は新しい押韻詩を好む。しかし、そこにきまった法則があるわけではない。ある作者は古典的なテーマをエレギア調の連句につづり、ある作者は遊歴詩人風の自由な押韻詩におさめる。今あげた遊歴詩人についてはまた後に述べるが、彼らは多彩な詩型を使って学究肌を脱した、新鮮な作詩をこころみた。宗教詩は、すでに十世紀に古典の韻律（母音の長短を基本とする）を捨てていて、二つの形、強勢詩（アクセントの強弱を基本とする）と散文続誦が事実上一つの押韻詩に合体して、十二世紀に頂点に達する。新しい詩型の多くは、キリスト教詩に必然的に生まれたと言ってもいいくらいだが、そのことをヘンリー・オズボン・テイラーは次のように述べている。(1)

キリスト教的情感は、古典の韻律にひそむ精神の動きとはまったく別の揺れ方をする。その新しいおののき、新しいふるえ、心の底からのおそれ、そして心の底からの愛が、中世の押韻強勢詩にあらわれている。
千度もあなたを望みます。
イエス様、いつおいでになるのですか。
いつ私を喜ばせ、
Desidero te millies
Mi Jesu; quando venies?
Me laetum quando facies,

そのお顔で私の心をみたして下さいますか。
悲しみに
苦しみに
あわれ人びとは打ちひしがれ
罪のため
深い淵に
弱い人は沈められています。
心にお留め下さい。イエズス様。
私があなたの道を歩いていることを。
審判の日に私をお見捨て下さいますな。
……

あの涙の日に
人は裁かれるため
灰の中から立ち上がります。
ああ神様、お許し下さい。
主なるイエス様、
Ut vultu tuo saties?
Quo dolore
Quo moerore
Deprimuntur miseri,
Qui abyssis
Pro commissis
Submergentur inferi.
Recordare, Jesu pie,
Quod sum causa tuae viae;
Ne me perdas illa die.
Lacrymosa dies illa
Qua resurget ex favilla,
Judicandus homo reus;
Huic ergo parce, Deus!
Pie Jesu, Domine,

人びとに平安をお与え下さい。　Dona eos requie!

こういった詩の情感をくみとってから、何か古典の詩、たとえばホメロスやウェルギリウスの一節、サッポー、ピンダロス、カトゥルスのエレギアの対句なり、オーデーの一連に目を向けると、その違いは歴然としていて、中世の聖歌の情感を古典の韻律におさめることがとうてい不可能であることがよくわかる。

一見簡単に思われる分類基準があるが、それもおおむね捨てなければならない。つまり、聖と俗の別である。かつては、中世の知的生活を聖職者すなわちラテン語と、俗人すなわち各国語の二つにはっきり分けた時代もあった。互いにいわば水も洩らさぬ密室で、生活も文学表現も、一方は完全に宗教的、一方は完全に世俗的というのである。実情をよく調べた結果、この区別が全時代を通じ多くの点で打ちこわされることになった。比較的初期の時代からアングロ・サクソン語の説教や『ヘリアンド』、古代フランス語の聖人詩、その他教育的な作品に見られるように、宗教文学も各国語で書かれている。また、それ以上に、この主張の論拠になるのは、ラテン語で書かれた膨大な世俗文学があることである。イタリアの公証人や医者などラテン語の心得のある俗人がいただけでなく、本性的には俗人というべき聖職者も少なくなかった。何しろ、法衣も剃髪も簡単に受けられ、それによって、たとえ上級聖職に進む気がなくても、いろいろ有利な特権が保証された時代である。大学生は、即、聖職者だったし、学生というものはいつの時代でも似たり寄ったり。そして、修道生活あるいは司祭としての生活を送る者も俗世間とのつながりをすべて失うわけではなかった。あの官能的な詩人プリマスはオルレアンの参事会員だったし、オウィディウスの詩は多くの修道院で模倣された。形はきわめて聖だが精神はきわめて俗なパロディは山ほどあって、勝手に線を引いたところで、そのどちら側にもおけるものではない。各国語叙事詩の多くは、巡礼の道や霊廟と強い結びつきを持っていて、特定の教会や修道院から得た資料に基づいていることもしばしばであり、したがって、完全に聖とも言えなければ、完全に俗と言うこともできない。

ドリーヴズが言うように[2]、「宗教的な歌を載せた選集には、多種多彩、ありとあらゆる題材が含まれている。典礼に関係のあるもの、ないもの、聖なるもの、俗なもの、ためになるもの、そして、言語道断とは言わぬまでも、さっぱりためにはならないもの。」遊歴詩人の作品にははなはだ俗っぽいものがあるが、そのいちばん有名な全集である『カルミナ・ブラーナ』(*Carmina Burana*) には、聖なる作品も数多く含まれている。すべてこれベネディクトボイエルンの修道院の筆写者が写したものである。もう一つ、中世の詩の大きなコレクションも、同じように中身はごたまぜ。ピエロ・デ・メディチの『交誦集』(*Antiphonarium*) と呼ばれるラウレンツィアナ図書館のすばらしい写本で、楽譜がついており、一三〇〇年頃フランスのどこかで彩飾されたらしい。その前半はまちがいなく交誦集だが、後半は主として十二世紀後半、十三世紀はじめの詩数百篇からなっている。聖歌、聖人の記念、それに折々の歌や賛歌が各所に数多くちりばめられ、はっきりと世俗的なもの、ローマや教会の制度を鋭く批判したものも少なくない。その配列の方式は、宗教的というよりは音楽的で、たとえば降誕節の賛美歌や聖歌のすぐ前に、一二二四年のラロシェルの占領をうたった詩がおかれているという具合。ちなみにこの詩は、結末で、イングランドのビールや水とくらべたフランスのワインの優秀性をたたえている。

フランスはバッカスの国
イングランドはモーセの国。

Terra Bachi Francia,
Moysis est Anglia.

また別の詩には、若者にヴィーナスへの借金を払えとすすめたものもある。こんなふうに、編者が、四重奏と独奏の区別を認めながら聖と俗の区別を認めていないような本を、いったいどこへ位置づけたらいいのだろう。そこに出てくるある詩人のこんな作品をどう分類すればいいのだろう。

ここな、ヨルダマス。あんたらの
年とった兄さん。
昔はみつぎとりだったが
ここんところはえらい先生。
その人のおっしゃるには、
この世のほまれはむなしいから、
手を休めてはいけないよ。

Frater, en Jordanus,
Vester veteranus,
Quondam publicanus,
Modo doctor sanus,
Monet, cum sit vanus
Splendor hic mundanus,
Ne sit parca manus.

また別の例として、ひとりの詩人の作品に目を向けてみよう。その人ボードリは、一〇八九年から一一〇七年までブルグイユの修道院長、それから一一三〇年までドルの司教を勤めた。ヴァティカンの当時の写本として二百五十五篇にのぼる彼の詩が残っているが、全体としてりっぱな作品で、フルリーの生徒らしく主として古典のエレギア調を用い、あらゆる種類の題材を取りあげている。最初に聖歌、つづいて献辞、さらに受肉と受難をうたった詩、そしてスティーヴンソンの「進め、ささやかなる本」式の作品が、写本家と彩飾家をほめたたえ、それと並んで、著者自身の鉄筆と書字板をうたった詩がのっている。招待に対する答その他の詩人との歌のやりとり。ヘレネーに宛てたパリスの長い詩と、それに輪をかけて長い答。オウィディウスからフロルスへ、そしてフロルスからオウィディウスへ。キケロの死をいたむ詩。俗人と聖職者、双方の数多くの頌徳詩と追悼詩。修道院内外の高貴な婦人に宛てた詩。その中でももっとも長い作品は、ブロア伯夫人アデラ宛てのもので、部屋と中の飾りのことを述べているのは、どうやらバイユー壁掛けの説明らしい。題材の一部は古典、大部分は当節のもので、人物もあれば場所もある。あるものは厳粛な事実を、あるものは世間のよしなしごとを取り上げていて、世が世なら軽妙洒脱風（vers de société）とも呼ばれるのではなかろうか。なんと、この作者、これほど愛を語り、これほど古典から借用するのはなぜか、その理由まで述べなければならないと考えているのである。宗教的な面は強調もされなければ、深くも進まない。ここでも分類は不可能というほかない。

もう一つの混乱の源は、この時代の詩は多くが匿名、多くが偽名で、作者の確定は多分に批評家の努力にまたなければならないという事実にある。匿名作品については、筆写の日付と全体的なスタイルしかわからないことが多い。スタイルはえてして当てにならないし、十二世紀の署名は、専門家ならわかるといっても、その分析とて誤りがないわけではない。この時代の作品が十三世紀の作品にくらべて、学識に劣り、入念さに欠けるとしても、先立つ時代の作品との区別は容易ではない。両者とも同じようにアレゴリーと対照法を追い求め、古典らしさを得ようとつとめながら、成功したものは少ない。実際のところ、筆写者がヒルデベルトゥスの名前でオウィディウスやアウソニウスを書き、これら古典作家の庇護のもとにとして、ヒルデベルトゥスを書いている場合、批判者は古代と中世のこんがらかった糸をなんとか解きほぐさなければならなくなるだろう。詩型も指針にはなる。十二世紀は、二シラブルの脚韻を常用するとか、そういった新しいタイプをたくさん作り出しているからである。稿本の検討の方がたしかなことも多い。ある詩の十一世紀の写本が一つでもあれば、聖ボナヴェントゥラの著作リストから、ひいては彼の内的生活を再構成するのに役立った文書からもその詩を取り除けることになる。まちがった作者決定のわなにもひっかかりやすい。多くの詩はやがて目印を失い、中世の写本家や近世の編集者の手で、ヒルデベルトゥスとか聖ベルナルドゥスとか高名な人物の一連の作品にくっつけられてしまうからである。オーレオの批判によって、聖ベルナルドゥスとウォルター・マップのにせの飾りがはぎ取られたし、また別の人の調査の結果、プリマスとアルキポエータの失われた人物像が取りもどされた、という事実もある。

まず最初に、十二世紀の詩の、直接古典とかかわりのある側面を取りあげるとすると、さっそく目につくのは、古典詩人がどんどん読まれた時期にローマの模範をそのままねた数多くの作品である。ウィンチェスターのジェフリ（一〇九五年歿）はマルティアリスのスタイルでエピグラムを書いた。その少しあとにラドゥルフス・トルタリウスは、ウァレリウス・マクシムスの流儀で『忘れがたきことども』（*Memorabilia*）について本を作った。ホラティウスをテーゲルンゼーのメテルスが模倣したことは、すでに見たとおり。あらゆる叙事詩の模範であるウェルギリウスは、群小作家がしばしばまねていて、そのひとり、一一一四年のマヨルカ遠征のことを書いたピサの無名の年代記作者は、あるテキストを

武具《もののぐ》と、船と、民と、天のむくいを……

Arma, rates, populum, vindictam celitus actam.

という句で始めている。オウィディウスはいたるところに模倣者がいる。この時代の詩は古典の追憶でいっぱいである。

ラテン詩の形式も精神も十二分に吸収同化したのはヒルデベルトゥスである。一〇五五年頃ラヴァルダンに生まれ、一〇九七年から一一二五年までルマンの司教、その後トゥールの大司教となって一一三三年か四年に死んだヒルデベルトゥスは、その世紀のもっとも高名な詩人として知られ、「神のごときヒルデベルトゥス」、すばらしき詩作者（egregius versificator）、第二のホメロスとも呼ばれていた。しかし、当然のことながら、彼の詩はほ

かの人の詩とまじり合ってしまい、オーレオが彼のものとされている大量の作品を整理したのは、ようやく一八八二年になってのことだった。そのテーマは大部分がおなじみのもので、時節、碑銘、警句、神学の秘儀、道徳的な論考、同時代の人への賛辞といったところ。もっと個人的な感懐は、教区から左遷された時の詩にあらわれており、失った庭や富を惜しんでから、最後に、異教の運命の神から万物をしろしめすキリスト教の神に心を向けている。

力あるやさしき御者、万物をつかさどり一つに結ぶ御方。
私をどうなされようと、私はこの御方のものとなろう。

Ille potens, mitis, tenor et concordia rerum,
Quidquid vult in me digerat, eius ero.

結論はキリスト教的だが、ここには古代の哲学者を思わせるようなゆったりとした落着きがある。さらに一段と古典的な精神が、古代と現代のローマを取りあげた二つの詩ににじみ出ている。この永遠の都を思う真情を託したスタイルによって彼は長くラテン『詞華集』にたしかな地歩を占めているのだが、あまりに古典的で、完全にヒルデベルトゥスのものとは言えないと考える向きもあるらしい。彼は教皇の支配する新しいローマが大切なことはよくわかっている。しかし、それには遠いローマのおもかげはない。

今のローマはかつての姿を知らない、ローマにローマの思い出はない。　Vix scio que fuerim, vix Rome Roma recordor —

そしてヒルデベルトゥスは、古いローマの栄光をたたえるエレギアを書いているのだが、十二世紀の古典主義の高い水準を示すものとしてその全文を引用しよう(3)。

たぐいなきローマ。今は廃墟にはあれ
瓦礫にしのばるる大いなる姿。
歳月の流れに祭りはすたれ、
沼に横たうとりでと社。
かつて外《と》つ国の人その威容に驚き、
今その惨たる破壊を悲しむ。
王の剣、元老の思慮、神の御心が
ローマを万物のかしらとした。
カエサルは婿と睦まじくあるよりは
ひとりこの町の占有を志し、
敵には刀、罪には法、友には財、
三つをもて国をひろげた。
神の目がその建設を見守り、

海も陸も助力を惜しまず、
四方より人、物、富が送られ、
みごと城壁は築かれた。
みかどは宝を、運命は好運を、
職人は勤勉を、民は便益を、
捧げた町はもはやない。今はただ
「かつてローマありき」の一言のみ。
さあれ、時の流れも火も戦いも、
その美をすべて消しはせぬ。
人知のつくりあげたローマを、
神慮はすべてくずしはせぬ。
最上の大理石《なめいし》もて新たにつくられ、
工匠《たくみ》の手に守られんことを。
されど、立てる壁に、機械《からくり》は及ばず、
倒れしものは、おのずから立たず。
かつは残り、かつはくずれ、残れるは
同じならず、くずれしは旧ならず。
神々はおのが姿に驚き、
つくられしままに復するを願う。

人は自然の及ばぬ力もて
壮麗な神像をつくった。
ここローマの森なるそのかんばせ
たたうべきは工匠《たくみ》の技。
さいわいなるローマ、あらまほしきはあるじたち。
願わしきは神はずかしめぬ信実か。

Par tibi, Roma, nihil, cum sis prope tota ruina;
  Quam magni fueris integra fracta doces.
Longa tuos fastus aetas destruxit, et arces
  Caesaris et superum templa palude jacent.
Ille labor, labor ille ruit quem dirus Araxes
  Et stantem tremuit et cecidisse dolet;
Quem gladii regum, quem provida cura senatus,
  Quem superi rerum constituere caput;
Quem magis optavit cum crimine solus habere
  Caesar, quam socius et pius esse socer,
Qui, crescens studiis tribus, hostes, crimen, amicos
  Vi domuit, secuit legibus, emit ope;

In quem, dum fieret, vigilavit cura priorum:
Juvit opus pietas hospitis, unda, locus.
Materiem, fabros, expensas axis uterque
Misit, se muris obtulit ipse locus.
Expendere duces thesauros, fata favorem,
Artifices studium, totus et orbis opes.
Urbs cecidit de qua si quicquam dicere dignum
Moliar, hoc potero dicere: Roma fuit!
Non tamen annorum series, non flamma, neo ensis
Ad plenum potuit hoc abolere decus.
Cura hominum potuit tantam componere Roman
Quantam non potuit solvere cura deum.
Confer opes marmorque novum superumque favorem,
Artificum vigilent in nova facta manus,
Non tamen aut fieri par stanti machina muro,
Aut restaurari sola ruina potest.
Tantum restat adhuc, tantum ruit, ut neque pars stans
Aequari possit, diruta nec refici.
Hic superum formas superi mirantur et ipsi,

Et cupiunt fictis vultibus esse pares.
Non potuit natura deos hoc ore creare
Quo miranda deum signa creavit homo.
Vultus adest his numinibus, potiusque coluntur
Artificum studio quam deitate sua.
Urbs felix, si vel dominis urbs illa careret,
Vel dominis esset turpe carere fide!

これほどの高みにまで中世の詩が達することはめずらしい。十二世紀の後半にはぽつぽつ長い詩が出始めていて、その教訓調とアレゴリーの中に古典の衝撃力がえてして埋もれてしまうのである。そういった作品の中でももっとも成功しているのは、万能の学者、リルのアラヌスの『反クラウディアヌス』だろう。九巻に及ぶ六詩脚の韻律詩は豊かな古典の学識と詩的想像力に満ち、作者をクラウディアヌスやマルティアヌス・カペラのような古代の模範を凌駕する者たらしめている。アレゴリーが全篇を支配し、単なる物質的精神的な意味を超えて、その深遠な「味わいは知性を鋭くとぎすます」と序文はうたいあげている。複雑に入り組んだそのアレゴリーは、七自由学芸と古代のその巨匠たち、そして、最後に悪徳を打ち負かす美徳などをもって構成される。途中、描写的な書きぶりのところも多く、古い伝承も豊かにとり入れられている。内容は哲学的かつ道徳的。「その題材は人間である。その哲学的、宗教的な目的は、神、自然、運命、美徳、悪徳が、人間を育て人生をつくりあげるのにいかなる働きを持つかを説明するところにある。[4]」さらに中世的と言うべきはオートヴィルのヨハネスの『アルキトレニウス』(*Architrenius*)で、これまた九巻からなる。作者が世間をわたる間にぶつかる悪をうたった長い挽歌で、古典的なアレゴリーが多く、最後は中庸の徳とともに訪れる満足をもって終わっている。エクセターのヨゼフの『トロイア』とシャティヨンのワルテルスに帰せられている『アレクサンドレイス』には、古典叙事詩の流れがわずかに通じているが、彼らと同時代のフランス人ブノワによるいつ終わるとも知れぬ『トロワ』(*Troie*)になると、その流れはさらにか細い。世紀の終わりには、ランスの参事会員ペトルス・リガもエレギアを書いてヒルデベルトゥスの作品と混同されるほどだったが、彼の大作はむしろ韻文聖書『あけぼの』(*Aurora*)である。これは法外に人気のあった本でアレクサンデル・ド・ヴィルディユーの『学理』にそのスタイルを推奨されてはいるものの、古典の世界からは完全に脱して宗教の世界に入りこんでいる。

十二世紀は宗教詩の偉大な時代、おそらくはその絶頂期と言えるだろう。宗教の面でも文学の面でも活動的だったから、いきおい大量の宗教文学が作られたわけだが、新しいタイプのものを生み出すよりは、むしろ古い形式のものを、数も種類もきわめて豊富に発展させたのだった。素材は膨大にあって、その多くは特に十二世紀独自のものではなく中世全体に通じるものなので、ここでは手早く片付けることにしよう。宗教的な題材、つまり聖書の物語とか、聖人伝とか、聖職者の徳行とか、罪と悔悛、死と審判、その他すべて信仰生活にかかわることを取りあげている、という広い意味で宗教的なものも中にはある。しかし多くは、信心の勤めと結びついているという特別の意味合いで宗教的なのである。たとえば続誦。アレルヤ（alleluia）の最後のａ、つまりラテン語の語尾にはごく普通なａを軸に作られているもので、それがここへきてリズムの面でさらに日常的な形をとるようになる。カロリング時代から伝えられ、続誦の影響で新しい韻律の型を発展させた強勢律の詩、典礼劇を生み出した進句、さらに、聖人祝日のための聖務日禱などがそれに含まれる。これらの詩の大部分は無名だが、アベラルドゥスとかサン・ヴィクトルのアダムとかはっきりした名前がつけられているものも少なくない。時には、無名の詩でも作られた年代と場所を特定できることがある。物故したばかりの修道院長や女子修道院長のために祈ってくれるようにと、教会から教会へと死者記録帳が回されると、各教会はその中に書きこむために、最高の名文家を選んで散文あるいは韻文で賞賛の辞を作らせる。その中でもみごとなできのものは、しばしば年代記作者の手で書き写された。こういうわけで、一一二二年に死んだサヴィニの修道会の創立者ヴィタリスの記録帳の原本がいまだに残っているが、これはフランスとイングランドの二百八の修道院と教会の合作で、各地方の詩作と書法を示す不朽の記念物となっている。

アベラルドゥスが詩人であることはしばしば忘れられる。彼はたぐいまれな弁証家、才気縦横の教師であるのみならず、今はなくなったが有名な愛の歌、息子のアストロラブに宛てた助言の詩、パラクレの修道院長、修道女たちのために作った美しい聖歌の作者でもあった。形式は非常に変化に富み、複雑な韻律から、子のために泣くラケルをうたった簡潔きわまりないものにまで及んでいる。

ラマに
声あり
泣くラケル
死せる
子らを
嘆くとて。

Est in Rama
Vox audita
Rachel flentis,
Super natos
Interfectos
Eiulantis.

彼の哀悼歌——サウルとヨナタンに対するダヴィデの嘆き、イスラエルの娘たちのギレアデ人エフタの娘に対する嘆きなど——も同じく多彩である。ウィルヘルム・マイヤーはアベラルドゥスのことを、新体詩が生み出された黄金時代というべき十二、三世紀では抜群の創造的精神の持主とまで考えている。

サン・ヴィクトルのアダムも同じくブルターニュ人だが、彼は論法家ではなく、ほかのヴィクトルの人と同様神秘家で、作品は複雑な象徴にあふれているため、細部にわたって研究しないことには、味得はおろか理解さえおぼつかない。詩人としても天賦の才に恵まれ、古い続誦形式を燦然たる詩につくりあげた。彼の比較的単純なスタイルは、聖ステファノの祝日（十二月二十六日）の聖歌の冒頭が恰好の例になるだろう。第一スタンザで過ぎたばかりのクリスマスをうたい、第二のスタンザでこの最初の殉教者が紹介される。(5)

きのう世界は喜びにあふれた。

Heri mundus exultavit

喜びつつことほいだ
　キリストの誕生を。
きのう天使のコーラスは、
天の王にかしずいた。
　歓喜のうちに。

Et exultans celebravit
　Christi natalitia;
Heri chorus angelorum
Prosecutus est coelorum
　Regem cum laetitia.

最初の助祭殉教者の
信仰も生涯も奇跡も
　光り輝く。
その光のもとステファノは、
勝ち誇り踏みにじる、
　不信のやからを。

Protomartyr et Levita,
Clarus fide, clarus vita,
　Clarus et miraculis,
Sub hac luce triumphavit,
Et triumphans insultavit
　Stephanus incredulis.

中世教会のいわゆる「七大聖歌」の中で、たしかに十二世紀のものといえるのは一つしかない。それも実はまったく聖歌ではなく、クリュニーの修道士モルラスのベルナルドゥスの膨大な『この世のさげすみ』(*De contemptu mundi*) から近世の人が拾い出したもので、一連の聖歌に変えられて英語圏の人たちの信心の中に深く根をおろすにいたった。原詩は六詩脚三千行に及び、その複雑な三重の押韻は、作者自身特別の神助があったと考えているほどである。たしかに脚韻はむずかしく、原文よりテンポの早い英訳は、それなりにりっぱで、敬虔な心情にあふれているが、原作の凝縮性に欠けるところがあり、ラテン語のオルガンのような音のうねりに比べると、時として薄っぺらでか細く聞えてしまう。（ラテン語と英語を並べて引用してみる。）

Hora novissima, tempora pessima sunt, vigilemus.
Ecce minaciter imminet arbiter ille supremus.
[The world is very evil;
　The times are waxing late:
Be sober and keep vigil;
　The Judge is at the gate.]
……
Hic breve vivitur, hic breve plangitur, hic breve fletur;
Non breve vivere, non breve plangere, retribuetur.
[Brief life is here our portion;
　Brief sorrow, short-liv'd care;
The life that knows no ending,
　The tearless life, is *There*.]
……
Urbs Syon aurea, patria lactea, cive decora,

Omne cor obruis, omnibus obstruis, et cor et ora.
Nescio, nescio, que iubilatio, lux tibi qualis,
Quam socialia gaudia, gloria quam specialis.
[Jerusalem the Golden,
With milk and honey blest,
Beneath thy contemplation
Sink heart and voice oppressed:
I know not, O I know not,
What social joys are there;
What radiancy of glory,
What light beyond compare!]

時は遅く、世は悪にみつ。心せよ。
御神《おんかみ》のおそろしき裁きは迫る。

この世のいのち、嘆き、涙は短い。
短からぬいのちと嘆きがやがてむくいられる。

黄金の都シオン、乳香の国、麗しき町。

その前に心も口もふたがれ、ひしがれる。
我は知らず、いかほどの喜びと光、
いかほどのたぐいなき栄光があるやを。

宗教詩は、すでに見たとおり、容易に世俗と一体になるものである。宗教的な作品と世俗的な作品が、同じ本の中で、同じ曲をつけて、並んで見いだされるだけでなく、その作者も同じ人物で、同じ節に合わせ、ほとんど息もつかずにこの世の喜びと天国の喜びを歌っていることも少なくない。こういう状況だから、教会の詩と音楽が世俗の詩と音楽に及ぼした影響は非常に大きかったと思われる。ただ、事の本質上、具体的な事例でその跡をたどるのは容易ではなく、さらにつっこんだ研究が必要とされる。ローマの典礼は新しい文学形式の子だくさんの親であり祖父母であって、まず続誦と進句を生み、次にはそれらがほかの宗教的な、また、少なくとも最後には世俗的になった詩やドラマを生んだのである。中でももっとも歴史的に興味深いのは、宗教劇が中世や近世の世俗劇のみなもととなったことだろう。

劇芸術の分野では、古典からの分離は完全で、中世の劇は中世、特にキリスト教の要素をもとに新しく作られた。ローマの劇場はローマ帝国とともに消滅した。キリスト教会の指導者にはさぞかしありがたいことだっただろう。そして、ラテン劇作家の作品は本の中に残るだけとなり、それがまた、古典への関心がよみがえった時代にもほとんど読まれることがなかった。そんなわけで、フロツウィタがテレンティウスを、そしてヴィタリスが間接的にプラウトゥスを模倣したときにも、彼らの作品は上演を目的としたものではなかったし、十二世紀のいわゆるエレギア調喜劇、ブロアのグリエリムスの『アルダ』(*Alda*)や作者不詳の『パンフィルス』(*Pamphilus*)は、テレンティウスよりはオウィディウスの影響を示しており、その当時、あるいはその後の劇との関連は見られない。中世の劇は教会の典礼から発生し、長い間その後見のもとにあった。しかし、時代の知的・社会的な状況から直接影響は及んでいるわけで、事実、その三つの主要なタイプは、中世の三つの大きな知的復興と結びついていることが明らかにされた。すなわち、神秘劇、あるいは聖書の典礼劇はカロリング・ルネサンスと、奇蹟劇は十一、二世紀の知的運動と、道徳劇は「フランスとイングランドの十四世紀ルネサンス[6]」と関係がある。

キリスト教の信心が劇の可能性を持っていることはしばしば指摘されている。壮大なカテドラルや修道院付属教会、りっぱな祭服を着た司祭、畏敬にみちた信徒の集まりは、恰好な舞台装置になった。いろいろな儀式の流れは筋の運びにヒントを与えた。典礼は劇の素材を提供した――ミサの中心をなす奉献、枝の主日やさまざまな聖人の祝日におこなわれる行列、豊富にそろっている聖書物語や聖人の伝説、教会暦の行事の頂点をなすクリスマスと復活祭、などなど。交誦は、早くから聖歌隊を二つに分けてかけ合いでやっていたから、あとは人物をふりあて所作をつけるだけでよかった。学者たちの一致した意見によると、宗教劇の最初の芽生えは、九世紀におそらくはサン・ガルで復活祭の入祭文につけられた進句に見られる。三人のマリアが復活した主の墓を訪れたときの聖書の物語をもとにした四行の対話である。

「キリストに従う者よ、あなた方は墓に誰をさがし求めるのか」と天使が歌う。

「十字架につけられたナザレトのイエスです」と女たちの答。

「キリストはここにはいらっしゃらない。前に言われたとおり、よみがえられた。キリストがよみがえられたことを、行ってみなにしらせるがよい。」

「私はよみがえった」と入祭文が始まる。


聖歌隊が半分ずつにわかれて交互に歌っている限りでは、これも単に対話にすぎないが、ふたりの天使と三人のマリアがひとりひとり別になって役をふりあてられれば、そこにドラマが始まる。

十二世紀には、こういった単純な初期段階の劇も手のこんだ復活祭の典礼劇に発展し、教会内の墓地が舞台によく使われた。受難劇もそれらしい兆しがあらわれるが、降誕節の劇は発達していくうちに羊飼いの劇とクリスマスの預言者たちの劇をとりこみ、公現節の劇は、三人の王の劇と、『ラケル』と称される罪なきみどり児の虐殺をとり扱った劇を含むことになった。ヨーロッパ各地から出ているテキストがこの新しい芸術の普及を物語っている。そして、キリスト教の大きな祝日は、劇だけでなく民衆のお祭騒ぎのいい機会にもなったようで、劇は依然として教会の枠の中に入ってはいるものの、最後には自立して世俗的な性格を帯びる可能性を秘めていた。というよりは、十二世紀にこの世俗化はすでに始まっていて、言葉にフランス語が使われたり、場所も教会の中のもっと広々した所や、市場に移されたりした。

あいかわらず宗教的ではあるが、特に典礼とは結びつかないのが、この時代に起こった奇蹟劇、つまり聖人の生涯や奇蹟を描いた劇である。その起源は一〇五〇年あたりで、一一九〇年頃フィッツスティーヴンは、ロンドンの情景を記すにあたって、「聖なる証聖者のおこなった奇蹟と、殉教者の節操を示す受難を描いた」ロンドンの聖劇を、古代ローマの見世物と対比している。聖人の生涯にはドラマティックな要素がふんだんに含まれている。ロマンティックで、事件と華やかさにあふれ、しかも民衆に密着して、その人たちを次々に奇蹟で助けているので、宗教的であると同時に、封建社会の「武勲詩」(chansons de gestes) と同じような庶民性も持っている。そして、封建叙事詩が巡礼の道に沿った特定の聖堂や崇拝とつながりを持ちながらできあがったごとく、聖人も、ヨーロッパ全域の個々の教会や修道院とその地方独特の結びつきを持っていて、そういう教会や修道院は、広い空間でへだてられていながら、同じ守護の聖人を崇敬している点で一体になっていることがよくあった。このような聖人の「勲《いさおし》」(gestes) がいつどんなふうに劇になったか確かなことはわからないが、聖ニコラスと聖カタリナが初期の例であることは明らかで、十一世紀のヒルデスハイムの写本に聖ニコラスの劇が二つ入っており、聖カタリナの劇は、一一一九年以前にダンスタブルで上演されている。そして、聖ニコラスも聖カタリナも、早くから学者の守護聖人になっていただけに、これらの劇は庶民性ばかりでなく、アカデミックな面も持っている。初期の劇には、学生が制作、上演、普及に一役買っているが、それはこの時代が、修道院や司教座聖堂付属の学校、そして抒情詩の分野に大きな位置を占めている遊歴書生の時代だったからである。一一一九年頃に、アウグスブルクのカテドラルの食堂で、聖職者が劇を演じたらしく、その楽しい祝いのことをライヘルスベルクのゲルホーが後年、もっと信心深くなってから後悔している。一一四〇年頃、ボーヴェの学生が『ダニエル』という芝居のせりふと音楽を作った。ダニエルについては、彼ら学生と同時代の詩人でアベラルドゥスの弟子ヒラリウスもテーマにしているが、彼は聖ニコラスやラザロの復活についても劇を書いていて、今日まで名前の残っている劇作家としては最初の人である。外国で宿屋の主人に殺された三人の弟子をよみがえらせた聖ニコラスは、とりわけ学生たちに愛され、十二月六日、降誕節直前のこの祝日は、学校では特にお祭騒ぎをする日になっていて、パリの説教師たちの憤慨のもとになるほどだった。奇蹟劇の世界は遊歴書生の世界と境を接している。

劇はこの頃からもう当時の政治の世界にも近づいていたようである。およそ一一六〇年頃、というと皇帝フリードリッヒ一世と教皇、皇帝とフランス国王の間に緊張状態が生じ、サラセン人がエルサレムをおびやかし、多くの聖職者が改革者を偽善者と見てきびしく批判した時代だが、ひとりのドイツ人聖職者が『反キリスト』の劇を書き、それがバイエルン・アルプスにあるテーゲルンゼー修道院の写本としてただ一つ今日まで残っている。その劇の第一部で、皇帝はまずギリシアとエルサレムの国王から、そして軍事的な勝利を収めたあとフランス国王からも臣従の礼を受けとる。つづいてバビロンの王を征服して、エルサレムの神殿に王冠を置く。そこで反キリストの出番になるわけだが、フランス国王と一応親善関係にあった彼は、死者をよみがえらせて皇帝すらもあざむく。さらに、偽善者たちの助けを借りて、会衆ももう少しであざむくばかりとなり、ユダヤ人に警告しようとたちあがった預言者エノクとエリアを殺す。国王たちはみな玉座についた反キリストの前にぬかずいたが、そのとき一撃の雷によって反キリストは滅び、すべての人は教会の信仰にたちかえってキリストの来臨をたたえる。これは、オルヴィエトのシニョレッリのフレスコ画のように壮大な、大がかりな見せ場のある劇で、神殿と七つの玉座のある場面、行列や戦争や多くの象徴的な事物などを登場させなければならない。ト書きは非常に細かく指定されていて、たとえば第二部の幕あけは、

教会と異教徒とユダヤ教の会衆が、上述のごとく、交互に歌う間に、偽善者が静かに進み出て、いかにも謙虚な様子を見せながら四方に礼をし、信徒の支持を求める。やがて教会とエルサレム王の玉座の前に集まった彼らを国王はうやうやしく迎え、まったくその言いなりになってしまう。

そのとき、外衣の下に鎖かたびらを着た反キリストが入ってくる。右側には偽善、左側には異端を従え、両者に向かって次のように歌う。

わが支配の時はきた。
私が玉座につくために
即刻、おまえたちの力で、
人びとが私だけを崇めるようにとりはからえ。
おまえたちならばできること。

Mei regni venit hora.
Per vos ergo sine mora
Fiat, ut conscendam regni solium,
Me mundus adoret et non alium.
Vos ad hoc aptas cognovi,

そのためにこそおまえたちを育ててきたの　　Vos ad hoc hucusque fovi.
だ。

このせりふを見ればわかるとおり、この劇は詩でもあって、多彩な韻文で巧みに書かれ、いつも厳密な強勢律形式に従っているだけでなく、近くのベネディクトボイエルン修道院に残っていた遊歴書生の脚韻を思い起こさせるところも多い。

ほぼ一一二五年から一二三〇年にかけての十二世紀は、ゴリアルディ（遊歴書生）の詩の最盛期である。ラテン語の世俗抒情詩を一般にそう呼ぶのだが、その名前は当時からそのままで、作者はみな自分のことをゴリアスもしくはゴリアスの弟子と称しながら、ゴリアスとは誰のことかは説明しない。多分ペリシテ人ゴリアテだったのだろう。彼は教父文学やその後の著作に悪魔の名前として出てくるが、地上の邪悪な者どものかしらで、その弟子は、特に、卑猥な浮浪聖職者のことだと見られていた。早くも十世紀には、サンスの大司教ワルテルスのものとされる法令が出て、「ゴリアスの一族」をきびしくとがめている。一二二七年の公会議は、さらに明確に遊歴書生すなわちゴリアルディを非難して、この者たちは「聖務日課に『サンクトゥス』や『アグヌス・デイ』の詩」を口ずさんで信者につまずきを与えると述べているが、明らかにそれは彼らが自分で作った詩で、もとの音楽を借りながら、テーマもしばしば典礼をもじったものだった。彼らは、流れ者（Vagantes）、自堕落ないかがわしい聖職者、下劣でみだらな男というふうに、教会の当局者から思われていたようだし、またたしかにそんな人間も多かった。しかし、中にはもっと年配のしっかりした教会人もいて、ゴリアス押韻の最大傑作のいくつかをものしている。「聖職者の世界の旅芸人」といわれる彼らは、各国語の詩人と同じようにいろいろな要素を抱えていたのだろう。しかし、しっかりした団体あるいは修道会だったと考えるべきではなくて、それも旅芸人の場合と同じである。彼らが敬虔なゴリアス修道会などと言っているのは、当時のほかの修道会に対するあてつけにすぎない。

われらが立てた愛の掟
　それを崩してなるものか。
この修道会に入るのに
　貴賤の別はありはせぬ。
金があろうがなかろうが、
　みな大切にして進ぜよう。
門前払いの嫌われ者も、
　ようこそこちらへおいであれ。

頭を剃った坊さんも
　あてがい扶持をさしあげよう。
稚児をお伴の神父でも

入りたければ否やはない。
生徒を連れた先生や
えらい司祭も結構だが、
一帳羅を着た書生なら、
まずは最高、文句なし。[7]

こういう詩を見ると、あまりにも「非中世的」、昔から広く信じられてきた中世とはあまりにも違っているので、自然のいたずらで本来の時代から場ちがいの時代に移された孤高の天才詩人が書いたのだろう、とつい思いたくなる。また事実、ゴリアスとは誰か、その候補者として、長い間、十二世紀のイギリスの聖職者ウォルター・マップがあてられ、その名前を後の筆写者、昔の編集者は、多くの遊歴書生詩に書き添えている。ところでこのウォルター・マップ。たしかによく知られた人物で、[8]パリの学生、リンカンの文書局長、オックスフォードの大助祭、ヘンリー二世付の聖職者で巡回裁判官を勤め、その国王の宮廷で手のすいたひまひまに『宮廷のよしなしごと』と題するなかなか面白い回想記も書いている。とりとめがなく散漫な本だが才気煥発で、遊歴書生詩によく見られる聖書の大胆な利用も行なっている。しかし、一時は彼のものとされた酒の歌の「陽気な大酒飲み」らしい作者の特徴は、そこにはまったく見られない。マップは遊歴書生詩を多少は書いたかもしれないが、実際にそのどれかを書いたことを示す当時の証拠はないし、全部を書いたことなどとうていありえない。遊歴書生詩は、時代はまるまる百年にわたり、空間的にも広い地域に及んでいるし、テーマや扱い方は学校の詩から庶民のバラード、民謡まで多種多様。たとえシンジケートでもその全部を書けたはずがない。大きな中心は北フランス、とりわけ司教座聖堂付属学校や初期の大学の学生層だったが、ドイツなどほかのどこにでも見いだされるし、時とともにヨーロッパ全体にひろまりもした。ゴリアスは、一つの派、あるいは一つの時代と言いたければ言ってもいいかもしれないが、絶対にひとりの人間ではない。

とはいうものの、近年の研究のおかげで、この正体不明のグループの消滅したメンバーが何人かよみがえることになった。中でも注目に値するのは、プリマス（第一人者）、アルキポエータ（大詩人）という通称を持つふたりである。プリマスは、ボッカッチョの頃まで中世のもっとも有名な詩人のひとりだった。十三世紀には、オルレアン相手の模擬戦でオウィディウスとともに文法軍の後尾をまもり、サリンベーネに「彼は興味津々たるごろつき、大詩人、即興家で、神の愛に心を向けていたら、神学に大きな地歩を占め、教会にとってはさぞかし有用な人物になっていたことだろう」と書かれている。才気縦横のありとあらゆる詩を書き、聖職禄を半分しかもらわないから歌うのも口は半開きという、ほとんど神話に近い人物になって、詩のコンテストでは旧約・新約聖書の内容を二行にまとめあげた絶妙の句を即座につくりあげた。

くちなわの奸智に木の実くらう。

Quos anguis tristi virus mulcedine pavit,

キリストの御血その罪をあらう。

Hos sanguis Christi mirus dulcedine lavit.

今では彼の名がフーゴーで一一四〇年頃オルレアンの参事会員だったこと、パリで勉強し教鞭をとり、北フランスの各所を旅行したことがわかっている。小柄な上、財産と地位を失ったことが彼の心に憎しみを生んだ反面、その痛烈な機知に鋭さをもたらした。古典を入念に研究した彼は、詩のリズムと語法を自在に駆使する力を身につけていて、その作品の多くは失われたが、残ったものだけでも十分彼をして中世詩人の中に確固たる位置を得させるに足りる。「さまざまな対照を持つ人物。よどみのない六詩脚と完璧なリズムの巨匠であって、しかもフランス語とラテン語をまじえた辛辣激烈な詩の作者。優雅な言葉をあやつる気取った詩人かと思えば、街の浮浪児そこのけのきたない悪態をつく――ウィルヘルム・マイヤーはこのようにプリマスを描いている。そのありとあらゆる性格の機微をおもてにあらわすことができるのは、博識プラス鋭才プラス直覚である。[9]」

アルキポエータの人物については、かつてジョン・アディントン・シモンズが「ホメロスと同じくらいわずかなことしかわからない」と言ったが、それはもはやあたらない。本名は依然不明であるにせよ、ケルン大司教でフリードリッヒ・バルバロッサの大法官を勤めたライナルトの下臣だったこと、その作品が一一六一―六五年頃これらドイツ、プロヴァンス、イタリアのパトロンのために書かれたことぐらいはわかっている。騎士の出で、古典の教養もありながら、大司教のめぐみにすがって生きていて、しかもそれを大っぴらにせがむ。ことに秋に金を使い果たし、これから冬を迎えてシャツや外套がいるというときがそうである。皇帝のイタリア遠征叙事詩を一週間で作れと命じられると、腹ぺこでは書けませんと文句を言う。

詩のできばえは飲む酒次第　　Tales versus facio quale vinum bibo.

とうたうが、彼は、決して一介の三文文士ではなくほんとうの資質を持った詩人、それもおそらくはゴリアルディ最大の詩人で、その派の傑作『ゴリアスの告解』も彼がつくって大司教に献呈したものである。これはパヴィアの若者に対する誘惑を描いていて、飲み屋の喜びをうたったおなじみのスタンザが含まれている。[10]

飲み屋で死ぬこそわが願い

いまわの際にも盃口に。

その時天使は喜び歌う

「主あわれみ給え、こののんべえを。」

Meum est propositum in taberna mori,Ut sint vina proxima morientis ori.

Tunc cantabunt letius angelorum chori:

“Sit Deus propitius huic potatori.”

酒と女と唄、これが遊歴書生詩の多くには永遠のテーマで、その最良の英訳たるジョン・アディントン・シモンズの本の表題にもなっている。こういった飲み屋の喜びをたたえるふざけた酒飲み歌は、特にどの時代に属するということはなく、現に今日のドイツの学生たちも焼き直してたくさん使っている（『聖職者歌謡集——学生歌補遺』）。「飲めや飲め、もう一杯」が十八番のリフレインである。ヴィーナスはバッカスよりもたびたび出てくるくらいで、この異教の女神は、聖職者や修道士ならもちろん結婚などできはしないわけだが、結婚をもって愛を完成させることはなく、官能的な情熱の魅力が売り物である。宮廷愛をうたう各国語の詩の四角張った感覚はほとんど見られないが、時としてバイロン風の嘆き節で、捨てられた者の心の痛みをうたう。

Humor letalis
Crebro me vulnerat,
Meisque malis
Dolores aggregat.

死の苦しみに
心傷つき
悲しみは
いやましぬ。

また別の歌では、裏切りの結果を露骨なリアリズムで表現する前置きとして、愛と春に対する呼びかけが出てくる。

Tempus instat floridum,
Cantus crescit avium,
Tellus dat solatium.
　Eia, qualia

花の時
鳥は歌い
心なごむ。
　これやこれ

愛の喜び。　Sunt amoris gaudia!

愛と若さと春の喜び、広々とした道と放浪の楽しさ、屈託のない生活、ひたすら生きることの嬉しさ――こういう精神が遊歴書生詩のすべてを貫いている。その人生観はあからさまに異教的で、来世を禁欲のうちに待ち望むよりは現世を楽しむ気持にあふれている。またそれこそ、借用した神話や大量のオウィディウスの引用以上に、ゴリアルディを古典詩人に結びつけるものでもある。彼らがまとう古典の衣は薄くとも、聖職のよそおいはさらに薄くとも、透けて見えるのは自然の人間にほかならない。それが民衆の人間であるか学校の人間であるかは、ここであえてきめる必要はない。少なくとも宗教に無関係であるからには、ゴリアルディの詩は、容易に反宗教的、冒瀆的な詩になるだろう。

中世はパロディの黄金時代で、しかもパロディの傑作の多くは十二世紀の産物である。共通の素材と、必要な文学的才能と、敬意の適当な欠如があれば、いつの時代でもすばらしいパロディは生まれる。しかし十二世紀は、これらの条件の結びつきの程度が並ではない。散文にも韻文にも一つの共通なコミュニケーションの媒体があったし、ヴルガータ聖書、典礼の言葉と音楽、教会法、自由学芸のテキストなど、バーレスクに使えそうなまじめな素材が広く人びとに知られていた。しかも、今日の読者には意外なほどの、不敬の気持がある。ゴリアルディの異様な才気と徹底した品の悪さが、これほどはっきり示されているところはない。彼らに対してよくなされる非難の一つは、ミサの途中で卑猥な歌をうたって式の邪魔をするということだった。ゴリアルディの最高傑作は何かといえば、罪びとに神の恵みを願う祈りのもじりで終わっている「告解」ではないか。地上の愛を熱烈にたたえる彼らの歌の一つは、天上の愛をたたえる使徒の言葉、「私は人と天使の言葉をもって語るが」で始まっているではないか。物乞の歌の出だしは、

この人を見よ、
家なき身よ。

Ecce homo
Sine domo.

である。いや、それを言うなら、ゴリアスの会という考え方自体がそっくりそのまま修道会のバーレスクにほかならない。神聖犯すべからざるものなど何一つなかった。何でも槍玉にあげられた――福音書も、ミサの典文も、壮重をきわめる聖歌も、使徒信経や主禱文さえも。聖母賛歌の「甘きよき言葉」(Verbum bonum et suave) は「甘《うま》きよき酒」(Vinum bonum et suave) になるし、また別の酒飲み歌は、朝課の聖歌の第二行以下を変えて作られている。

日はすでに昇り
飲むべき時は来た。
いざやいざ今日もまた
飲みに飲もう心ゆくまで。

Iam lucis orto sidere
Statim oportet bibere,
Bibamus nunc egregie
Et rebibamus hodie.

福音の「羊飼い」(pastores) を「のんべえ」(potatores) に変えた「酒飲みのミサ」もあれば、長大な「ばくち打ちの勤行」もある。ラテン語文法のエロティックな要約もある。一一五〇年頃ルミールモンで開かれた教会会議の議事録を韻文にしたものは、修道女たちが女枢機卿のもとに集まって、オウィディウスによる福音を聞くことになっている。同じもじりの精神は、学生のお祭騒ぎや教会建築のグロテスク模様にも見られる。パロディの中でも、聖書の記事をたっぷりと盛りこんだ、巧妙きわまるものの一つに、銀貨マルクによる福音書があるが、その最古の形はこの時代に属する。(11)

銀貨マルクによる聖福音のはじめ。そのとき教皇はローマ人たちに言われた。「人の子が玉座に近づいたら、まずこうたずねるがよい。『友よ、おまえは何のために来たのか。』もし、何もさし出すことなく、戸をたたきつづけるならば、外の闇にほうり出せ。」たまたまあるときひとりの貧しい聖職者が教皇の宮廷にやってきて、大声で叫んで言った。「教皇の門番の方、私をあわれんで下さい。貧乏の手が私に触れました。私は貧しく、必要なものもありません。私を不運と不幸からお助け下さい。お願いします。」しかし、門番たちはこれを聞き、怒りにみたされて言った。「貧乏もおまえもいっしょに滅びるがいい。サタンよ退け。金《かね》で色をつけるべきなのに、おまえはそれを少しもやらない。まことに、まことに、おまえに言っておく。最後の一文を払うまでは、主の喜びに入ることはないであろう。」

そこでこの貧しい人は立ち去って、上着や外套など持物を全部売り払い、枢機卿、門番、随身たちにそれを与えた。しかし彼らは、「大勢いる中でこれが何になろう」と言ってこの男をほうり出した。男は外に出て激しく泣き、慰められることがなかった。
次に教皇庁にひとりの金持の聖職者がたずねてきた。でっぷりとふとった男で、謀反で人を殺したことがあった。彼はまず門番に、それから随身に、そして枢機卿につけ届けをした。しかし彼らは、もっともらってもいいはずだとひそかに思っていた。そのとき教皇は、枢機卿や召使がこの聖職者から多くの贈物を受けとったと聞き、死ぬほどの病気になった。しかし、男が金銀を薬としておくると、たちまち回復した。そこで教皇は枢機卿や召使たちを呼び寄せて言った。「兄弟たちよ、空虚な言葉でだまされることのないよう注意せよ。ここに模範を示そう。私が受けとるように、あなた方も受けとるがよい。」

こういう作品は、パロディであると同時に風刺にもなっていて、またこの時期のラテン語の詩は風刺が非常に多いのである。そして風刺の対象は、中世にはいつも悪罵の的になっていた女と農奴、あるいは特定の修道会のこともあったが、とりわけ強い毒を含んだ攻撃は教会組織、特にローマ教皇庁と高位聖職者に向けられていた。こういった毒舌に類するものは、叙任権闘争のパンフレットに起源を求められるが、程度はさまざまであれ、おおむね絶えることなくつづいて、結局はプロテスタントの反逆にいたる。実際のところ、中世には教会批判が非常に数も多く激しくもあって、十六世紀のフラチウス・イリリクス、別名マティアス・ウラツィヒというプロテスタント信者など、中世の聖職者の腐敗を彼らみずからの口で語らせようと考え、そういう詩を集めたものをはじめて印刷、出版した。『教会の腐敗に関する学識者、敬虔な人たちの詩作集』（*Varia doctorum priorumque virorum de corrupto ecclesiae statu poemata*）という。その詩の作者はみながみな学識があるわけではなく、多くはおよそ敬虔から遠い人だし、宗教改革以前の改革家といったところはまるでないが、自分の語っていることについての意識は持っている。そして、どの時代にも風刺は大目に見られるものだが、彼らにもいつもそれがある。ほとんどが無名で、聖職者の中でも貧しい階層のスポークスマン。それもしばしば、束縛ぎらいの放浪好きで、昇進に伴う富と安楽を得そこない、自分から長上にそむいて出ていったような人が多い。しかし時には作者の名前がわかることもある。たとえばパリの文書局長フィリップ・ド・グレーヴ（一二三六年歿）はそのひとりで、ゴリアルディに負けず劣らず辛辣な、ローマ教会をうたった詩『勅書、天地に鳴りわたり』（*Bulla fulminante*）は彼の作とされている。

シオンのために口をとざさず　　Propter Sion non tacebo
ローマの荒廃に涙もよおす。　　Sed ruinam Rome flebo.

同じようにウォルター・マップも（これはたしかにまちがいなく）、次のようなアクロスティック（折句）を作っている。拝金が諸悪の根源ということで、

よろずの　　Radix
悪の　　Omnium

みなもとは　Malorum
むさぼり　Avaricia.
（頭の文字をつなげるとROMAになる。）

ローマは、罪の本源のように描かれる。「横領して頭領たり」（caput quia capit）と。

世のあるじと見なすか、代々悪事のみなすを。
Roma caput mundi est sed nihil capit mundum.

papa（教皇）という言葉はpay, pay（払え、払え）からきている。高位聖職者は、傲慢で、かたくなで、よくばりで、思いをかなえるために容赦なく権力をふるうと、『ゴリアスの破門』（*Excommunication of Golias*）は書いていて、

わが帽子、自由のしるしを奪う者は死罪に　Raptor mei pilei morte moriatur.
値す

と死の宣告を下す。おそらく、こういう風刺の中でいちばん人に知られ、また痛烈なのは『ゴリアスの黙示録』（*Apocalypse of Golias*）だろう。英語版は一六〇〇年頃に出ている。その幻の四つの獣は、教皇と司教と大助祭と司教代理をあらわす。

獅子は教皇、むさぼりをこととす。
本を抵当に金銀をあさり、
マルクを敬してマルコを軽んず。
帆を高くかかげながら金《かね》に錨をつなぐ。

子牛に見るは司教の姿。
野を駆け畑を走り柵を抜け、
気随気ままに草をくらい
ひとの財産もてわが身を肥やす。

大助祭は空飛ぶワシ。
はるかに獲物を目にすれば
たちまち舞い降り追いすがり、
かつは盗みかつは掠奪に日を送る。

司教代理は人面のサル。
うそ、たばかりにまみれながら
おおい隠すに余念もなく、

さりげなく純情におもてを飾る。[12]

もっとおとなしいのは、カンタベリーの修道士ナイジェル・ウィレカーの『阿呆の鏡』(*Mirror of Fools*) あるいは『ブルネルス』(*Brunellus*) である。その主人公は、チョーサーの「ドーン・バーネル」のようなロバで、尻尾を長くするためにサレルノへ、また、学問を身につけるためにパリへ行くのだが、セーヌ河畔で七年間イングランドの学生と暮らしていながら、口から出るのは相も変わらぬ耳ざわりななき声ばかり。とうとう学問をあきらめて修道院に入ってしまう。

テーマの多くは、対話あるいは論争の形をとっている。これは古典の田園詩から受けつがれ、さらにスコラ時代の討論の習慣のおかげで一段と力を増したジャンルで、各国語にも同じものが見られる。霊魂と肉体、羊と羊毛、バラとスミレ、ガニュメーデスとヘレネーといったおなじみの二つのものの間の論戦以外に、ゴリアルディの雰囲気がもっとはっきりうかがわれるのは、酒と水、貧乏な聖職者と金持の聖職者、衣食足りた司祭と、「なんとかなんとか、故になんとか」といくら論理学を身につけてもさっぱり禄にはありつけないはだしの貧乏学生の間の争いである。フィリップ・ド・グレーヴの作とされているみごとな『心と目の論争』は、後にピサのヘンリクスが曲をつけ、修道士サリンベーネが歌った。もっともポピュラーなテーマの一つは、騎士と聖職者は愛人としてどちらがよいかで、フィリスとフローラの争いや、有名なルミールモンの修道女会議の材料に使われ、世紀の終わりには、『愛の審判』(*Le Jugement d'Amour*) やそれにつづく多くの各国語の宮廷恋愛詩にとり入れられた。

ここから先はもう、ラテン語の側面ばかりを取りあげていったのでは、防ぎようのない批判の矢にさらされることになる。ラテン語の詩は、その時代の言語のいかんを問わない広い詩の流れの中に没してしまう。早晩、十二世紀ラテン詩の学者は、フランス語、プロヴァンス語、ドイツ語、イタリア語の新しい詩との関係という問題にぶつからざるをえない。数世代の間は、これらは互いに大きな影響を及ぼし合いながら、並行して進んで行く。しばらくはフランス語と、フランス語ほどではないがプロヴァンス語が、言語の面のみならず、それ以上に題材の面で、いくらかラテン語のような国際性を持つに至り、やがて中世後期の各国語の最終的な勝利へとつながる。これらすべての各国文学は、それ以前のラテン文学にルーツを持っていて、数百年にわたってラテン語に依存してきているのだが、その関係のありようを跡づけ、明らかにするのは、今後の仕事にまたれる。十二世紀は、ラテン語と各国語が分かれた偉大な時代。中世の国際的な詩はここで絶頂に達して、あらゆる部門に爆発的な表現活動を見せ、その新しい詩型が後に各国語で花と開くのである。ラテン語、それも古典ラテン語に目を近づけすぎると、この時代をルネサンス、すなわち新たな誕生ではなく、単なる学問復活の時代と見る危険におちいりやすい。たしかに、ラテン語古典、ローマ法、ギリシア・アラビアの科学、哲学など、学問が復活した時代にはちがいないが、同時に、古代の模範の単なる模倣を超えた、新しい文学・芸術の創造の時代でもあった。本書では文学的な動きの中のラテン語の側面だけに的をしぼらざるをえなかったが、それがもっと大きなものの一部にすぎないことを忘れてはならない。イタリア・ルネサンスとの類比がここでも参考になる。つまり、古代の学問、そして古代の芸術の復活である以上に、古代をはろかに超える新しい生命、新しい知識の時代だということである。コンスタンティノープルではなく西欧がクァトロチェントをうみ出した。十五世紀と同じく十二世紀においても、詩の研究者は、古代のテクストを超えて、さらにそのはるか先まで進んで行かなければならない。

第七章　法学の復活

ローマが十二世紀の精神に及ぼした影響は、言語と文学の分野にとどまらなかった。ローマ人は哲学者・文人の民族というより、統治者・法律家の民族で、それはウェルギリウスがローマ帝国の使命について雄弁に語った詩句に見られるとおりである。

　確かにギリシアの人々は、ローマと異なり堅剛な、青銅刻していのちある、像をつくって柔らかな、線を見せもするであろう。
　大理石から生々《いきいき》と、した容貌を彫り出だし、事を弁じて雄弁に、規矩を用いて大空の、運行記してさし登る、星座の時をも告げもしよう。しかし汝ローマ人《びと》、ひろく諸族を統治して、平和を与え法を布《し》く、ことこそ汝の他に秀ぐる、わざであって征服を、うけたるものを寛大に、あつかいながら暴慢の、やからを圧伏するであろう。(1)

（泉井久之助訳）

三度ローマは世界を征服した、とイエリングは言う――軍隊によって、教会によって、そして法律によって。さらに一言するならば、法律によるこの最終の征服は、帝国が崩壊し軍隊が瓦解した後の、精神的な征服であった。ローマの法ほどローマ人の才を示すものはなく、また、根強く、ゆきわたったものはない。ローマ法の復興は、いかなるローマの復興においてもその本質をなすものだった。それは制度の歴史と同じく知性の歴史にも属することで、事実、この問題に関してはその二つのものの間に線を引くことはできない。ローマ法はローマの人民の間に存続したばかりではなく、北ヨーロッパの諸民族の間にも復活し普及し、さらには、近代の植民の結果、ローマが夢想だにしなかった海のかなたの国々、ケベック、ルイジアナ、ラテン・アメリカ、喜望峰にまでひろがった。先年南アフリカがイギリス枢密院に対しておこなった請願は、ユスティニアヌスの『学説彙纂《いさん》』(*Digesta*)の一節の解釈にかかわるものだった。この長い歴史の流れの中で、十二世紀は中心、かなめの位置を占めている。すべての世紀の中でもっとも法的なこの十二世紀。まことメイトランドの言うように、「ローマ法がつくられた古典時代このかた、知的な活動全体の中でこれほど多くの部分が法学に捧げられた時代はなかった。[2]」

ローマ法の復活は、忘れられていたテクストを世に出したというだけのことではなく、法学の復活でもあった。西洋の中世初期には多くの法律があったが、だいたい慣習法で、部分的に成文化されて蛮族の法典となり、重要な点はフランク族の立法によって補足されはしたものの、結局は個々の地域の慣習に分解してしまっている。ゲルマンの時代そして封建時代の法律は、立法を基礎とするのではなく、部族や封土の遠い昔からの慣習に基づいていた。慣習が時に成文化されることはあっても、その変化は便宜的なものにすぎず、権威の基盤にかかわるものではない。昔の人は自分の父の時代にあったとおりの法律をそのまま知っていて、彼らにとってそれは変わりようがない。考察ではなく伝統がすべてを決した。学問的な法律は、ローマ帝国とともに消滅し、十一世紀に北イタリアのロンバルディア（ランゴバルド）人の間に再現した形跡が認められはするものの、十一世紀末から十二世紀にかけてローマ法の「大全」が完全に復旧されたことによってはじめて再登場する、と言ってほぼまちがいない。ローマの文書、とりわけ『学説彙纂』に、ようやく法学の方法の模範を見いだすことができたのである。しかし、ひとたび見いだされれば、この方法はほかの法体系にも適用できる。まず第一がグラティアヌスとその後継者による教会法であり、次は、ずっとゆるやかな過程ではあったが、封建的慣習とイングランド法廷の新しい法律だった。十二世紀においてさえ、この新たな動きはローマの法規の復活にとどまるものではなくて、ローマ的な体系、ローマ的な思考法の復活、延長でもあった。

中世初期にローマの法律は二つの形で存続していた。一つはローマ人民の慣習法であり、一つは六世紀にユスティニアヌスが成文化した『ローマ法大全』（*Corpus Juris Civilis*）である。第一の形は主として四三八年のテオドシウス法典に基づいていて、特に西方のゲルマン諸王国に抜萃され、『西ゴート族のローマ人法』（*Lex Romana Visigothorum*）別名『アラリクス抄典』、『東ゴート王勅令』、『ブルグンド族のローマ人法』（*Lex Romana Burgundionum*）、東アルプスの『クール（地方）のローマ人法』（*Lex Romana Curiensis*）といったものに編纂されている。法の属人主義の原則によって、個人としてのローマ人とローマ教会は、ほとんどのゲルマン王国の中にあっても自分自身の法を保持することを許され、イタリアのある部分とか南フランスなどローマの要素が強いところでは、ローマの法律が事実上その地方の法律となった。そして、時として学者はこういった文字に書かれた法律書を参照することがあったが、ほとんどの大衆にとっては、ローマの法律は地方の慣習に基づくものとなった。大衆化した、ある意味では形のくずれた法律で、それと古典時代の法体系との関係は、これらの地方の俗化したラテン語と古典ラテン語との関係に似たところがある。こういう法律もローマの伝統を保つことはできるし、事実そのとおりでもあったが、法制をうみ出すことはできなかった。

法制をうみ出すための古い資料を残しているのは『ローマ法大全』で、それは『勅法彙纂』(*Codex*) すなわちユスティニアヌス帝の立法、『学説彙纂』すなわちローマの法律家たちの著述の要約、『法学提要』すなわち法学徒が使うための教科書、そして『新勅法』(*Novellae Constitutiones*) すなわちユスティニアヌス帝のその後の立法から成っている。中でももっとも重要とされたのは『学説彙纂』である。というのも、勅法が、文体においても内容においてもローマ法制最良の時代の単純明快さから離れてしまっているのに対し、『学説彙纂』は、ローマ法を「書かれたる理性」、法学的分析と技術の卓越した模範に作りあげたパウルス、ウルピアヌスなどすぐれた法律顧問の言葉と方法を、抄録の形で残していたからである。西ヨーロッパの法律学は、『学説彙纂』が入手できるかどうかで続けられるかどうかがきまったもので、その『学説彙纂』は、メイトランドによれば、暗黒時代に辛うじて生きのびたのだった。事実、西方では、ユスティニアヌスの『大全』は、いくつかの西方の地方が永久にローマから離脱した後で作成され公布されたという事実が負い目になっていて、ガリア、スペインでは法的な効力を持たなかったし、イタリアにおける影響も、五五四年にその地にローマ法が公布された直後ランゴバルド族に征服されたことではなはだしくそこなわれた。『ローマ法大全』はまた量的に大部な点が大きなマイナスになった。つまり、それに先立つ法律文書の途方もない膨大さにくらべれば簡潔で、乱世を通じて伝えられるには向いているとはいっても、暗黒時代にはやはり大部な本で、羊皮紙が乏しく、どの知識分野でもごく簡単な要約しか流布していない時代というのに、数巻をみたす分量だったのである。

もちろん、ローマ法は西方から消え去りはしなかったし、シュップファのたとえを使うなら、十二世紀におとぎの王子がやってくるまで眠り姫のように眠っていたわけでもない。ローマ法は、一一三五年、アマルフィで『学説彙纂』の写本が一部発見されたおかげで復活し、その写本はピサの住人がかっさらって手元におき、ようやく一四〇六年に永遠のいこいの場としてフィレンツェに運ばれた、とする古い伝説を受けいれる歴史家はもういない。この話は、ローマ法がそれ以前の数百年間冬眠していたと考えている点でまったく事実をゆがめているが、一つの点では正しい。それは『学説彙纂』を新しい動きの核として強調しているということである。ローマ法は慣習として、あるいはまた公証人の仕事の中に生きていたし、法律文書作製の指導もおこなわれていた。そして今日の研究調査によって、学生や弁護士用に作られた要約、抜萃、注釈のコレクションも発見されている。しかし、これらはどれを取っても法学と呼べるようなものではない。『学説彙纂』は六〇三年から、トスカナの法廷で引用された一〇七六年まで、視界から消えており、その間にはさまれた時代の写本はたったの二つしか知られていない。そのいのちはほんのか細い糸につながれていたわけで、それがふたたび明るみに出るまでは、法学の復活はありえなかった。要約と抜萃ばやりのこの時代に、法律は独立した地位を失い、自由学芸、特に修辞学の下風につく憂き目にあっており、たまたま法律用語を引用し議論することになった人は例のイシドルスの百科全書『言葉の起源』に出ている簡単な抜萃で満足していた。

衆目の一致するところ、十二世紀初頭のローマ法復活と結びつけられるのはボローニャならびに法学者イルネリウスで、後代の著作家はボローニャの法律学校の創設と法律学の復興までイルネリウスの仕事に帰せしめている。十三世紀のオドフレドゥスによれば、イルネリウスは「名声とみに高く」、「法の灯で、この学問にはじめて光を投げかけた人」ということだが、その具体的な意味をさぐろうとすると厄介なことにぶつかる。ボローニャ以前にもローマ、パヴィア、ラヴェンナなど法律研究の中心はあったし、イルネリウス以前にもボローニャの法学者はいた。とりわけ目につくのは「ボローニャの明るく輝く光」と称されるペポで、その名前が見られるのはおそらく一〇六五年のこと。『学説彙纂』がはじめて再登場した訴訟の判決がおりた一〇七六年にはまちがいなく存在している。イルネリウスの実像は、同時代の文書と彼の著作で今日修復できるものに求めなければならない。ほぼ一〇六〇年あたりの生まれで、姿を見せるのは世紀の変わり目頃、そして一一二五年かもう少し後までその活動をたどることができる。彼は決して机上の法律家ではない。最初はトスカナの大伯爵夫人マティルダの党派に属していたが、一一一五年の夫人の死後は転じて皇帝ハインリッヒ五世のもとに奉職し、その随員の中でしばしば判事としての役目を果たしたほか、一一一八年には反教皇選挙を支持する法律顧問のひとりでもあった。しかし、やはりボローニャが教師・著述家としての彼の活動のおもな舞台である。その著書は、失われたものもあれば、なお刊行が待たれるものもあるが、『ローマ法大全』特に『学説彙纂』の膨大な注解、そしておそらくは、一連の『法の微細な点に関する問題』と些少の断片からなっている。教師としてのイルネリウスは、教室での教え方のうまさで多くの学生を集めていた。彼は法律を決定的に修辞学から分離して、もはや抜萃や概略によらぬ『ローマ法大全』そのものに依拠した独立の科目としての地位を与えた。法律のどの部分の説明にも『ローマ法大全』を隅々まで使えるようになったからである。その指導法はたしかに『注釈』にあらわれているようで、難解な箇所が逐一はっきりと要領よく説明され、語義を吟味するだけでなく、『大全』の該当箇所に照らしてその意味を分析するという方法がとられている。同時に、『問題』から判断したところでは、彼は質問や討論を奨励し、権威者たちの間に見られる矛盾の解決につとめたらしい。「もっとも精緻なる学者」として、常に明晰かつ実際的なイルネリウスの真骨頂は『学説彙纂』の注釈にあり、それを意見表明の中心の場としたのもむべなるかなと思われる。注釈学派の最初の人ではなかったが、誰よりもその派の方法の定着と、代々にわたるその進路決定に力があった。どこまでが彼の独創かたしかめられないことが多いし、彼独自の作品の多くは消失して、一般的な理論体系の中に吸収されてしまったが、以上述べたことだけははっきりしている。

その後百年あまりにわたるイルネリウスの後継者は、まとめて、注釈学派（Glossatores）と呼ばれている。まったくのところ、イルネリウス自身の手になる注釈は、『ローマ法大全』の初期の写本から苦労して拾い出さなければならないくらいで、彼はIあるいはYというイニシアルを使って多くの後継者たちとちがうところを示しているので、それとわかるのが普通である。当時法律の教師をしていたのはイルネリウスひとりではなく、世紀の中頃には少なくとも四人の有名教師を数えた。そしてそのいわゆる四博士は、伝承によればイルネリウスの弟子ということになっている。イルネリウスの臨終の床にかけつけた弟子たちが、後継者を指名するよう請うたのに対し、師の答えていうには、

ブルガルスは黄金の弁舌を、マルティヌスは豊かな法の知識を持つ。
ウゴは法の精神を体し、ヤコブスはわが姿にひとし。

Bulgarus os aureum, Martinus copia legum,
Mens legum est Ugo, Jacobus id quod ego.

こうしてヤコブスが師の衣鉢をつぎ、あとの三人はそれぞれ後世にその特徴を示した。四人とも当時の法律文献や文書史料に名前が出てくるし、いずれも皇帝フリードリッヒ・バルバロッサの顧問として有名だった。マルティヌスとブルガルスは、独自の学派にはならないまでも、思想的に拡散して行く傾向を示し、マルティヌスはほぼ不偏の立場をとるが、時に「ユダヤ人のごとく文字にかかずらう」とも評された。やがてさまざまに異なる「発言」で一巻を埋めることになる『諸家の異見』(*Dissentiones Dominorum*) のはじまりを、すでにここに見ることができる。次の世代のプラケンティヌスは、ロゲリウスの著作を没にするために『勅法彙纂』に関する『大全』を書いたとき、それが完全に自分の作であることを読者に示そうとずいぶん苦労しているし、さらに後代にはひとの注釈の無断借用もわれわれの

よく目にするところで、ヨハネス・バッシアヌス、ピレウス、オットー、フゴリヌスその他十二世紀末のすぐれた人たちが著作に使われている。

注釈家は、ほかにどんな著述があったにせよ、注釈だけはいつも書いていた。もともとこういう注釈は主として字句の解釈の問題で、今日の聖書の行間注に相当するのだが、説明や引証が長くなるにつれて、行間どころか余白にまではみ出してきて、多くの法典は本文よりも注の方が多くなってしまった。注解がふくらんで、使えるスペースに納まりきらなくなれば、長短を問わず独立した一冊の本の形をとる。この時代にはすでに各種さまざまなそういった著作があらわれている。「大全」、つまり一冊の本を表題ごとに全体にわたって分析したもの。一つ一つの節と関係のある具体的な訴訟事実を論じたもの。「ブロカルダ」(brocarda)、つまりテクストからひき出される一般的な原則。特定の問題、特に訴訟手続に関する論考、などである。とはいうものの、この派の核というべきものは、注釈の体系的な解説にあって、一二五〇年頃、アックルシウスの『標準注釈』(*Glossa ordinaria*)に集大成された。この頃には、人びとは大量の注釈を本文にたかるイナゴの害にたとえ始めていたほどで、法学者が注釈のまたその注釈をするにいたり、この方法はもはや無用の長物となってしまった。テクストには注釈がついているのが当り前で、「注釈の認めざるものは法廷も認めず」(quidquid non agnoscit glossa non agnoscit curia)という格言まで広まる始末だった。

ボローニャの注釈家はだいたいが教師で、彼らの著書はそのことを念頭において研究する必要がある。まず第一に、学校の課程は『ローマ法大全』に基づいていたものの、順序や区分は古代とも現代ともまったく異なる。中世は、基本的な教科書である『法学提要』から始めるのではなくて、『学説彙纂』から始める。そして『学説彙纂』は、最初の受けいれられ方がばらばらだったためだろうが、『旧学説彙纂』（第一巻―第二十四巻の二）、『学説彙纂増補』（*Digestum Infortiatum*）（第二十四巻の三―第三十八巻）、『新学説彙纂』（第三十九巻―第五十巻）の三冊にわかれていた。『勅法彙纂』のはじめの九巻が第四冊をなし、帝国後期に属していてそれほど重要でない公法を取り扱った残りの三巻は、『新勅法』および『法学提要』と第五冊にまとめられ、『小冊』（*Volumen parvum*）と呼ばれた。説明はこの順序に従っておこなわれ、『旧学説彙纂』と『勅法彙纂』は「通常」の朝の講義用であるのに対し、そのほかの部分は午後の「特別」講義にあてられていた。ボローニャの学校の講義については、十三世紀はじめのフゴリニスより前のものははっきりした記録がないが、質問と討論、それにいくらかユーモアをともないながらも、まず伝統に従っておこなわれていた。一二五〇年頃のオドフレドゥスのかなりくわしい記録を典型的なものと見てもまちがいないだろう。

教授の方法については、次の順序が古今の博士たち、特に私自身の師によって守られていたので、私もそれに従うことにする。第一に、本文に入る前に各表題の要約を示す。第二に、〔表題に含まれる〕各法律の要旨をできるだけはっきり述べる。第三に、法律の本文を、訂正のことを考えながら読みあげる。第四に、法律の内容をもう一度簡単にまとめる。第五に、見かけの矛盾を解決して、〔条文からひき出される〕一般的な原則、いわゆる「ブロカルディカ」(Brocardica) と、その法律の提起する区別、あるいは微妙で有用な問題 (quaestiones) を、神のご加護によって力の及ぶ限り、解決とともに付け加える。そしてもしある法律が、有名であるとか難解であるとかで、くり返し説明するに値するならば、夕方の復習にそれをおこなう。私はよければ一年に二度、クリスマス前と復活祭前に討論会を開くことにしている。

『旧学説彙纂』を始めるのはいつもミカエル祭(十月六日)から八日目かその前後。神のご加護によって全部を、普通講義も特別講義も終了するのは、八月の中頃になる。『勅法彙纂』は、ミカエル祭の二週間後に始め、神のご加護により、普通講義も特別講義も共に、八月一日頃完了する。以前は博士たちは特別部分の講義をおこなわなかったが、私は、無知な者も新入生も含め、すべての学生に恩恵を与えて、全巻の講義をし、かつてのここの習慣には従わずに、何一つ省略はしないつもりである。無知な者は、事例の陳述と本文説明で得るところがあるだろうし、進んだ学生は、疑問点や反対意見の微妙な問題にいっそう通ずるようになるだろう。注釈もすべて読む。これは以前にはおこなわれなかったことである。

つづいて、教師の選択と研究法について一般的な助言が述べられ、さらに『学説彙纂』の大ざっぱな説明がある。この課程は次のような形で終了した。

さて諸君、この授業に出ていた諸君の知るとおり、われわれはこの書物を読みはじめ、ここに全巻を終了した。改めて神と聖母マリア、もろもろの聖人に感謝しよう。この町の昔からの習慣として、一冊の本が終われば、聖霊にミサを捧げることになっている。よい習慣だから、もちろん守らなければならない。ところで、博士は、本を読み終えれば何か自分の計画について話をするのが習慣になっているので、私も一言する。多くは語らない。来年は、例年どおり普通講義を規則に従ってきちんとおこなうつもりだが、特別講義は中止する。学生はあまり支払いがよくなく、勉強する意欲はあっても払いを惜しむからである。巷に言われるように、皆知りたがるが、誰も払いたがらない。これ以上話すことはない。神の恵みが諸君の上にあらんことを、そして、ミサに出席されんことを。(3)

ボローニャの注釈家たちの仕事は、十二世紀の精神活動の中で大きな、また非常に重要な部分をなしていると同時に、ヨーロッパの知性の歴史の中でもそれなりの地位を占めている。本文の夾雑物をとり除き、『大全』を総体的に理解してその文字通りの意味を確立することによって、後世の人たちが自由に活動できる場を用意しただけでなく、ごく限られた材料をもとにそれを論理的に組み立てて行く時代には特にふさわしい弁証法的な分析の仕事の、先鞭をつけたとも言えるのである。この注釈家たちが現代の学者のような歴史と文献学の素養を欠いているとしても、それは彼らの責任ではない。当時としてできるだけのことを彼らはおこなった。そして、法律にはいつもスコラ風の要素があるものだが、まさにそのとおりスコラの時代には、ほかの時代に伝えて役に立つ仕事がたくさんあった。彼らの方法は悪くても釈義に終わる程度で、決してアレゴリーにはならない。こういう方法の危険は、あまりにも細かくなりすぎること、ベーコン卿が「糸と作りの細かさは賛嘆すべきも、中身に益するものなし」と評した、クモの巣さながらの学問の細密化である。この危険は、形而上学よりも法律のような具体性のある科目に少なく、どんな学問分野でも後期よりは初期に少ない。そのとおり、後期注釈学派の時代よりも十二世紀にたしかに少なかった。他方、後の時代ほどローマ法を同時代の状況に適合させることもまた少なかったとしても、イルネリウスの頃からすでに現実的な臨機の方策や理解がないわけではなかった。ローマ法は論理と同じく生活の問題でもあったからである。しかし、今日の法学者がもっとも感心するのは、やはり、注釈者たちの法技術とすばらしい才知である。ラッシュドールはそのことを次のように要約している[4]。

多くの点で、ボローニャ学派の仕事は、中世ヨーロッパの知性がなしとげたもっとも輝かしい業績といえる。たしかに中世の精神は、既存の法を研究し発展させるのを好むようなところがあり、過去や物質界に関する知識が乏しいことも、日常の業務や人間関係にのみかかわりを持つ学問の修得に、目立った障害にはならなかった。神学者が聖典や教父の著作を受けいれ、哲学者がアリストテレスを受けいれるのと同じように、法学者はユスティニアヌスを権威あるものとして受けいれるのだが、その際受けいれるものが原語だという利点がある。ただ理解し、解釈し、発展させ、応用すればいいわけである。神学、哲学、まして自然科学の分野では、すばらしい生来の才能に恵まれた人たちをさえあらぬ方に迷いこませてしまったこの時代の学問上の傾向も、権威をもって定められた法の解釈においては、むしろ正しい方向を与える結果を生んだ。書かれたもの（littera scripta）に対する迷信に近い尊重、一つの原理を極端な論理的帰結にまで推し進める性癖、その原理と見かけ上矛盾する別の原理とを万難を排して調和させようとするこれまた強い傾向、分類とか定義、こまかい差別をことのほか好む気質、微妙な区別立ての才能――こういったものは、良識や物事の通常の理解と結びついていれば、すぐれた法律的知性の少なくともある程度の特性にはなる。しかも、ほかの知識分野では有用性のはなはだ疑わしい訓練が、法律の教育ではすばらしい教科課程となった。ひっきりなしにおこなわれる討論練習は、自分の議論を組立て、ひとの議論に対処する技術や、身につけた知識を応用する早さを育てる効果があり、歴史や自然科学の学生にはあまり価値はなくても、弁護士、さらには判事にとってさえも必要欠くべからざるものだった。神学や哲学の進歩には致命的な、真実に対する冷淡さをはぐくむ反面、分の悪い事件をよい弁論で擁護し、分のいい事件ならまたそれを最良の弁論で擁護するという、弁護士にはなくてはならぬ能力を与えたのである。

中世文化史における「ローマ法」の位置を評価する場合、その学問としての研究と職業としての追求を注意して区別する必要がある。学問としての研究の最盛期には、教授はほとんどみなボローニャに集まっていた。その時期は、イルネリウスがローマ法を復活させた後の百五十年間にわたる。「注釈学派」――イルネリウス、かの有名な「四博士」……ロゲリウス、プラケンティヌス、アゾ、そしてフゴリヌス――の手によって、ほんとうの進歩がなしとげられた。この人たちの業績は、おそらく中世の知的生産の中で、いかなる学問かを問わず現代の教授が注目してよい唯一のものだろう。歴史的に興味深いからだけではなく、参考になる考え方が見つかりそうだからというだけでもない。現代の学徒をいまだに悩ませるさまざまな疑問、困難、問題の解決を見いだせる可能性を秘めているからである。

このローマ法の復活は、空白の中で起こったのではなく、時代の大きな流れと密接に結びついていたことを忘れてはならない。時あたかも地中海地方、特に北イタリアの経済的覚醒の時代で、新しく起こった貿易と商業は、古風で本質的に田舎風のロンバルディア人の慣習よりも、融通のきく都会的な法律を求めており、都市はローマ法をよしとするようになった。政治的な統合の時代でもあって、単なる地方的な慣習よりも適用範囲が広く、一般に妥当する原理に基づいた「共通法」を期待する気持が高まった。さらにまた、政治的な運動と論議の時代でもあり、どの党派も新しい法制の中に支持を求めようと先を争った。それから、ローマの伝統を強化し、文学・思想にローマ風を好む一般的な風潮があったことも、一言しておいていいかもしれない。たとえば、かの「帝国のヒルデブラント」、フリードリッヒ・バルバロッサは、自分の先任皇帝としてコンスタンティヌス、ウァレンティニアヌス、ユスティニアヌスを引き合いに出しながら「われらローマの法は」という論法をためらいなく使っていて、クラッススとアントニウスが征服した土地を放棄するようサラディンに勧告した（と言われている）し、一一五八年には、伝によれば、四博士の支持を得て、ロンバルディア諸都市に対する国王権を主張し、皇帝たる地位を楯にローマ法の中にロンカリア法令を挿入するよう指示した。ローマ法はやがて絶対主義の強力な砦となるし、注釈家がほとんど皇帝側であることを見ても驚くにはあたらないが、ブルガルスがマルティヌスに反対して、勇敢にもバルバロッサの面前で皇帝権に限界があることを主張したという言い伝えがあり、イルネリウスの注釈にも、下臣の財産に対する皇帝権の限度について、同じ見解を支持した箇所があることがわかっている。他方、ローマ元老院は、ブレシアのアルノルドゥスの指導のもと、コンスタンティヌスとユスティニアヌスがローマ人民の権威によって統治をおこなったと宣言した。彼らの使者は――その場にいあわせたフライジンクのオットーの記述を正しいとすれば――皇帝に対し、先輩皇帝たちが証書の中でローマに確約した「よき習慣と古き法」を遵守する保証を与えよ、と求めた。これに対するフリードリッヒの答は、自分が合法的な所有者（legitimus possessor）[5]であることを強調するものだった。ローマ法というゲームも、ひとりでやるわけではなく、そっちがその手ならこっちはこの手。この時ばかりではない、その後もそうである。

そしてまた、このゲームはボローニャ以外にも多くの場所でおこなわれた。ボローニャが注釈学派の本場だったとするなら、次の時代にできた大学は大部分が法律学校で、大学で教育を受けた法学者が地位と権威を獲得するにつれ、その影響力により局地的な慣習や法規が軽んじられる反面、普遍的で根本的なローマの法律が重視されるようになった。こうしてイタリアが、十二世紀から十六世紀にかけて、ヨーロッパ全土にローマ法を普及させる中心となるのである。ドイツやスコットランドでローマ法が正式に受けいれられるのは十六世紀だったにしても、ほかにフランスやスペインのようにもっと早い時期に広まったところもある。どこでもこの状況は主として大学における法学研究を通じてもたらされた。つまり、最初は外国の学生がイタリアに留学し、その後はアルプスの北に新しくできた大学で学ぶようになり、こうして訓練された弁護士や判事の影響で広まったのである。ローマ法が実施され、市民法の考え方がヨーロッパ知識人に浸透した源は大学にあった。

大学から大学へと、ローマ法は旅する教授の手で伝えられるのが普通で、彼らは新しい土地にその学問の灯をともすのだった。たとえば、南フランスでは、ローマ法が住民の多数を占めるローマ人の間に古くから残っており、それが五〇六年、ガスコーニュに施行されたアラリクスの『抄典』(*Breviarium*) によってさらに強化された。また十二世紀の南フランスには『ペトルスのローマ法抄録』(*Exceptiones Petri*) があったとされている。これはローヌ川沿いのヴァランスの判事オディロに十一世紀末に献じられたとおぼしい『ローマ法大全』からの抜粋を基にした手引書である。多分同じようなものだろうがやや遅れて『ローマ法提要』(*Brachylogus*) があるし、たしかなものとしては『ロ・コディ』(*Lo Codi*) と題するユスティニアヌスの『勅法彙纂』のプロヴァンス語による要約が、一一四九年かその前後、アルル近辺の判事のために作成された。しかし、ミディ(南フランス)地方最初の法律学校であるモンペリエ大学は、一一六〇年の少し後にその地を訪れたプラケンティヌスなるボローニャの注釈家に起源を求められる。その名の示すとおりピアチェンツァ(ラテン名、プラケンティア)生まれのプラケンティヌスは、ボローニャのほか、生地とマントヴァでも教えた。最初のモンペリエ滞在後、またボローニャで二年を過ごし、彼自身の言葉を信用すれば、「ほかの教師の教室をからっぽにしたためその嫉妬を買い、また法律の隠れた秘密を掘り起こした」が、一一九二年、モンペリエで世を去った。各地を放浪したのに、どこにいても多作で、『勅法彙纂』と『法学提要』の『集成』(*Summae*)のほかに『小集成』(Summulae)や注釈、その他よくあるたぐいの著作を残している。ローマ法は、「成文法地域」の南フランスに根をおろしただけでなく、十三世紀には、地方のしきたりが幅をきかせている「慣習法地域」の北フランスにも進出しはじめた。北へ流れるその水脈の一つは、北部の大きな法律学校である新しいオルレアン大学、一つは王立裁判所で、そこではすでに一二〇二年頃から法学者(Jurist《ジュリスト》よりもLegist《レジスト》と呼ばれるのが普通)が国王特権に関する判決を与えているが、それはとりわけて「成文法」が要請されるものである。フランスでもやはり、レジストは国王の側に立っている。

一方イングランドでは、国王はローマ法に反対を表明し、半世紀も前からその教授を禁止していた。今日の読者が驚くのは、イングランドでローマ法が禁止に値するほど重大なものと考えられていたのかということだろう。つまり、イングランドの法律は地方的、ゲルマン的で、蛮族のほかの法律には見られないゲルマン語まで使っているくらいだし、しかもそのかわりになるようなローマの伝統的遺産などまるっきりないのだ。ところが、少なくとも文筆の面では、イングランドは十二世紀のローマ法の復活の波をかぶっていたのである。多くのイングランドの聖職者がボローニャで法律を学び、この法律とは主として教会法であったにせよ、議論の中ではローマの権威者たちをためらいなく引用したし、事実二つの法体系(市民法と教会法)は「手を携えてイングランドに入ってきた。」ソールズベリーのヨハネスは、ほかの古典の学問といっしょにローマ法のことも非常によく知っていた。ピーターバラの修道院長は、『ローマ法大全』全巻のほかその各種分冊、プラケンティヌスの『集成』も持っていた。イングランドにもボローニャの注釈家がいた。ロンバルディアのヴァカリウスなる人物で、一一五四年以前にカンタベリーの大司教テオバルドゥスの膝もとや、おそらくはそのほかの場所でも教え、その後五十年ほどの間、イングランドに足跡が見いだされる。ロンバルド法や教会法についても筆をとっているが、おもな著書は『貧者の書』(*Liber Pauperum*) で、「高価な書物を買う金もなく、ローマの資料を長い間勉強するひまもない学徒のために編集した勅法彙纂と学説彙纂[6]」である。注釈では、「皇帝は法の唯一の作者、解釈者」という立場をとっているが、この原則がイングランドにどう適用されたか、追跡してみるのもおもしろかろう。オックスフォードの法学生に「貧者派」(pauperistae) という名前が奉られたのは、この本がもとらしい。オックスフォードではローマ法の学問的研究が中世を通じてずっとおこなわれている。しかし、ローマ法は国王の裁判官の「受け入れるところ」とはならなかったので、研究はしても生計を立てる道にはつながらなかった。「教会法学者ならぬローマ法学者は、前途があまりひらけているとはいえず、」外交官、記録保管所書記、教師になる以外、「イングランドにはほとんどする仕事がなかった[7]」。イングランドではローマ法は教会法と別個に存在することがなく、両者が密接に結びついていたために、当初からイングランド王の不興を買っていたように思われる。

ヨーロッパ全体を通じて、教会法は、たとえばヘンリー二世とベケットの抗争が示すように、世俗国家と、現実にあるいは潜在的に、衝突しあっていた。というのも、教会法は普遍の教会の法律で、宗教上の問題のみならず、今は世俗の所管となっている多くの分野についても、どこででも権威を主張したからである。教会そのものが一つの国家、国際的な国家として、国境を越え、すべての地方社会の生活の中へ入りこんでいた。メイトランドは言っている。

中世の教会は国家だった。都合上、そうたびたび国家と呼ぶことはできないにしても、時にはそうしないわけにいかない。国家の定義として受けいれられるものを作れば、その中にはどうしても教会まで入ってしまうのである。国家にあるべきもので教会にないものがあろうか。法律も、立法者も、法廷も、法律家もある。人びとを法律に従わせるためには物理的な力も行使する。監獄も持っている。十三世紀には、しかつめらしい言い方ながら、死刑も宣告している。教会は自発的に作られる社会ではない。生まれながらではないにしても、自分ではどうしようもないときに洗礼でその一員にされてしまう。そこから出ようとすれば、「最高の権威を傷つけたる罪」(crimen laesae majestatis) に問われて、火刑に処せられかねない。それは自発的でない寄進、つまり十分の一税と租税で支えられている。

教会法を聖職者と教会の規律に関することだけが盛りこまれた法律と思いこむ今日の先入観を、まず捨てなければならない。みな、教会は司祭だけで成り立っているとつい想像してしまうのだ。たしかに、中世の教会が法的に管轄していたのは聖職者だが、それは、原告被告を問わず、また民事刑事を問わず、剃髪を受けた聖職者が関与する事件すべてを意味する。そして「聖職者」とは非常に範囲の広い言葉で、それは聖職者特権に抵触した人がよく知るところだった。関係当事者についてはかくのごとくだし、事件内容については、教会の組織と運営の問題、教会の財産と財産権の問題、結婚と家族関係など秘蹟から生ずる問題、そして、遺言、誓願、誓約、信仰に基づく契約、こういったものすべてに司法権を行使した。罪については、宗教上の罪そのもの、そしてしばしば宗教上の罪の社会的な側面である犯罪、特に誤った教義、異端、教会分離、偽証と高利、そしてさまざまな性的犯罪を対象とした。そういう問題では、聖職者と同じく俗人にも支配が及ぶ。その権利の主張を世俗の統治者は全部認めたわけではなかったが、多くはそうだったから、世俗の裁判所以外に、司教とその配下の手中にあって最終的にはローマへ上訴の道が通じているキリスト教の法廷組織が存在することになった。

十二世紀は、教会内に中央集権化が進んだ非常に重要な時期で、その傾向は一口に教皇君主制という言葉でしばしば表現される。修道院は教皇聖座の直接の保護のもとにおかれ、司教の独立はおさえられ、ローマへの請願が歓迎された。ラテン・キリスト教圏のあらゆる場所から持ちこまれる事件に応じて、教皇庁からは大量の法律や判決が次から次へ流れ出て行った。訴訟がふえるにつれて、ますます多くの弁護士や判事を必要とするようになり、専門的な訓練を求める機運が高まった。教室や法廷で使えるよう教会法を体系化することは時代の要請だった。

姉ともいうべきローマ法とはちがって、教会法は、ローマ教会という連続的な制度の法律として、連続的な歴史を持っている。そしてこの歴史のはじまりはローマ帝国時代としても、大部分は中世に属している。教会法のよりどころとなったもの——聖書、教父の著作、公会議で公認された法令、教皇令——は、折にふれて小ディオニュシウス、偽イシドルス、ヴォルムスのブルハルトなどの手によって、そして十二世紀のごくはじめにはシャルトルのイヴォの作とされる選集の中で、整理されていた。しかし、権威者の間に混乱や矛盾があったので、一一四〇年頃、ボローニャのサン・フェリーチェの修道士グラティアヌスが、問題点を明らかにする『教会法矛盾条令義解類集』(*Concordantia discordantium canonum*)の作成に着手した。普通『教令集』(*Decretum*)と呼ばれる本書は三部に分かれている。法の典拠と教会関係者、役職に関する法を取り扱かった百一の「区分」(distinctiones)、教会法に照らして論じた三十六の「事例」(causae)、典礼と秘蹟に関する五つの「区分」がそれである。グラティアヌスはただ集めるだけでなく、同時に説明し、融和をはかろうとする。そしてその際アベラルドゥスの『然りと否』(*Sic et non*)にある対照法を用いるのだが、矛盾を強調するのではなく、極力その矛盾を解消して調和を目ざす。当時流行のものの考え方にぴったりだったために、この本はたちまち教科書として、また参考書として当たりをとった。教会が正式に採用することにはならなかったが、権威ある書物であると広く認められ、『教会法大全』の最初の部分となった。グラティアヌスの時代までは、教会法は神学にいくらか従属するような形で、固く結びついていたのだが、独自の権威のある教科書が作られたことで、完全に独立した地位を獲得するにいたった。ダンテはグラティアヌスを天国の中でペトルス・ロンバルドゥスのかたわらにおいている。ペトルスはグラティアヌスの方法にならって『命題集』を書いたパリの神学者である。

これまたローマ法と異なる点だが、教会法は完結した集大成ではなく、立法によって、判例によって、さらに大きくなっていくものだった。十二世紀のもっとも活動的な立法者、教皇アレクサンデル三世（一一五九―八一）は、自身教会法学者でボローニャの教授をしていたことがあり、そこでいわゆる『修士ロランドゥスの大全』（*Summa Magistri Rolandi*）を書いた。その後たくさん出るグラティアヌスに関する注釈の最初のものである。彼とそれにつづく後継者の名前で出された教令は、急激に数がふえたので、一一九二年と一二〇三年の間にトゥルネのステファノスはそれを道なき森にたとえている。まさに道なき森だったのだが、やがて人びとはその教令を主題別に分類していわゆる『五編書』とした。一一九〇年頃に整理をはじめて、最終的にグレゴリウス九世のかの偉大な『法令集』として刊行されたのが一二三四年。これが『教会法大全』の第二部を形作る。かくするうちに教会法はローマ法と並んで大学の科目となり、多くの学生は両方の科目でJ. U. D（Juris utriusque doctor 両法学博士）、別の言い方ではLl. D（Legum doctor）の学位を取るのを得策と考えた。同じ教授が両方の法律を教えたのだろう。大学の中でも外でも、ローマ法と並んで教会法についても、注釈、集成、専門論文が書かれ、それが図書館の棚に並ぶようになる。ここでもまた注釈がふくれあがって、ついにダンテが、「おかげで福音書や偉大な博士はうち捨てられた」と文句を言うにいたる。教会法は、また、十三世紀に発達した教会の運営・司法面の仕事にも結びついた。事実、教会法はもうかる職業で、そのために人びとがみなもっと高尚な、しかしもうからない科目の神学を見捨ててしまう、という汚名を着せられるほどだった。

　教会法の発展にも、そのはじまりと同じように、ローマ法が大きな役割を果たしている。つまり、グラティアヌスは、アベラルドゥスと同じくイルネリウスも包みこんでいるということである。教会はもともとローマの制度で、属人法主義だったころは「ローマ法によって生きていた」から、ローマの法制が身についている。九世紀にはローマ法を教会法用にアレンジした『教会版ローマ法』（*Lex Romana canonice compta*）という手引書ができていた。イヴォとかグラティアヌスのような若手教会法学者の著作には、ローマ法がたくさん含まれていたし、グラティアヌスの仕事がボローニャでおこなわれたのも決して偶然ではない。アレクサンデル三世を皮切りに、変化が目につくようになる。教会は相変わらずローマ法から借用するのだが、もはや権威あるものとして引用してはいない。ローマ法には教皇は出てこないし、どこもかしこも皇帝ばかりだからそれも当然。そしてまた、教会はもう十分ひとり立ちできる力がついたから、自分に反対の立場をとるものとして引用されかねない法律に、今さら権威をつけてやる必要もなかった。一二一九年、教皇は、司祭がローマ法を学ぶことを禁じ、またパリ大学でローマ法を教えることも全面的に禁止した。

　教会法は、普遍の教会の法律であるだけに、イングランドのようにかつてローマ法が浸透しなかったところにも、またドイツのようにこの時期になってようやく浸透したところにもひろがって、自分の中に吸収同化したローマ法や、新しい法学の方法を伝える媒体の役も果たした。その上、教会法は独自の訴訟手続もつくりあげた。すなわち十三世紀の宗教裁判手続で、これは、大陸の刑事裁判に大きな影響を与えた。また一方、イングランドでは、たとえば遺言のように、法の別の部門を形作り、結局それは民事法廷に引きつがれることになった。しかしこれは、十二世紀をはるかに越える、法制史のあとの章に属する問題である。

十二世紀の法制の復活は、ローマ法、教会法とは別に、いまだに封建あるいは地方の慣習の支配する国々にも見られた。この影響はある場合は直接的で、ローマ法そのものは排除しながら、ローマの処世法や機構は利用するという形をとる。またある場合は間接的で、成文法や体系的な論述の実例を見ることによって、まだ成文化されていなかった慣習が、成文法に対抗して自己を守るために成文化される必要が生じるという形をとる。同時にまた、官僚制と王権の発展、文書にする習慣の普及にもある程度原因があるとせねばなるまい。法制の復活は、国家の復活の一つの面だったのだ。封建法の最初の顕著な例は、十一世紀末のバルセロナの『慣習法』（一〇六八年以降）、そしておそらくは初期のランゴバルド『封建法』(*Leges feudorum*) もそうだろう。一一九九年以後になるとノルマンディの「非常に古い慣習法」(*Trés ancien coutumier*)、十三世紀にはフランスの封建慣習のさまざまな編纂物がある。九世紀以来眠っていた法律制定が、シチリアのロジェール、ヘンリー二世、エルサレムの諸王の条令、フィリップ・オーギュストの法令、スペインの国会《コルテス》の最初の記録にふたたびあらわれる。アングロ・ノルマン財務府の新しい行政手続きと並んで、新しい法律がイングランド国王法廷の決定の中で次第に形作られていく。この法律は、リチャード一世の時代以降、公式記録に書きとめられているのだが、行政手続きの方はすでに一一三〇年の財務府文書に見られる。ヘンリー二世の治世にこの制度の運用をはじめて体系的に描いたものとして、リチャード・フィッツニールの『財務府問答録』、ラヌルフ・ド・グランヴィルの作とされる『イングランド王国の法と慣習』（一一八七―八九）がある。いずれも新しい国政と新しい法律を示すりっぱな著述である。

国王の法廷の令状や判決がラテン語であるごとく、グランヴィルもラテン語で書いている。彼はまずユスティニアヌスの『法学提要』の冒頭の言葉を模倣してから、例の専制主義の格言である「君主の意志は法の力を有す」を引用する。ところが、『学説彙纂』の原文ではそのあとに、君主の権威は人民を源とするという制限条項がついているのに、それは書いていない。しかし、イングランドの法律が「成文法」とちがって文字に書きあらわされていないという非難に対しては、彼は懸命にイングランドの法律を弁護する。これはすべて序文で、本文に入ると、メイトランドが指摘するように、わずかな定義と両刀論法以外に、ローマ的なものはほとんど見あたらない。本文は次のように始まる。

申し立てのうち、あるものは民事に、あるものは刑事に属する。さらに、刑事に関する申し立てのうち、あるものは国王に属し、あるものは州長官に属する。国王に属するものを次に示す。「法律《レゲス》」〔ローマ法〕では「最高の権威を傷つけたる罪」(crimen laesae maiestatis) と呼ばれている犯罪――国王の殺害、並びに国王自身あるいはその国あるいはその軍隊に対する裏切り行為――財宝の隠匿、治安の侵害、殺人、放火、強奪、強姦、偽造、その他同様のもの。

グランヴィルの著述の内容はまったくイングランド的で、国王法廷の令状の分類と説明を骨子とし、法律が国王の裁判官の管理のもとで実際に成長して行く状況を示している。将来、コモン・ローも同じような成長の過程をたどる。イングランドの法は、また、閉じた体系になることがなかった。すでにその多くの特徴がはっきりとあらわれている。たとえば、訴訟開始令状の制度や陪審裁判制度、イングランドの陪審と「海外の国王のいない連邦」の陪審などがそれである。ヘンリー二世の時代は、コモン・ローの歴史で最初の重要な時代だった。

一つの点で、イングランドのコモン・ローは、十二世紀には不利をこうむっていた。他の国の慣習法と同じく、大学では教えられなかったのだ。中世を通じて、大学の授業はローマ法と教会法に限られていた。国王裁判所の法律でさえイングランドの大学では学ぶことができなかった。コモン・ローはオックスフォードやケンブリッジからしめ出され、あの一風変わった学校、ロンドンの法学院に逃げ場を求めた。ローマ法がドイツとスコットランドを制した十六世紀の大ルネサンスにも、コモン・ローが破滅あるいは損傷を免れたのは、ある程度このおかげだった。

もう一つ別の領域でも十二世紀は法制のみのり豊かな時代だった。イタリア諸都市の成文法と、それら諸都市の寄与するところ大きかった商法、海事法の発展である。都市法にはローマ法とゲルマンの慣習が奇妙にいりまじっていて、ここでも次第に大きくなる行政府の実際的な要求が、法律を成文化する動きに一役買っていた。ピサの『慣習法』(*Constitutum usus*) は一一六〇年、アレッサンドリアの慣習は一一七九年に始まり、ほかにもいくつか、この世紀の終わる前にできている。新しい法律制定は自由市の「条令」にもあらわれているが、これは後にイタリア諸都市のきわだった特徴となる変化に富んだ多くの地方法のはじまりである。十三世紀のごくはじめにボローニャのボンコンパーニョは、「イタリアの都市は、みな自分の条令をつくっていて、執務官はそれに基づいて業務をおこない、その条令と矛盾するように見える法律にはおかまいなく違反者を処罰している」と書いている。その上、都市の間に結ばれる数多くの通商協定が国際関係のしっかりした基礎になっており、最初の海事法が制定されたのはこの時代であるとは確定できないにしても、外国の都市居住者に対する領事の制度、定期市や市場に集まってきて簡易裁判所の即決審理を求める行商人のための特別裁判権などの存在は、少なくとも認めることができる。貿易や商業にたずさわる者は、自分の政治制度のみならず自分の法律も作っていたのである。

十二世紀以後、法律は、かつてローマ時代にそうであったように、ふたたびヨーロッパ人の大きな関心の的、最高の知的努力に値する問題となった。以来神学はライバルを持つことになる。それも世俗的なライバルである。教会法さえ今はもう独立している。聖書や教父の著作と同列に、ほかの著作が――大部分は世俗的、時に異教の著作さえ――教会の認可もないまま、権威あるものとして並んでいる。「人間的、異教的な『学説彙纂』」の受容は、さらに一段と非キリスト教的な、アリストテレス、ヒポクラテス、さらには「すぐれた注解をおこなった」アヴェロエスなどの書物を受けいれることをすでに暗示している。聖職者にもライバルが生まれた。聖職者が学問を独占している限り、学問を必要とする公職はすべて彼らの独占物だった。文書を起草し、先例を調査することがほかの誰にもできない時代だから、尚書や書記は必然的に教会人で、事実、尚書院（記録保管所）と礼拝堂は区別できないことがよくある。聖職者は忠実な臣であるのが普通ではあったが、二つにわかれた臣従の義務を持っていたわけで、教会が強化されその存在が明確化されたこの時代には、二君に仕えることははなはだきびしいものになっていた。これまたヘンリー二世とベケットの史実に見られるとおりである。ヨーロッパの王室にとっては、聖職者に期待がかけられなくなったちょうどそのときに、法律にも文筆にも長じた教育のある俗人階級が出てきたことはもっけのさいわいで、その人たちの間から未来の行政官、事務官を選ぶことができた。官僚制の発達とともに、教会さえその法律家にますますたよるようになったのだから、国王が世俗のジュリスト、いやレジストをあてにするのはあたりまえだろう。よきにつけあしきにつけ、法律家は世界の政治の中で活発な役割を受け持つ要素となり、以後長くその状態がつづくことになった。

第八章　歴史の著述

十二世紀の知的復興がもっともよくあらわれているものの一つを、歴史の著述に見ることができる。たしかに、いろいろな点で十二世紀は中世のすぐれた歴史記述の時代だった。古い叙述形式がさらに幅と深さを増し、新しい形式が発展し、時代が活況を呈するにつれて、それをうつし出す歴史書の量もふえていった。ふしぎなことに、十二世紀文芸の他の部門では古典の影響がいちじるしいのに、歴史ではそれがほとんど見られない。これは古典の規範が復活した時代ではなく、新しい生活が量も種類も一段と豊富な歴史記述の中にその表現を求めて吹き出してきた時代で、それがラテン語のみならず、世紀の後半には自国語でもおこなわれた。

ローマのふたりのおもだった歴史家の中で、タキトゥスは中世には事実上知られていなかった。彼の『年代記《アンナーレス》』は——たった一つの写本のおかげで時の破壊を免れて生き残った本なのだが——中世にはまったく陰にかくれていたので、十五世紀のポッジョ・ブラッチョリーニの手になる偽作ではないかとさえ一時考えられていた。『歴史』の最初の四巻と半巻は、十一世紀にモンテ・カッシノで作られた写本のおかげで今日まで残っている(1)。小さな作品の中では『ゲルマニア』だけが、九世紀にフルダの修道院に保存されていた写本に引用されている例があるが、その後は姿を消し、ようやく一四五五年にいたってアスコリのエノクがほかの作品といっしょに写本をイタリアに持って帰って世に出るのである。『ゲルマニア』と『雄弁家についての対話』(*Dialogus de oratoribus*) の近代の写本はすべてこれに由来すると普通想像されている。十六世紀に近代的な政治が始まって、ようやくタキトゥスは歴史の著作と政治思想に独自の影響を持つようになるが、封建時代にはまったく理解の外にあった。

リウィウスの場合は、写本の数こそタキトゥスよりいくらか多かったものの、実際に使われた形跡は同じように少ない。十一世紀にヘルスフェルトのランベルトゥスが使っているようだが、十二世紀のソールズベリーのヨハネスは、当代最高の古典学者でありながら、リウィウスのことは間接的にしか知らなかった。ユマニストたちを悲しませた「失われた数十年」は、この時代の前にすでに失われていたのである (マルティノ・フスコや日刊紙が鋭意探索しているが、依然として行方が知れない)。リウィウスは、中世作の古典作家リストにはきまって登場するが、名前だけのことだし、ダンテに「誤りなきリウィウス」(Livio che non erra) と言われても、やはり名前以上のものではない。たしかにダンテは、リウィウスから昔のローマについてある感覚をつかんだようで、それが『帝政論』(*De Monarchia*) にあらわれてはいる。しかし、リウィウスに対する熱い賛美はリエンツィとポッジョにはじめてあらわれる。そして、ダンテの「誤りなきリウィウス」とマキアヴェリの『リウィウスの最初の十巻について』(*Discorsi sopra la prima deca di Tito Livio*) (別名『ローマ史論』) の間には、二百年にわたる人文主義の時の流れが横たわっているのである。

　カエサル、サルスティウス、スエトニウスは、十二世紀に知られていなくはなかったが、影響は取るにたりない。カエサルの写本はめったにないし、彼を知る歴史家も数少ない。「九、十世紀の歴史家が好んだ文体の模範」サルスティウスは、ブレーメンのアダムや、後のラーエウィンにそのあとが認められるが、十二世紀に与えた影響はわずかなもので、せいぜい『カティリナの陰謀』(*De Catilinae conjuratione*) や『ユグルタ戦記』(*Bellum Jugurthinum*) の抜粋がアンジュー伯の『言行録』に組みこまれている程度である。スエトニウスは、十二世紀に筆写されて、ソールズベリーのヨハネスがたびたび引用しているが、『シャルルマーニュ伝』(*Vita Caroli Magni*) のアインハルトに匹敵するような模倣者はその後出ていない。中世の伝記は古典の範にならうことがめったにないのである。中世に喜ばれたラテン歴史家は、ローマ末期の人びとに喜ばれたのと同じ、フロルス、ユスティヌス、エウトロピウスといったダイジェスト版作者で、彼らの人気は、ソリーヌスのようなほかの分野の要約者、抄録者の人気と相通ずるものがあった。これは、言いかえれば、中世がローマの事物の形式にあまり関心を持たず、古代の歴史書に含まれている世界観を欠いていた、ということにほかならない。十二世紀のように、形式感覚がある程度復活したときでも、人びとはむしろローマの詩人の言葉をはさみこむ。たとえばシュジェルは、散文によるフランス国王列伝で、スエトニウスならぬルカーヌスを模倣している。その上、古典時代の歴史記述は古典の修辞学、とりわけ公の場での雄弁術に強力に影響されていたのに、中世の生活にはこの基盤がなくなってしまった。そして、かりに中世の歴史家が、自分たちも古代と同じく道徳的な教訓を人びとに供給しているのだと申し開きをしても、その目的はもはや、リウィウスの熱列な序文に見られるように、愛国心や市民道徳を高揚するところにはなく、よりよき来世への道をさし示すところにある。「よきもあしきも取りまぜてここに書きつづったのは、有徳の人たちが善に従い、悪を避け、天なる国に通ずる道をたどらんがためである」と、アングロ・サクソンの年代記作者はウィリアム征服王の記事を結んでいる。

したがって、広く人生観についても、その具体的な形や様式についても、中世の歴史記述の先達は、異教のローマではなく、キリスト教ローマの中に求めなければならない。キリスト教ヨーロッパは、はるかに近代にいたるまで、歴史哲学をアウグスティヌスから、年代の体系をエウセビオスから取っており、この二つが結合して中世の年代記、つまり一般的な世界史になった。実際のところ、完全な意味での普遍的な歴史というものは、キリスト教の勝利以前にはありえなかった。なぜなら、ローマが世界に覇をとなえていることによって、外形的には世界史が書けそうに思えても、ほんとうに生命を持った普遍的な歴史を構想するには、まずもって人類の基本的な一体感がなければならないからである。古典とユダヤの両方の伝統を受けついだ初期キリスト教歴史家は、互いにまったく独立したまま発展してきた二つの歴史を結合し、調整する仕事に取り組んだ。ローマの歴史家の著作と旧約聖書に出ている資料の共通項を見つける作業で、まず第一に問題となるのは年代配列だが、それはカエサレアのエウセビオスの『年代表《カノン》』が解決して、後のキリスト教時代に役立つところとなった。彼の方法は、二つの平行する歴史の中に出てくる顕著な人物や事件、たとえばアブラハムとニヌス、モーセとケクロプス、サムソンとトロイア戦争を時間的に一致させることによって、この二つの年代体系を重ねてしまうのである。このようにして紀元三二五年までつくりあげた年代記というか、歴史概要は、聖ヒエロニムスの手で翻訳され、やがて中世の一般史の基礎となった。聖アウグスティヌスがそれにさらに世界の六時代説をつけ加えた。これは創造の六日間に対応するもので——創造主には千年も「一日」と見られる——第七番目として終わりなき永遠の安息がおかれる。イシドルスによってさらに発展し普及したこの体系は、第一の時代はアダムからノアまで、第二の時代はノアからアブラハムまでというふうにつづいて、第六番目がキリストの誕生から世の終わりまでとなっているのだが、この世の終わりというできごとを、中世の人びとは、初期キリスト教徒と同じように、早晩くるものと思っていた。四一七年に書かれたオロシウスの『異教徒に反対する七巻の書』(*Historiae adversum paganos*) では、この第六の時代はローマ帝国、預言者ダニエルの幻に出た四つの王国の最後のものと一致しているので、ローマ帝国はすべてこの世のものの終わりがくるまではまちがいなくつづくことになっていた。こういったことすべてを補足するのがアウグスティヌスの考え方で、彼は、やがては過ぎ去るこの世のローマと、信ずる者すべての永遠の都、すなわち神を建設者・製作者とし、天にあって目に見えず、人の手になったのではない都とをはっきり区別していた。ここからキリスト教は歴史哲学をひき出し、今ある世に背を向けて来たるべき世にまなこを注ぐこととなる。そしてこの二元論が中世を支配するのである。

ローマとキリスト教のこれらの素材をもとに、ローマがキリスト教に従属するという形で、中世の一般史は作られた。年代配列、時代区分、歴史哲学、すべてそうである。エウセビオス、ヒエロニムス、そしてその継承者にならって、天地創造からはじめるのが普通で、最後に自分の時代に到達して、その当時のできごとを書き加える。われわれに特に興味があるのはその部分だけである。時がたつにつれて、歴史家の中でも倹約家で思いやりのある人が、キリスト紀元で書いてくれるようになった。しかしこの記年法は、ローマ紀元に代わるものとして六世紀に取り入れられたあとなかなか普及しなかったし、コンスタンティノープルは相変わらず世のはじめから、年を数えていた。（世のはじめは紀元前四〇〇四年ならぬ五五〇九年。人のいいアッシャー大司教はそれを四〇〇四年の十月二十二日午後六時と定めていて、欽定訳聖書の余白に今でも見られる。）キリスト紀元さえ十一世紀の終わりには論議のたねになり、ある学派は天文学上の根拠に基づいて、現行の記年法は二十二年遅れているから一一〇〇年は一一二二年でなければならぬと主張していた。ともあれ、十二世紀に書かれた一般史は、一〇八二年にマインツで死んだマリアヌス・スコトゥス、およびその後継者で一一一二年にいたるいささかそっけない年代記述をおこなっているジャンブルーのシジュベールの年代記で基礎が定められた。

中世の歴史的な記録の第二のタイプ、編年史は、古典古代を起源とすると言ってもいいかもしれない。というのも、古代の歴史家は、トゥキュディデスの「夏と冬」からタキトゥスの『歴史』（Historiae）の「おそろしき年」（annus terribilis）にいたるまで、編年史形式をよく使っていて、annales《アンナーレス》（編年史）という言葉がhistoriae《ヒストリアエ》（同時代の実録）と対比して歴史をあらわす標準的な用語にまでなっていたからである。しかし、年ごとに歴史を書くという考え方だけを特に認めるわけにもいかないし、また、実のところ、中世の編年史は、ローマの執政官の名簿もいくつか残っているとはいっても、八世紀の復活祭日付表を別個の起源として持っていた。教育のない時代のこととて、教会暦の基本となる復活祭の日付を知るのに、自分の計算に頼るような人はいるものではない。何年にもわたる復活祭の日付を書いたたとえばベーダのような権威のある日付表が、教会から教会へ、修道院から修道院へと、次々に筆写しては伝えられた。通常一頁に十九年分書かれ、余白が広いので、年ごとに記事を書きいれるのに大へん都合がいいし、あとで日付表が用済みになれば、余白や行間に書きこんだその記事を、別に編年史としてとり出すことができた。はじめのうちはずいぶん大ざっぱで短く、抜けているところもあれば、まったく地方的な事柄も多い。たとえば次のサン・ガルで書かれたものを見ればいい。

七〇九　きびしい冬。ゴットフリート公逝去さる。
七一〇　きびしい年。不作。
七一二　大洪水。
七一四　大宰相ピピン死す。
七一八　カール・マルテル、ザクセン劫掠。被害ははなはだし。
七二〇　カール、ザクセンと戦う。
七二一　テウド、サラセンをアキテーヌから追い払う。
七二二　豊作。
七二五　サラセン人はじめて来たる。
七三一　福者ベーダ死す。

七三二　カール、土曜日にポアティエでサラセンと戦う。(2)

編年史作者がこれらの年の事件として書いたのはたったのこれだけ。七三二年のいわゆるトゥールの戦闘でさえそうである。現代のその後輩の中には、これを歴史を決する戦いの一つと見る人もいて、あるアメリカの学生など、この勝利なかりせば「われわれはみな、まことなる一つの神を礼拝するキリスト教徒ではなく、一夫多妻のイスラム教トルコ人になっていただろう」と叫んだものである。

やがてこれらの地方的な編年史は、修道院から修道院へと伝えられる間に大きくなり、天地創造の年、つまり第一年までさかのぼって一つの通史に継ぎ木されることもあれば、ほんとうに知識の豊かな著作家の手で、年度による配列をそのまま残した全体的な年代記に変えられることもあっただろうが、だいたいは、修道院の編年史にせよ司教座聖堂の編年史にせよ、この時代の極端に地方的な生活に対応する地方色をとどめていた。

中世初期に歴史記述のもう一つの類型として定まったものは、聖人伝である。最初のうちは、伝記は賛辞でなければならぬとするローマの修辞学のきまりに従って書かれ、かつての異教の神々にかわり聖人や殉教者が奇蹟をおこなった古い聖地を永遠に記念するものだったが、やがて独自の性格を持つようになって、ついには伝記体の著作として中世が生み出したもっとも特色ある形式となるにいたった。残念ながら様式がひどく画一的になるきらいがあり、どの聖人もほかの聖人と同じ型どおりの徳を身につけ、聖書や先輩聖人の偉業を模した奇蹟をおこなったあと天国へ昇るという形をとっている。もともと徳を教える目的で書かれ、また時代の変わるごとにその時どきの言語や思想に即して書きかえられるので、客観的な真実よりも主観的な真実を多く含むことになりやすい。聖人個人やその地方特有の些末な事実を伝えていることが多いにしても、その主な価値は、中世の精神や、当時一般に称賛の的となった信仰生活はどのようなものかがそこに反映されている点にある。

キリスト教的な歴史記述の以上三つの類型、すなわち年代記、編年史、聖人伝を、十二世紀も受けついでさらにつづけたわけだが、そこには独自のやり方もあれば、より活発な新時代を反映する変化もあった。順序を逆に取りあげるとして、聖人伝は、型どおりの伝記にせよ、特別な奇蹟の集大成にせよ、あるいは発見物の記録、聖遺物の移葬にせよ、数はたくさんあった。昔の聖人の伝記が、たとえば一一六三年におこなわれたエドワード証聖王のウェストミンスター移転の時のように、特別の行事をきっかけに書き直され、またこういった行事から新しい一連の伝説がはじまるというようなことさえあった。たとえばリシャール公の歌（chanson）は、一一六二年、フェカンのノルマンディ公の墓の荘重な発掘と関連があることを、ベディエが示している。聖ニコラスの奇蹟も同じで、彼の建物や、彼に対する崇敬がバリから北へ伝えられるにつれて大きくなり、典礼劇の形式に決定的な役割を果したと思われる。

それから十二世紀そのものにも、すぐに信じたがるメロヴィング時代ほど数は多くないが、聖人がいる。クリュニーやシトーの修道会に属する聖なる人びと、とりわけ聖ベルナルドゥス、そして十二世紀でもっとも有名で、もっともその特徴をあらわしているかの聖トマス・ベケットなどがそれである。一一七〇年に殺され、七二年に列聖されたベケットは、当時の人びとの心には、同時にまた国家と戦う教会の姿ともうつっていて、世紀の終わる前に早くもラテン語のみならずフランス語やアイスランド語の膨大なベケット文献ができあがっていた。その中にはカンタベリーの墓地でおこなわれた多くの奇蹟の話もあって、チョーサーの作品で不滅の生命を得ることとなった巡礼は、そのときからすでにひきもきらなかった。聖遺物を手に入れることは、宗教の問題であるとともに商売の問題でもある。聖地でおこなわれた奇蹟は、巡礼をひきつけるし、それにともなって寄進も集まる。民衆の叙事詩にでも取りあげられて宣伝されればなおさらである。この種の中心地の中では、コンスタンティノープルが古い聖遺物をいちばんたくさん持っているという評判で、そこへ行く道をたどる人の数はますますふえる一方、なんとかその宝を請い求め、あわよくばくすねようとはかった。カンタベリーのある修道士がそこで一〇九〇年頃に聖アンドレアの遺物のかけらを手に入れた経験を語っているし、アルザス地方ペリスの修道士は、一二〇四年の大略奪のときに修道院長がおこなったはなはだかんばしからぬ所業を次のように書き残している。

勝利者たちが征服によっておのが所有に帰した町の略奪をほしいままにしている間、修道院長マルティノは自分も分け前にあずかろうと考え、ほかの者がみな金持になるのにひとり手ぶらで取り残されるのは心外と、神に捧げられたその手で物をかすめ取ることを決意した。しかし、世俗の分捕品をさわっては手のけがれになるので、聖者の遺物をいくらか物にできないかとその策を思いめぐらし始めた。この町には聖遺物が大量にあることを知っていたのである。……〔遺物箱のある手頃な教会を見つけた〕院長は、せっせと両の手をつっこみ、しっかりと帯をしめた自分と補助の司祭のふところを聖なる盗品であふれんばかりにした。彼は、中でももっとも価値があると思われるものを要領よく隠し、すぐさまそこを立ち去った。この聖なる盗人が横領した聖遺物が何であって、どれほどの崇敬に値するか、いずれ本書の末尾でくわしく語るとしよう〔キリストの血の痕跡、十字架の断片、洗者聖ヨハネの遺体の少なからざる部分、聖ヤコブの腕、多くの聖人、聖地の遺物〕。腹いっぱいに――と言ってよろしければ――かかえこんで船にいそぐ時、彼を愛する知人がこれまた品物をせしめんものと船からいそぎ出て行くところだったが、その人たちが彼を見て楽しそうにたずねるには、「何かおとりになりましたか。ずいぶん重たそうに歩いておいでですが。」いつものように喜ばしい表情を浮かべ、明るい声で「でかしましたぞ」と彼は言う。すると一同、「神に感謝」と答えたのだった。(3)

これほど洪水のように遺物があふれ出てきては、やがて値打ちがさがるどころか、ほんものかどうかさえ怪しくなってくる。特に商売のたねになればなおさらで、チョーサーが免符売りの「豚の骨」の話をしたり、エラスムスがウォルシンガムの聖処女の乳について風刺を書いたりするようにもなる。もう一つ、疑惑のきっかけとなるのは、同じ遺物がたくさんあって、それぞれ自分のがほんものだと主張することだった。中世の終わりの頃、フランスの少なくとも五つの教会がキリストの切除包皮をほんものの遺物として持っていると称していて、教皇インノケンティウス三世は、十三世紀はじめにその問題が持ちこまれたとき、どれがほんものか決着をつけることができなかった。(4) それより百年早く、ノジャンの修道院長ギベールは、一一一九年に死ぬ直前、『聖者のあかし』(*De pignoribus sanctorum*) という変わった本を書き、この点について驚くほどの懐疑論を展開している。洗者聖ヨハネには頭が二つあったか、あるいは、コンスタンティノープルとサン・ジャン・ダンジュリーに残っている彼の頭のどちらかはにせものだ、と彼は言う。アミアンの聖フィルマンの遺体は、たしかにそのものだというしるしが何もないが、サン・ドニにある頭と四肢は羊皮紙の証書付きである。隣のスワッソンの聖メダール修道院が主キリストの歯を持っているなら、キリストは完全に復活したのではないことになり、復活の教えはしたがって無効である。こういった議論は、後にジャン・カルヴァンなるこれまたピカルディの批判者の用いるところとなった。ギベールは、ラーンのカテドラル再建のために行列をおこなったときのように、真実性が疑わしいのに奇蹟をおこすと称して聖遺物を持ち歩き、金を集めるのはけしからんと、痛烈な非難を浴びせている。

ギベールの作品がわれわれにとって興味深いのは、主として、歴史の批判精神があらわれている点にある。これは、一般の想像とは異なり、中世にまったく欠けていたわけではなくて、本文批判の問題、年代の問題は必ず出てきたし、歴史家は相互に矛盾する陳述に何らかの形でぶつからずにはすまなかった。このような点で十二世紀がいくらか進歩を示していることは、たとえばフライジンクのオットーのような著作家にさらに具体的に見ることができる。世紀のはじめ頃には、マリアヌス・スコトゥスその他が現行の年代順配列を攻撃し、一一九八年にはインノケンティウス三世が、疑わしい教皇文書に対するしっかりした検査基準を定めた。そしてギベールは、考古学的な資料と呼べるような物について、非常に良識のある批判を示した。これは、オーストリアの特権に関するペトラルカの調査、コンスタンティヌス寄進状に対するロレンツォ・ヴァラの攻撃を予示するような、批判的態度のあらわれである。

十二世紀の編年史は、それ以前のものから突然変わっているわけではない。旱魃と洪水、ペスト、疫病、飢饉、日食・月食や彗星、修道院長や司教の死去と就任などが、相変わらず内容の大半を占めている。それと同時に、記録すべきものが次第に多くなり、また旅行の発達で外の世界のニュースがたくさんもたらされるにつれ、編年史自体もますます充実し、かつ変化に富むようになった。イングランドのこの種の記録集が、「文書史料集」（Rolls Series）の『修道院編年史』（*Annales monastici*）に編纂されたが、これはブリテン島内のできごとに関する最初の重要な記録で、十三世紀における編年史の役割をうかがわせるものである。このようにして、セント・オールバンズ修道院の局地的な記録から、十三世紀にマシュー・パリスの大部な歴史が生まれた。特にイタリアの場合、いくつかの都市の編年史が、商業国家、工業国家の熱っぽい生活をうつし出し、また、しばしばそれが次代の都市年代記に発展していくということから、ますます大きな関心を集めている。これらの点で、十二世紀は南部ヨーロッパの方が先進国だと言える。『ドイツ諸都市年代記』（*Chroniken der deutschen Stadte*）や、イングランドあるいは低地地方の同じような記録は、中世末期に属する。全体として見ると、十二世紀が深まるにつれて、一つにはコミュニケーションの発達のため、一つには宮廷と中央集権国家の重要度が増したため、歴史は次第に地方的なものではなくなってくる。そのいちじるしい例はサン・ドニ修道院に見られる。このフランス歴代の王の廟地は、十三世紀には、王室の伝記についても、国の編年史についても、フランスの歴史記述の公的な中心となった。

普遍的な年代記は、十二世紀の歴史記述のとりわけ目立つ特徴である。それは、フランスでは、その前の時代の地方的な記録の中に完全に埋もれてしまっていたし、ドイツでは、およその性格は残しながらも、マリアヌスとシジュベールのいささか無味乾燥な行文となっていた。このような作品を起点として、フランスではトリーニのロベルトゥスとオルデリクス、イタリアではサレルノのロムアルドゥスの手によってこれが復活し、またフライジンクのオットーにおいて、中世ドイツの歴史叙述は頂点に達するのである。

古い一般史の特徴が十二世紀最高の作品の一つであるモン・サン・ミシェルの大修道院長トリーニのロベルトゥスの著作にはっきり残っている。「今日のすべての年代記作者に先んじてとりわけ」『シジュベールの補遺』といみじくも名づけられたこの年代記は、ロベルトゥスがはじめて修道士となったベックで着手され、一一五四年に大修道院長として着任してから一一八六年に世を去るまで、ずっとこの「聖ミカエルの山」で書きつづけられた。このはるかな岩山ほど自然の手で隠遁と黙想向きに隔離された場所は少ない。潮流と流砂で本土から切り離され、あらしもよいのブルターニュの岬のかなたには、道なき海原が望まれ、いのち終えた太陽が死の国へと沈んで行く。年代記がここほど地方的になり、しかも、つまらぬ人間の生活を離れて見えざる世界に向かえるところは、ほかにあるまいとも思われよう。ところが実際は、ロベール修道院長は、修道院のさまざまなことがら、その教会、書庫、聖人の遺物や遺骨に心を向けながら、ノルマンディ、イングランド、メーヌ、ブルターニュ、英仏海峡諸島など修道院の財産がある外の世界や、国王、高位聖職者の宮廷に、いや応なしにかかわることになった。在任中には、海のかなたから来る巡礼と同じく国王たちも山を訪れ、すべてがこの修道院長の歴史の臼にひかれる穀物となった。こうして彼の年代記は、アングロ・ノルマン王国のみならず、はるかスペイン、シチリア、シリアの年ごとのできごとを記録し、中には一一二八年にヴェネツィアのジャコモがアリストテレスの新訳を出したとか、その二十年後にはヴァカリウスとローマ法がイングランドに渡ったとか、ピサの司法官ブルグンディオがギリシア語からの翻訳をおこなったというような、遠い国のちょっとした知的歴史まで記されている。未知の世界のことはあまり出ていない。想像力の大してない、手がたい実務家であるロベールは、年代的な叙述、とりわけ司教や修道院長の継承、教会の建設と献堂に関心を持ち、それらすべてを編年史作者の流儀で簡潔に冷静に、不吉な天変地異や諸侯の外征に織りまぜて書き記していく。しかし彼は自分の年代記と、聖ミカエル《モン・サン・ミシェル》の山で記録されていた簡単な編年史とをはっきり区別していた。たとえば、一一六五年の項で、編年史はルーアン大司教ロトルーの就任しか記録していないのに、年代記に語られているのは、ヘンリー二世と王妃の巡歴、同じくヘンリー二世のルイ七世との会見、フリードリッヒ・バルバロッサとの折衝、フィリップ・オーギュストと未来のシチリア女王の誕生、教皇アレクサンデル三世のシチリアへの旅、バイユーとシャルトルの司教およびサン・ヴァンドリルとマルムティエの修道院長の交替、スコットランド国王の死、聖ミカエル山の落雷、そして——中でもいちばん長い記事として——百年以上も前に前任者がイタリアから持ち帰った聖ラウレンティウスの遺骨を納めるために、自分が金銀の聖遺物箱をつくった話にまで及んでいる。そしてシジュベールとの密接なつながりが、この年を神聖ローマ皇帝フリードリッヒの在位第十三年、フランス王ルイの在位第二十八年、イングランド王ヘンリーの在位第十一年としているところにうかがわれる。

同じく一見しただけでは局地的なものに思われるのは、これまた十二世紀のノルマンディの修道士、サン・テヴルールのオルデリクス・ウィタリスによる『教会史』である。オルデリクスは、一度も修道院長になったことはなく、一生この建物にこもりきりで、外の世界に足を踏み出すこともめったになかった。たしかに、修道院とその近辺に関すること、特に近隣の諸侯の戦いの記事が多いのだが、長い生涯の間に人の口や文字を通じて知り得たことが少なくなかったので、西暦紀元から筆を起こし、ノルマンディや故国イングランドのみならずシチリアや東方諸国のことまで、壮大なスケールで書きつづることができた。冬の寒さで筆をとれなかった時を別として、来る年も来る年も仕事をつづけた結果、十二世紀のフランスを代表するような歴史の著作を生み出すことになった。「アレクサンドリア、ギリシア、ローマのできごと」は直接知ることができなかったので、初代キリスト教時代については昔の年代記作者に頼ったが、近い時代については、新しいノルマンやイギリスの歴史家の著作、その他聖人伝を使っている。また、修道院所蔵の文書や、自作も載せたラテン語詩集を自由に参考にしている。マリアヌスとシジュベールを一度のぞいたことはある。しかし、のぞいたというだけで、自分の作品を書くには、キリスト降誕から一一四一年まで、独自のいささか散漫な流儀に従った。活字にして五巻のこの書物は、当時の生活に関する情報の宝庫であるにとどまらない。筆致のたしかさ、人びとにまつわる知識の豊かさには、必ずしも修道院と結びつくとは言えないようなところがある。「この世紀最高のフランス人歴史家」たる彼は、最後まで一修道士として、青年時代に約束された永遠の報賞を強く未来に望みながら、信心深いその一生を回顧するのである。

司教歴史家の好例はフライジンクのオットー（一一五九年歿）で、彼の場合、一般史は哲学の色合いを帯びている。オットーは歴史家であると同時に哲学者、修道士であると同時に司教だった。フリードリッヒ・バルバロッサのおじにあたり、皇室と縁故関係にあったので、当時のおもだった事件に接することができ、遠征に同行してローマ、エルサレムにも出かけた彼は、目撃者としてのたしかな筆致でその遠征を描いている。また、若い時にパリで勉強したことがあって、ドイツにはじめてアリストテレスの『新論理学』を持ちこんだ。彼自身の考え方もそれに深く影響されていて、当時のスコラ哲学論争に強い興味を持ち、歴史著作の中にも三段論法や、実体と属性に関する議論がいくらか入ってきている。ラテン世界の深い学識を身につけ、アウグスティヌスの『神の都』に影響されるところははなはだ強くて、自作の『年代記』に、地上と天上、二つの都について、という表題までつけている。その第八巻、つまり最終巻の全体が反キリストの到来と天なるエルサレムの建設にあてられており、この都の栄光が、黙示録風に描かれた真珠の門と黄金の街にほのかに暗示されている。「あたかも時の流れの終末に位置するがごとき」彼の熱い心は、せまりくるクライマックスを待ち望むが、この歴史のはじめの部分は、変化と衰退の一大悲劇で、各巻すべてが「苦難のうちに終わっている」。教会がこの世に対して抱いている大きな幻滅と、来世に対して抱いている小さな幻滅について、サンタヤナが述べている言葉が思い出されるではないか。しかし、混沌とした資料を巻ごと、時代ごとに区分するにあたっては、オットーは実に筋の通った歴史的な展望を示している。アウグスティヌスの言う六つの時代のうち、最初の四つの時代、つまりローマ以前が第一巻にまとめておさめられ、第二巻はローマ建国からキリストの誕生に及んでいる。つづく三つの巻の終末はそれぞれコンスタンティヌス、オドアケル、ヴェルダン条約で、今日の参考書にある肉太活字の年表を思わせるが、第六巻は一〇八五年のヒルデブラントの死で終わり、いちばんくわしく書かれた第七巻は、最初の十字軍から一一四六年までを取りあげている。この全体的な展望はいちじるしくローマ的で、オットーは、ローマ帝国、つまりオロシウスの著作にある第四の鉄の王国のキリスト教世紀に、統一を見いだしているのである。帝国はローマからギリシア人の手に渡り、さらにフランク人、ランゴバルド人、ゲルマン人へと西に向かって移動するが、東方の学問もギリシア人、ローマ人、そして著者の時代になってガリア人、スペイン人に伝えられる。甥の皇帝と同じく、オットーも皇帝権については、『ローマ法大全』を思わせる言葉づかいで法律より上位においており、神のみに責任を持つものである、という強い考えを持っていた。

中世の帝国のハイライトともいうべきフリードリッヒ一世の治世が順調に進んだために、オットーは、それほど悲観的でない歴史を書くことができた。一一五六年にいたるフリードリッヒの二巻の伝記、もしくは『言行録』には、ある熱狂的なドイツの作家がしたように作者をタキトゥス、トゥキュディデスなみに位置づけることははばかられるにしても、たしかにオットーの歴史家としての多面的な才能が実によくあらわれている。帝冠を戴くためのローマへの大旅行、一一五四—五五年の『ローマ行』について、オットーの記事にまさるものは残されていないし、皇帝が争わねばならなかった例のロンバルディアの自治体について、同じ紙数でこれ以上みごとに描いている人はひとりもいない[5]。

都市の統治と内政については、彼らは古代ローマ人の知恵に学んでいる。しかも、自由を愛することははなはだ強いため、権力の濫用を警戒して、君主よりは執政官に統治されることを望んだ。彼らは「騎士隊長《カピタネイ》」、下級騎士《ヴァヴァッソーレス》、平民の三つの階層に分かれていた。そして各階層の増長をおさえるため、執政官は一つの階層ではなく、すべての階層から選出され、権力欲に屈することのないようにほぼ一年ごとに交替させられる。そこで、国のほとんど全体が都市に所属しているため、その都市の一つ一つが、住民に対し自分のところへ加わることを求めるようになる。そして、これほど広い地域だというのに、地位のあるひとかどの人間で自分の市の権威を認めない人などその中にひとりも見あたらないのである。……隣国を威圧する力に欠けるところがないように、都市は身分の低い青年やいやしい機械的な仕事にたずさわる労働者にまで、剣帯や誉となる地位を与える。ほかの国民なら、こういう人たちを疫病のようにきらって、自由な名誉ある仕事からしめ出してしまうだろう。この習慣があるためにこそ、彼らは富においても力においても、世界の他の都市を凌駕しているのである。また、その勤勉さに加えて、長い間アルプスの北の支配者を持たなかったことも、この結果を生むのに役立っている。一つの点で、彼らは昔の高潔さを忘れ、蛮族の本性を暴露する。それは、法のもとに生活することを誇りとしながら、法に従わないことである。支配者に心からの敬意にみちた服従を示すのが義務であるのに、尊敬をもって支配者を受けいれることがめったにない。いや決してないと言ってよい。支配者が法的な権力に従って法令を公布しても、軍隊の存在に支配者の権威を感じとらない限り、彼らはそれを守ろうとはしない。

伝記については、十二世紀はとりわけ豊かである。中世も初期には特にそんなことはなく、きわだった個性の持主はめったにいなかったし、アインハルト描くところのシャルルマーニュ像などむしろ驚くべき例外で、それはアインハルト自身に劣らずスエトニウスに負うところが大きい。中世の伝記は、中世の肖像と同じく様式的で、個性の切れ味は鈍いのが通例である。シュマイドラーが指摘しているとおり、われわれの理解にあるような性格描写は中世にはまれで、物語を一旦中断してひとりの人あるいは集団を描こうという考えが作者の頭にはあまり浮かばなかったらしい。例外がむしろ法則の存在を証明していると言えるのはロディのアケルブス・モレナの場合で、彼は一一六三年のバルバロッサのイタリア遠征の叙述を中断し、皇帝、皇后、随行のおもだった人物の印象的な性格描写をおこなっているのだが、その際読者に対して、それを余計だとか場違いだとか思わないでいただきたいと希望を述べている。伝記のお気に入りの形式は、特定の土地の司教、修道院長、伯爵などの名称列挙、伝記、言行録で、無味乾燥な編年史よりはくわしくもあり、面白味もあるが、本質的には所詮地方の記録をいでない。キリスト教国にはいちばん関心があるはずの『教皇列伝』(*Liber pontificalis*) さえ、数百年にわたって、まったく地方的なできごとを記した年代記、ローマ司教区編年史でしかなかった。

ローマ・キリスト教圏の中心がこのとおりなら、ごく初期の『修道院長・大司教言行録』(*Gesta abbatum vel pontificum*) に個人的な描写と全ヨーロッパ的視野が欠けていても驚くにはあたらない。十二世紀には、こういう記録は一段と数を増し、また伝記らしくなる。実際、この種の多くの新しいシリーズはこの時代に始まっているのである。ローマでは、ボソ枢機卿が次第に薄れてゆく『教皇列伝』の伝統を復活させて、古い伝記を改訂するとともに、当時の、特に彼が一一四九年に教皇庁に入ってからあとの教皇たちの内容豊富な伝記を書いた。ボソの大きな長所は充実という点にある。思うままに教皇庁古文書を活用していて、彼の手になるアレクサンデル三世の伝記など、未完ながら、教皇シリーズ全体の中でももっとも長い。それでもできあがりは伝記よりはむしろ編年史のおもむきである。そしてこれら教皇の伝記は、大部分が一つの都市の編年史だともいえる。たとえば、唯一のイングランド人教皇ハドリアヌス四世（一一五四—五九）の伝記は、型通りの地方的な枠組の中にはまりこんでいて、同じイングランド人、ソールズベリーのヨハネスが『教皇庁覚え書』(*Historia pontificalis*) の中でそれに先立つ四年間（一一四八—五二）について書いたあのみごとな断章の幅と奥行はない。ボソはこの教皇の側近に奉仕したときのできごとに大きな比重をおいているが、フリードリッヒ・バルバロッサやシチリアのギヨームとの関係については、フライジンクのオットーやロムアルドゥスの方が多くの事実を伝えている。次に示すハドリアヌス四世伝の抜萃では、賛辞すら七、八世紀の伝記をそのまま写している。この時代には教皇という教皇はみな大へんに親切で大へんに雄弁だったらしい。

彼の在位は四年八ヵ月と六日……大へん親切、おだやかで辛抱強く、英語とラテン語をよくし、洗練された雄弁を身につけていて、歌にも説教にもひいでていた。また、怒るに遅く許すに早く、陽気で物惜しみせず、人も知る円満な性格の持主だった。……ラテラノ聖堂の中になくてはならない便利な水槽を掘らせたほか、古びて役に立たなくなったものをいろいろ作りかえた。四旬節の喜びの主日には、福者グレゴリウス教皇が聖別した石の上に、聖コスマ・ダミアヌス教会の大祭壇をみずからの手で奉献した。〔教皇領の土地や建物をふやし、オルヴィエトの所有権を取りもどして、そこに最初に逗留した教皇は彼である〕。九月一日〔一一五九年〕アナーニで歿し、ローマに運ばれてサン・ピエトロ聖堂の教皇エウゲニウスのそばに丁重に葬られた。本書の筆者ボソは、聖プデンツィアーナの枢機卿司祭、上述の教皇の在任中には随員を勤め、聖コスマ・ダミアヌス教会の助祭でもあって、当教皇の死去するまで常にその傍らにあって親交を得ていた者である(6)。

伝記においても、教皇の伝統は、十二世紀にとってその後のどの世紀とも同様、強すぎたのである。

『教皇列伝』は、ラヴェンナ、ル・マン、オセール、トゥールなど、司教区の歴史家の間に多くの模倣者を生みだしたが、十二世紀には、その人たちもいくらか自由に時代をうつし出すようになっていた。たとえば、『ル・マンの司教の事績』という古い双書をこのとき手がけているのは、古典の趣味と素養を持ち、この時代の特色である押韻散文がことのほか好きな作家だった。本文の間に特許状のかわりにちょっとした韻文が挿入されていて、詩人ヒルデベルトゥス〔一〇九七年から一一二五年までルマンの司教〕については、その詩の巧みさは遠く広く知られ、キケロの雄弁をもってしても十分にほめたたえることはできないだろうというようなことが書かれている。十一世紀のこの種の作品では最高といえるカンブレーの司教の年代記も、今や古典の韻律ではないが韻文で書き続けられるようになっている。十二世紀には、トリーアの大司教の『言行録』が広く読まれたが、これは古いものに大きな関心を寄せていて、カエサルの『ガリア戦記』を思うままに利用しているだけでなく、この有名な町は紀元前二〇〇〇年頃のニヌスの子トレベタスなる人物が前ローマ時代に創設したものだ、とも書き記している。トレベタスの子孫はラテン語の碑文にうたわれ、今も残っている「黒門」(Porta Nigra) などこの町のローマ時代の建造物を作ったのは彼らだという。このような遠い町の起源伝説は、中世のみならずイタリア・ルネサンスの特徴でもある。

もっと広い、後の時代にもふさわしいテーマを扱っているものは、マムズベリーのウィリアムが『イングランド司教言行録』(*Gesta pontificum Anglorum*) で彼自身の時代（一一二五年）までについて書いているイングランドの司教・修道院史の概観である。その基礎とも模範ともなっているのは、いうまでもなくベーダで、模範もりっぱながら、著者自身も多くの調査をおこなっていることは、彼によるグラストンベリ修道院の専門史にくわしく見ることができる。『司教言行録』と対をなすのは『国王言行録』(*Gesta regum*) で、これまたベーダに端を発しているのだが、続篇とともに著者自身の時代の貴重な史料となっている。事実、ウィリアムは、イギリスの史料編纂において高い位置を占めているが、それというのも、多くのこまかい年代や事実に体系的な因果関係を与え、歴史の名にふさわしいものに仕立てようとした著作家として、ベーダ以後最初の人物だからである。たしかに彼は歴史家の技法というものに高い望みを抱いていて、制度の発展や、政治的な措置の成果、おもな事件の傾向を跡づけるのにある程度の成功をおさめている。人物描写の腕に自負を持っていて、それもたしかにもっともなところがある。歴史的な正義感にうながされもしたのだろうし、それに劣らぬ自己保全の本能もあったのだろうが、王朝のもろもろの派閥を公正、公平な目で見ようとつとめている。そして、自分がさいわい両方の血を引くことを利用して、ノルマン人とイングランド人の対立の中でなんとか中立の立場を取るのである。大へんな読書家でしかも底知れぬ努力家。学識にすぐれていて、多くの分野で思慮深い研究をおこなう人。その結果がたとえ完全には目的にかなっていないとしても、それ以前の何よりも歴史の理想に近いことはたしかである。[7]

教会と封建諸侯の伝記の間に一線を画すことはむずかしい。高位の聖職者は封建君主でもあったからである。他方、俗人領主の伝記はだいたいにおいて聖職者、宮廷付き司祭の手で書かれた。いちじるしい例外はアンジューの伯爵たちを対象とした一〇九六年の断片で、著者はその伯爵のひとりであるフュルク・ルシャンの名前になっている。フランスの大きな封建家族の一つを取りあげたこの書物には、封建時代の精神があざやかに息づいているが、それがもっともよくあらわれているのは、次にあげるジョフロワ・マルテル伯の簡潔な伝記で

ある。(8)

わがおじジョフロワは、その父の存命中に騎士に任ぜられ、騎士としての仕事の手始めに、隣国との二つの戦いをおこなった。一つはポアトゥ人に対するもので、彼らの伯爵をモン・クエルで捕え、もう一つはメーヌの人びとに対するもので、彼らの伯爵でハーバート・ベーコンなる者を同じく捕虜とした。彼はまた自分の父とも戦いをまじえ、その間に数多くの悪事をおこなって、後にひどく悔むこととなった。父がエルサレムから帰国して世を去ると、その領地とアンジェの町を自分のものとし、オド伯の子、ブロアのティボー伯と戦った。そしてアンリ王の贈り物としてトゥールの町を受け取ったのだが、そのためにティボー伯との戦いは一段とはげしいものとなり、トゥールとアンボワーズの間の戦闘でティボーは一千人の騎士とともに捕われの身となった。かくてジョフロワは、父から受けついだトゥレーヌの一部のほか、トゥールと近辺の諸城――シノン、リール・ブシャール、シャトールノー、サン・テニャンを手中におさめた。その後ノルマン人の伯爵ウィリアム（後年イングランドを領有した偉大な国王）、フランスとブールジュの人びと、ポワトゥのウィリアム伯、トゥアルのエメリ子爵、ナントのオエル伯、彼に対する忠誠を放棄したメーヌのユーグ伯とも戦った。これらの戦いと、そこで示した武勇のために、「鉄槌」と呼ばれたのもむべなるかなで、まさに彼は鉄槌のごとく敵をたたきつぶしたのであった。

生涯の最後の年に、ジョフロワは甥にあたる十七歳の私をアンジュの町で騎士に任じた。ご託身の第一〇六〇年の聖霊降臨の祝日である。そして、ディドンヌのピエールと争って、サントンジュとサントの町を私に下付してくれた。同じ年、国王アンリが聖ヨハネ誕生の祝日に死去し、おじジョフロワも、聖マルタン祭の三日後によき終末を迎えた。死の前夜、彼は騎士とこの世の俗事をすべて投げうち、自分の父とともに心をこめて建立し多くの寄進をした聖ニコラス修道院で、修道士となったのである。

よき終末、そしてまたなんとタイミングのよかったこと！　精いっぱい長く騎士道と俗事に打ちこみ、最後の瞬間に修道院の静寂が用意されるとは！　同じくノルマンディの行政長官・大法官ロベール・ド・ヌフブールも一一五九年にベック修道院の門をくぐり、死ぬまで実り多い悔悛の一月を送ってから、「みずからの出費でみごとに建立した」聖堂に葬られたのだった。

聖職者の手になる封建諸侯の伝記の中でも最高のものの一つは、この世紀の終わりにカレー近傍アルドルの司祭ランベールが書いた、ギーヌ伯とアルドルの領主の歴史である。一部を領主の甥の口から語らせてはいるが、全体の調和はよくとれていて、聖書やローマ詩人、ラテン語韻文の引用をもりこんだ大げさな文体、序文の手のこんだ古風な実例など、いかにも聖職者らしい。この領主たちは、フランドル伯の家来の小粒の封建諸侯で、伯のまねをして十二人の貴族をこしらえたりしているが、当時の一般史の中で下っ端の役割しか演じないながら、かえって生活の現実の姿を身近に伝えてくれるのである。それがいちばんよく描かれているのは公正にして寛大なボードワン二世伯（一一六九—一二〇六）の伝記で、彼は偉大な建設者であると同時に、昔の勇猛なヘラクレスそこのけの沼地の干拓者、司祭の詠唱よりも猟犬の吠え声に喜んで耳を傾けるすぐれた狩猟家でもあった。大酒飲みで、城内の水差しをすべてたたき壊した上、水を所望したランスの大司教に強いブルゴーニュ酒を供したこともある。奥方の死に意気消沈しながら、鷲のように若さを取りもどし、女性に対してはさながらソロモンかユピテル、家庭のみならず広く各方面に数知れぬ息子や娘をもうけて、そのうち三十三人が彼の葬儀に参列した。字は読めなかったが、聞くことは熱心で、固苦しい聖職者の学識のかわりに旅芸人の話に耳を傾け、ラテン語から自国のロマンス語への翻訳を命じてその各種の訳書を収集した――以上ひっくるめて、彼がまれに見る傑物であることについては誰しも意見をひとしくせざるをえないだろう。封建社会をかいま見させるようなできごともこの作品の各所にちりばめられている――イングランドから大きな熊が連れてこられ、アルドルの住民の楽しみのために死ぬほどいじめられた。ところが住民の方け熊を養うためにかまど一つごとにパン一つという負担を負うことになり、その義務は、餌をやるべき熊がいなくなった後も長くつづいたこと。農夫が、城の貴婦人に献上する子羊がいない時には、娘を献上しなければならなかったこと。騎士になりたてのアルノルドゥスが、吟遊詩人、道化師、旅芸人、薬売り、その他祭に集まったありとあらゆる商売人に大盤振舞いをし、また同じその騎士が諸国を旅行したこと。気立てがよくて信心深いペトロニラ令夫人が人形相手に遊んで踊り、釣堀にとびこんだり泳いだりして、観衆を喜ばせたこと。しかし、中でももっとも貴重なのは、おそらく、城に関するランベールの記述だろう。三層の木造の本丸と土塁は十二世紀の初頭に築かれたのだが、今なお使用されており、この種の大方の住居よりも広々としている。一階には大ホールと城主の寝室、ほかに二つの寝室、暖かい化粧室、食料品貯蔵室と食器室があり、台所は安全のため豚や家禽の小屋といっしょに別棟になっている。世紀の末には、ボードワンがギーヌに円形の石の城を建てたが、それは平らな鉛葺きの屋根で多くの部屋があり、中には迷路まで作られている。トゥルヌエムに作り直した塔にはおそろしい土牢がある。アルドルの大掘割は、きびしい工事監督の鞭のもと、飢えと悲劇のうちに掘られた。サンガットの海岸の砂丘の中に彼がつくった天を摩する要塞（celo contiguam）は、非常に守りが固く、かりにトロイアが同じような人員と装備を擁していたなら、栄光をそのまま残して今なお立っているだろう、という。

十二世紀末のこれほど武骨なところのない封建制については、『ギヨーム・ル・マレシャルの歴史』（*Histoire de Guillaume le Maréchal*）に注目すべき記述がある。一万九千行あまりのこのフランス語の詩は、故ポール・メイヤーによって発見され、巧みに編集された。マレシャルは若い時には野武士で、いかにも騎士らしい高潔さの模範であるかの若き国王の戦友となり、エルサレムとケルンに巡礼した。さらにストライガイルとペンブルックの伯爵の地位に昇り、一二一六年から一二一九年に死ぬまでヘンリー三世の摂政の任にあった。したがって、その生涯は、イングランドの四つの治世の歴史、アイルランドとフランスの多くの重要事件とからみ合っていることになる。彼の伝記作者は、当時の生活についていろいろな記事を残し、特に馬上試合に多くの頁をさいている。馬上試合はリチャード獅子心王がイングランドにとりいれたフランスのスポーツで、実際の戦闘とほとんど変わらないことがしばしばである。そして、腕のすぐれた戦士はこの試合で大きな利益をあげることが書かれているが、マレシャルはもうひとりの仲間とともに、一年もしない間に百三人の騎士をとらえたほか、書記の記録には出ていない馬やよろいを手に入れたのだった。あれやこれや、ギヨーム・ル・マレシャルこそ封建的美徳の模範で、フィリップ・オーギュストは、かつてこれほど誠実な男を見たことがないとまでたたえている。当時のさまざまな事情をこまかく書き記し、二番煎じではない新鮮な史料にみちたこのユニークな伝記は、新しい時代の自国語による歴史に属するもので、伯爵の家族にもわかるようにその言葉で書かれている。

きょうだいたちは
兄のよきマレシャル
ギヨームが父のため
かかる仕事をなしたことを
満足に思うだろう。
神も彼らに喜びを与え給え。
この物語を聞くときに
彼らは大いなる祖先の
　徳とほまれのために
心おどるにちがいない。

伯の物語ここに終わる。

Quant 〔li〕 lignages, frére & suers
Orront ce, molt lor iert as cuers,
Que li buens Mar. lor frére
Willemes a fèt de lor pére
Feire tele uevre cum cestui.
& Dex lor dount joie de lui,
Car bien sai que molt s'esjorront
De cest 〔livre〕, quant il l'orront,
Por les granz biens & por l'enor
Qu'il orront de lor anseisor!

Ci fine del conte l'estorie,

神のとこしえの栄光により、　E Dex en perdurable glorie
天の御使たちの間に　Dont que la sue ame soit mise
その魂がおかれますよう　Et entre ses angles assise!
アーメン　Amen

自叙伝は、十二世紀には比較的少なく、現代的な意味での自叙伝ならまったくないと言ってもいいだろう。なにせまだ純真な中世のこととて、ペトラルカの『後世への書簡』に見られる自意識にははるかに遠いのである。内省的な伝記は、依然としてはなはだ宗教的・修道院的で、かつて「涙の賜物」を求めて努力した人たちや、クールトンがその幻視を説明しているリシャルムのことが思い出されてくる。(9) このような内的な記録には、聖アウグスティヌスがまた別の模範『告白』(*Confessiones*)を残していて、その影響は、一一〇四年から一一二四年頃までピカルディのノジャンの修道院長だったギベールの『わが生涯』(*De vita sua*)にはっきりあらわれている。この乱雑でばらばらな作品には、修道院のこと、封建制のこと、町のことなど地方の歴史がたくさん含まれているが、ギベール自身の修道院長としての仕事はほとんど出てこない。個人的な記録という面では、むしろ精神的で――若い時の罪と晩年の堕落に対する悔恨、なかば修道院的な生活を送った敬虔な母親をおもう真情、世俗の学問の誘惑、そして聖書の研究と評釈がたしかなその逃げ場となること、聖人の奇蹟や悪魔の幻視の物語、聖書の文言による預言――すべて、修道院と民間の信仰のさまざまな興味深い側面を示してはいるが、読者の多くは、最近これを編集した人のようにギベールのことを「回想録作者の祖」とは思えないだろう。

これとは全然タイプのちがう修道院関係の自叙伝、まったく外面的で世俗風のものは、シュジェルがサン・ドニの大修道院の上長としておこなった仕事を述べた『わが管理のもとにおこなわれしことども』（*De rebus in administratione sua gestis*）に見られる。一一二二年から一一五一年に世を去るまで大修道院長だったシュジェルは、王国の行政にも多くの時間をささげ、ルイ七世が東方遠征で不在の間は摂政を勤めたが、サン・ドニでも収益をふやすやら、古文書を整理するやら、教会を改築するやら、有能な行政手腕を示した。それゆえ、彼の語る内容が、土地や地代、建物と聖遺物、宝石などのことばかりで、修道院の内面的な生活、ましてや彼自身の精神生活ではないことを見ても、驚くにはあたらない。この最後のものは、たしかに彼のテーマではないのだが、また特に彼の関心の的でもなかったらしい。ほかの著作にもやはり説教や神学論文は含まれておらず、君主とその事績がもっぱら語られている。管理がうまくいったその成果を後世の人たちのために記録しておくようにと、修道士たちに強くすすめられて、「むなしい栄光やこの世の報酬を少しも期待せず」、ただ、自分の教会がせっかく新たに手に入れたり、取り戻したりした権利や所有物を、怠慢のために失うことのないようにという用心から、シュジェルはこの執筆をひき受けたのだった。サン・ドニの中、ならびに周辺で、彼は週一回の「市場税」（tonlieu）、「地代」（cens）、「通行税」（péage）、水車、「定期大市」からあがる収入をふやした。耕作地の地代と面積をふやし、それまでは修道院のカリス（ミサの時に使う杯）や祭服を担保にしなければ手に入れられなかったぶどう酒を確保するためぶどう畑を作った。また、「王国の仕事は私たちの立合いを必要とすることが多いので、私たち自身や、馬、そして後任者が住まうためのもっとりっぱな場所」として、六マイルほど離れたサン・メリ門の近くに別宅を買った。イギリス海峡にまで及ぶ遠くの所有地については、修道院の古文書庫に保管された古い不動産権利書や俗務免除認可書《インムニタス》と取り組んで懸命に努力した人のおかげで、面積も拡大、回復されたし、収益もふえたことが、多くの章に書き記されている。しかし、いちばんくわしい説明は、シュジェルが修道院学校の生徒だった時から胸に秘めていた希望どおりに、修道院付属教会をロマネスクからゴシックへの過渡期の様式で改築、装飾する話にあてられている。古く手狭になったこの教会は、ぐんと拡げられ、内陣、身廊、袖廊がぐんと拡げられ、新しい祭壇、礼拝堂、扉、塔、「瑠璃をたくさんにはめこんだ」すばらしい窓を持ったものに作り変えられた。一一四四年六月十一日の大献堂式では、付属の論述にくわしく語られているとおり、二十人の大司教と司教が二十の祭壇を奉献したのだが、これはシュジェルの教会人としての一生の頂点をなすもので、彼の細心さ、行動力、世間的なはなばなしさ、通人らしい芸術の愛顧ぶりを示す記念碑である。シュジェルの灯は、聖書のたとえにあるような、枡の下に隠しておかれるたぐいのものではなかった。その名は一度ならず門扉の上に誇らかに刻みこまれている。「いったいこの私が、これほど美しい建物をつくってみようなどと大それたことを考え、しかも完成を望んだりできるものだろうか。神と聖なる殉教者たちの御あわれみにより、身も心もこの仕事に打ちこめたからこそである」と彼は言っている。全篇を通じて記されているのは、エルサレムとコンスタンティノープルの財宝にも比べられるこの世の富のかずかず、金銀宝玉、モザイク、七宝、高価な祭服、学者にしかわからない神秘的な意味を持つ宝石、「多くの国の多くの工匠がこしらえた多種多様な新しい窓」の下にラテン語で記された聖書の寓話である。貴石の中で「欠けていたのはざくろ石のみ」。一つ一つの品物の値段が誇らしげに並べられている――紫水晶とトパーズをはめこんだ重さ百四十オンスの大きな金のカリス、「大金を投じて」金箔を張った扉、七百リーヴル以上もする窓、四十二金マルクの高祭壇、四百リーヴルをついやしたが実際は「それよりずっと値打ちのある」十字架用の宝石などなど。

「王たる聖者のむなしき費《つい》えを責めるべからず」とワーズワースは言った。この何年か前、あの謹厳な聖ベルナルドゥスには、たしかにむなしきものと見えたのだろう、新しい修道院教会の贅沢三昧に彼は雷を落として言っている。その途方もない高さ、無用な奥行と幅、高価な造作、礼拝する人たちの注意をそらす奇態な装飾が、神の栄光に役立つものとするならしよう。私は、修道者として借問したい。いったい何のための黄金か――信徒からさらなる黄金を引き出すばかりではないか。何のための枝付蠟燭、金の聖遺物箱、豪奢な聖人の像か。物珍しげな人びとの目を喜ばすばかりで、貧しい者は相変わらず暮らしにも窮しているではないか。修道院の兄弟たちと高所から見下すあの奇怪な像と、どこに相通ずるものがあるのか――不潔な猿、たけだけしい獅子、まだら模様の虎、半人半獣のケンタウロス、戦う騎士、角笛を吹く猟師、そして、さまざまな動物をないまぜた怪物ども。そのあまりの種類の多さと珍しさに、人びとは書物よりは大理石に目を注ぎ、神の掟を黙想するよりは、それらの賛美賛嘆に明け暮れる。「何としたこと。この愚かな所業を恥じぬとしても、せめてこの出費を悲しむこともないのは何ゆえか。」(10)

「空《くう》の空《くう》なるかな、と説教者は語る」、そして聖ベルナルドゥスは、何にもまして説教者であり、それもまたファンダメンタリスト的説教者であった。その彼に何よりも空なるものとうつったのは、知性のおごりと、この世の学問修得で、もっともはげしい攻撃の矢が当時最高の知性の持主アベラルドゥスに向かって放たれた――「神の尊厳を詮索し、異端をつくる」かの者は、「人知によっておのれが神のすべてを理解する力を持っているかのごとくに考えている」と。ベルナルドゥスのような神秘主義者と、アベラルドゥスのような合理主義者の間には所詮共通するところはなく、さしあたっては、前者の方が教会を後楯に持っていたのである。アベラルドゥスについては、別種の知的な自伝が存在する。彼が知られざる友人に宛てて書いた『わが災いの物語』(*Historia suarum calamitatum*)と題する長い不幸の物語である。

アベラルドゥスは修道士、修道院長だったにはちがいないが、四囲の状況に迫られてそうなっただけで、決してみずから選んだ道ではない。シャンパーニュの森、ブルターニュの僻地へ隠棲している時でも、いつも片目でパリをにらみながら、そこへの帰還を望んでいた。『災いの物語』は、まさしくその帰還の道をととのえるために書かれたものらしく、後世のためよりは当面の目的に役立つことを目ざしていた。修道院的な謙虚さや宗教的な使命は、まったく見られない。むしろ反対に、知性のおごりと戦いの喜び、それどころか肉の欲、目の欲、浮世の見栄にみちあふれている。著者は空なる男だった。透徹した頭と論争の腕を誇り、ひとの学生を引き抜く能力を誇り、女性にもてることまで誇り、「情をかけてやる女にひじ鉄を食うなど思ってもみない」。いつも自分の意見が正しいと信じ、反対者は容赦なくやっつける。手続きよりは才覚にたよって、禁制の神学の分野にもあえて踏みこみ、うっかり者がえてしてわなにはまりこむ、例のエゼキエル書のあいまいきわまる箇所について、即席の講義までやってのける。性格的に、きまって反対者の立場をとり、知的・社会的な統一を乱すたねとなる。教室では頭のいい学生で、教師よりもよくものを知っているし、教師をやりこめるのが大好き。ラーンの老アンセルムスをあざ笑って言うことには、その評判は才能や学識の裏付けのないただの伝統にすぎず、目をひくのは意味もなければ筋も通らぬ言葉の驚くべき流ればかり、言ってみれば「光ならぬ煙を吐き出すたき火」で、福音書の実を結ばぬイチジクの木か、ルカーヌスのいわゆるかしの老木そっくり、偉大な名前にあやかる影にすぎない、ときめつけている。サン・ドニの修道院では、修道士たちを相手どって、その創始者たる守護の聖人にまつわるしきたりを攻撃する。いつも正しいのは自分で、まちがっているのは相手。そして、災いの物語たるにふさわしく、自分をあわれと思うことはなはだ多い。客観的には、アベラルドゥスの自伝に書かれている事実は、おおむね彼のほかの著作や同時代の人びとの言明で確認できる。主観的には、一貫した計画につらぬかれたものとして描き出される彼の人生にも、自信のほとばしり出る合間合間に、不決断と落魄の時期が介在していることに、『災いの物語』たるゆえんが確かに見てとれる。古代作家を長々と引用していることはいかにも中世的で、彼が心を傾けていた問題もまた中世的にちがいないが、その人物は、後世いつの時代にあらわれてもおかしくないもの——「過激派の自画像」である。しかし、エロイーズの愛の喜びが世々代々のものであるごとく、アベラルドゥスの学問の喜びは、とりわけ新しいルネサンスに属するもので、彼はその輝ける星にほかならない。

アベラルドゥスの自伝が十二世紀の新しい知的生活を示すとすれば、政治組織の進展は、宮廷とその行事をことこまかに取りあげるようになった著作にうつし出されている。一つの観点から見れば、これらは、「武勲詩」をうみ出した動きの一面にすぎないとも考えられよう。封建領主が自国語による父祖の事績の歌に熱心に耳を傾けたのに対して、もっと学問的な形の歴史は、プランタジネット家のヘンリーやエルサレムのラテン君主たちのような教養のある支配者がはぐくみ、さらにはみずからその采配をふるったのも当然だろう。ヘンリー・プランタジネットは、後で見るとおり、アングロ・ノルマン語による歴史に大いに力を貸していて、アーサー王伝説を新しい大英帝国主義の文学的基盤にしたと非難されてまでいる。しかし、十二世紀末の宮廷の歴史には新しい特徴、つまり官僚的なものがあらわれていて、その最良の著述が当時行政のもっともよく発達していたシチリアのノルマン王国と北方のアングロ・ノルマン王国に集中しているのは、決して偶然ではない。フランスにおいては、フィリップ・オーギュストの治世以前は、歴史記述の焦点は、まだそれほど国王にはおかれていない。帝国においては、歴史文献に出ているのは、宮廷よりはむしろ支配者で、フリードリッヒ一世をめぐるもの、あるいはエブロのペトルスがハインリッヒ六世に献呈した『詩《うた》』(*Carmen*)がそれである。後者は、付録につけられたパレルモの宮廷生活の挿絵にいたるまで、ドイツ的というよりシチリア的といった方がいい。これに対しノルマン王国では、十二世紀にはすでに官僚制がしっかり固まっていて、行政府という意味での宮廷がはっきり認められ、文書や財務、本職の書記官もそろっていて、彼らは宮廷とその行事の記録をこの世でもっとも当然な仕事としていた。すでに見たとおり、行政にかかわる文献もあらわれている。たとえば『イングランド王国の法と慣習』（*Tractatus de legibus et consuetudinibus regni Anglie*）は、大司法官グランヴィルの作とされ、リチャード・フィッツニールの『財務府問答録』（*Dialogus de Scaccario*）は、イギリスの財務府大蔵卿の仕事を詳細に述べている。そして、この『対話』の著者が、大量の資料をつけた歴史書を三つの欄にわけて書き、第一の欄はイングランドの教会、第二の欄はヘンリー二世の事績、第三の欄は公共と宮廷にかかわる多くの事実の記述にあてているのを知っても、驚くにはあたらない。この貴重な『三つの欄』（*Tricolumnis*）はとうに失われてしまったが、その内容の多くは、当時の宮廷史に伝えられたに相違ない。その二つが王室書記官の筆によって今日まで残っている。長い間ピーターバラのベネディクトの名前で通っていた作者不詳の『ヘンリー王事績』（*Gesta Regis Henrici*）と、ホヴデンのロジャーによるその一二〇一年までの続篇である。いずれも国王の旅行日程や王家の行動にこまかいところまでよく通じていて、使節団やリチャード一世の戴冠のような大がかりな式典のことを書き記し、諸侯や城の名前を長々とあげ、途中には多くの公式文書の全文を入れるなどしているが、すべて実に綿密かつ入念で、英国憲政史の諸史料の中で高い地位を与えられている。事実、その単純で飾らぬ文体は、王立大法官府の文書の厳粛さ簡潔さに比せられる。いずれも、パンやぶどう酒から蠟燭の燃えさしまで一日の割当を法令で定められている王室の倹約で几帳面なやり方を反映している。

もっと裕福なシチリアの宮廷は、婚姻その他でアンジュー家としばしば縁故関係にあったが、北方にはないギリシアとサラセンの要素を持っていた。大法官府の文書や土地と租税の膨大な帳簿には三ヵ国語が必要で、そのため官僚制はますます大きくかつ強力なものとなった。しかも、ヘンリー二世はたえず行軍途上にある休みを知らぬ国王で、その王室はずっと動きつづけていたのに対し、義理の息子ギヨーム二世の王室はパレルモに本拠をおき、宮廷の庁舎、多数の官吏が恒久的に駐留したので、そこの生活はいろいろな面でビザンティンや東方回教国を思わせ、その行動記録はむしろバグダットやコンスタンティノープルの宮廷史を想起させる。時の経過がシチリア宮廷の記録にきびしく作用して多くのものが失われたが、一一五四年―六九年については、『シチリア王国記録』(*Liber de regno Sicilie*) にその動きがこまかく記されて残っている。この書物には普通フーゴー・ファルカンドゥスの名前がつけられているが、政府の役人、おそらくは公証人の手になるものだろう。「主として宮廷の諸事にたずさわり」と書いているとおりで、著者は宮廷の派閥や運営、宮殿の生活、そして宮殿がおかれている豊かな首都のなりわい、港や店、屋根付きの街路のことなど、たなごころを指すがごとくに心得ている。折紙つきの愛国者たる彼は、善をかかげてほめたたえ、悪をかかげて忌み憎む。古えのローマ人が父祖の像を目のあたりにおいて常に善悪の模範としていたのにさも似たりである。そのみごとなラテン語の文体は、生き生きと鋭く、しかも柔軟で自由、中世にはまれに見る一種古風な様式と人物描写の才をそなえている。古代ローマ、イタリア・ルネサンスの大著作家をまざまざとしのばせるところがあって、生まれた家系はどうあろうと、少なくとも筋の上ではタキトゥス、グィッチャルディーニの縁者と言うことができるだろう。

十二世紀のヨーロッパの生活がますます活発かつ多様化した状況は、短い逸話や特定の事件をえがく物語が大幅にふえたところに反映されていて、その物語のいくつかは当時の最高の歴史作品に数えられている。そこに取り扱われているのは、たとえば、一一二七年のフランドル伯シャルル善王の殺害、一一三八年のイギリスのスタンダード戦争、一一七三年のイングランド若冠王ヘンリーの反乱、アイルランド王ダーモット・マクマラの功業、フリードリッヒ一世のイタリア遠征、一一四七年のリスボン占領など。そして、いうまでもないことながら、さまざまな十字軍遠征もそうだが、それについては、以下でもっとくわしく考察しよう。

十二世紀の歴史記述のもう一つのはっきりした特徴は、ラテン・キリスト教文化圏の北方、東方、そして地中海地方への拡大を反映している点である。すでに一〇七五年頃、ブレーメンのアダムがスカンディナヴィアにおけるキリスト教の初期事情について注目すべき記事をハンブルク大司教に献呈していて、中世が探検史の分野に提供したもっとも有益な史料の一つとなっている。アダムは、スカンディナヴィアをキリスト教文化圏内にひきこんだ宣教活動を記録するにとどまらず、西方の新しい島々、つまり大胆な北欧の航海者が暗い海原を越えた西のかなたに発見したアイスランド、グリーンランド、ワインランドについても述べている。しかし、東バルト海とそのかなたの土地は、依然として神話・伝説の支配する領域で、そこに住むものは、アマゾンやキュクロプス、青、赤、緑に色どられた人間、犬のように吠え、頭が胸についているキュノケファロスなどで、プリニウス、ソリーヌスに見られる怪物がアダムの時代の船乗りの話にも出てきている。この暗黒は、入植が東に進むにつれて薄れ、すでに十二世紀には、ゲルマン族がスラヴ族を駆逐して東方にひろがったことが、ある程度はっきりたしかめられる。これは中部・東部ヨーロッパ史のもっとも重要な章の一つをなすものである。この拡大は、一部は宗教的な布教活動であって、新たに設けられた司教区や修道院の編年史のみならず、ヘルモルトとかサクソ・グラマティクスとかいった歴史家の著述にも見いだされる。ヘルモルトの『スラヴ人年代記』(*Chronica Slavorum*)に語られているのは、ソルブ人、ウェンド人、ルギア人との長期にわたる境界戦争で、エルベとザーレの中間領域がゲルマン化されたこと、リュベック、シュヴェーリンなど新しく司教区や修道院ができたこと、偶像崇拝者を相手に高位の聖職者たちがとうとい事績をおこなったことなど、すべて、剣と言葉と、義のために流したおのれの血とによってこの土地の名を高からしめた人たちの栄光をたたえるもの——要するに、ゲルマン的キリスト教的文化が力ずくで押しつけられたことで、これは次の世紀にチュートンの騎士たちがさらに東方の異教徒プロイセン人に同じキリスト教文化を押しつけたのと軌を一にする。その間、独立を保っていたスラヴ人は自分たちの歴史を作り出していて、中でももっとも目につくのは、ボヘミア人の歴史の父といわれるプラハのコスマスである。同じくハンガリーも十二世紀に国王聖者イシュトヴァンの伝記をはじめてつくり、また、ロシアでは通称ネストルが歴史記述を発足させた。

南方では、すでに述べたとおり、オルデリクスがスペイン、シチリア、シリアにおけるノルマン人の膨張に着目している。ここでは膨張のとばっちりを受けたのはサラセン人だった。しかし、ノルマン人のシチリア征服は、初期指導者の当初の目的というよりは、ランゴバルド人、ギリシア人から南イタリアを獲得したそのおまけといった方がいい。宗教戦争的な性格のものではなく、島にはサラセン人がそのまま残っていたので、二つの宗教の民族が交流する実り多い中心地となった。そして、国王ロジェールは、アフリカのサラセン人に対する遠征をおこなった一方では、ギリシア・ラテンのキリスト教徒ともひとしく戦いをまじえている。十二世紀にはシチリアの歴史記述から拡大の調子は消え、すでに見たとおり、宮廷の記録となった。

スペインでは、キリスト教の再征服がこの頃にはすでにイベリア半島の大半を手中に収めており、それまでは気まぐれで断片的だった歴史記述がようやく豊かさと一貫性を持つようになった。しかし、いまだに伝説の色合いが強い。そして、この時期のおもな二つの伝説コレクションが、それぞれコンポステラへの巡礼とシッドの冒険に含まれている事実を核として、その周囲にロマンス物語を集めていることは注目に値する。さらに重要と言えるのは、これらのコレクションが、その後何代にもわたってローランとシッドという人物を人びとの面前にかかげ、セルバンテスやコルネイユの時代にまで及ぶヨーロッパの理想の人物像を形成するという形で歴史を作っていったことである。ベディエのみごとな研究『叙事伝説』(*Legendes epiques*) の第三巻には、サンティアゴ・デ・コンポステラの『カリクストゥス本』(*Codex Calixtinus*) のことが記され、またその影響が跡づけられている。けだしこのテーマを追う歴史学徒の必読の書と言うべきだろう。『カリクストゥス本』は十二世紀中葉につくられたもので、聖ヤコブの廟でおこなわれた奇蹟の驚くべきコレクションが集められている。また、フランスのほかの尊い霊廟を通る大道を利用してコンポステラに詣る巡礼のための案内書や、かの有名な「テュルパンの偽書」なるラテン語年代記もここに含まれているが、この年代記は、同じその巡礼路沿いに作られている全物語群と密接なつながりを持っているのである。このローランの素材は、もともとフランスのもので、十二世紀におけるフランスとスペインの活発な交流を如実に示している。そして、その世紀の終わる前に、これらガリシアの伝説集はピレネーの北で複写され、受け入れられ、歴史と物語《ロマンス》の奇妙な相互作用で、民間叙事詩にローマ・カトリックの裏付けを与えた。当然ながら、この時代はフランス人が新たな聖戦に参加しようとイベリア半島に流れこんでいる時だけに、異教徒との戦いが強調される。シャルルマーニュのただ一度のスペイン遠征は三回にふくれあがり、十四年間にも及んでいるし、全土を征服してローランのうらみをはらすことになっている。『ローランの歌』(*Chanson de Roland*)ではそのローランは顔をスペインに向け、不朽の剣を下に敷いて死んだのだった。

〔ローランは〕異教の軍勢がかたに顔をきっと向けぬ。
あわれ、高貴のこの伯戦さに勝って死につると、
シャルルを初め全軍の将士に
言われまほしく、かくは為しぬ。

(佐藤輝夫訳)

もっとはっきりと再征服的なのは、「美髯の」シッドである。十一世紀末、境界地帯の戦いに登場した歴史上のシッドは、「荒っぽい乱暴な賊徒、教会の破壊者、ムーア人にもキリ

スト教徒にも、報酬さえよければひとしく槍をもって仕える男」[11]だが、すでに変貌の途上にあって、やがて信仰の熱意と騎士道の徳の模範、イスラムの三日月を破る十字架の勝利の象徴となり、フェリーペ二世はその彼が聖人に列せられることを願った。エル・シッド・カンペアドルが死んだのは一〇九九年。次の世紀には『わがシッドの詩』(*Poema de mio Cid*)やレオン手稿本なるラテン語の『物語』が生まれて、そこでは早くも「この世にある間、常に敵に対して堂々の勝利をおさめ、いかなる者にも打ち破られることのなかった人」として登場している。

十字軍について簡単に述べることは容易ではない。宗教戦争であると同時に封律的な征服の戦いでもあり、東と西の長い確執の中の一局面であると同時に、商業・拓植の運動でもあって、一〇九六年から一二〇四年、さらにその後までのヨーロッパの舞台を占めるとともに、その時代に多くの変化と色合いを与えている。ラテン語、フランス語、ギリシア語、アラビア語、アルメニア語で書かれた十字軍の記録は、フォリオ判の大きな双書として、フランスの碑文・文芸アカデミーが収集しており、また、十字軍遠征についてたまたま言及している当時の多くの西欧歴史家の述作もそこに残されている。十字軍関係の西欧側史料を要約するだけでも一巻の書物をみたすに足るだろうし、ヨーロッパの歴史記述について多くのことが明らかになるだろう。三つの例をあげるだけで十分としなければなるまい。第一は、何事につけ「神の意志である」と声高に叫ぶ熱烈な十字軍戦士で、その人たちにとっては十字軍こそ神の騎士、ギリシア人は裏切者、トルコ人は野蛮で神の敵だった。たとえば、第一回十字軍のもっとも貴重な記録で、後代の多くの著述の資料となった『フランク人言行録』

(*Gesta Francorum*) の無名の著者がそのひとりである。まのあたりに見たままを事件の合間に書きつづったもので、完成は一一〇一年より前。いかにも十字軍らしく東方のことはまるっきり知らない騎士の筆になる、平明で飾りけのない作品である。聖書のほか何一つ本など読んだことのない著者は、遠征途上のはなはだしい苦難、アンティオキア周辺の激しい戦い、聖都エルサレムでの信じられないような殺戮を、単純な語り口で、生き生きと印象的に書き記す。トルコ人が戦士としてすぐれていることを大いにほめたたえていて、もしも彼らがキリストと三位一体の神を固く信じていたら、「これ以上戦いに強く、勇敢で、巧みなものはまたといまい。しかし、神の恵みによりわれらは勝つことができた」と述べている。その神の恵みは、聖なる槍や、聖ジョージその他聖なる指導者の白い旗をかかげた奇蹟の軍隊のような驚くべき事件にはっきりあらわれている、と彼は言う。これは、遠く離れた修道院の中の「しろうと戦士」とはちがう正真正銘の十字軍戦士で、くもりのない熱情と純朴な信心に燃え、クレルモンの公会議にでも出れば大きな声で「神の意志だ」と叫んだだろうし、いずれにせよ、十字軍の仕事が達成されるまでは脇目をふることなど決してない人物だった。

こういう言行録だけを読んでいれば、十字軍も聖戦で、槍にさしたトルコ人の首を「よき眺め」と喜んでいるのは、イスラム側の著者が十字軍のことを「ブタ野郎」とか「雌ブタめ」とか「アラーののろいよ降りかかれ」とか言っているのと相見互いのような印象を受けるだろう。しかし、その印象は修正する必要がある。十字軍運動の拓植面、つまり、イタリア諸都市の在外商館、西方からの着実な移住、封建領主や神殿騎士修道会、イスラム住民との平和的な関係、東洋風生活様式の漸進的な採用、キリスト教居留民の寛容な考えを思い起こせばいい。イスラム教エジプトとの戦いの結果を嘆く次のような声に耳を傾けよう。

　きりのない貪欲のために、私たちはこの上なくおだやかな静けさから、はなはだ厄介で不安な立場にむりやり追いこまれてしまった。かつてはエジプトの宝と無限の富がすべて私たちの役に立った。私たちの王国のそちらの側は安全で、南の方には何もおそれるものはなかった。海路でこちらへ来ようとする人には何も危険はなかったし、私たちの方も、交易や商売のためにエジプトへ入るのに、何の心配もなく、状況は大へんよかった。エジプト人はエジプト人で、私たち国民のまったく知らない外国の富や品物を持ってきてくれ、その来訪はいつも私たちに利益と名誉をもたらすことになった。その上、彼らが毎年支払うはかり知れないほどの貢ぎ物は、王国と個人両方の資産をふやし強化する源であった。ところが今は、すべてが私たちの損失となっている。最良の金も別ものに変わり、私の竪琴も悲しみに変じた。どちらを向いても危険が私たちをおびやかす。もはや安全に海を渡ることはできないし、隣国はすべて敵のもの。周囲の国々は、私たちをほろぼそうとたくらんでいる[12]。

　この引用文の筆者はとある聖職者、いやそれどころかかの有名なテュロスのグリエリムス大司教で、一一六九年から一一八四年までの間に書かれた二十三巻からなるその『エルサレムの歴史』（*Historia Hierosoly mitana*）は、十字軍関係の歴史の中でももっとも大部で、この時代の主要作品の一つとなっている。初めの頃のことは信用がおけないが、著者の時代のラテン王国に関する情報が豊富で、単純な新来者とは対照的に、いつもキリスト教居留民としての目で物ごとを眺めている。グリエリムスは、ラテン東方文化を体現するような人物である。シリアに生まれ、西方で教育を受けたので、自在に古典を利用するのみならず、ギリシア語、アラビア語にも通じている。ラテン王国の尚書（掌璽官）の任にあって、その機構や栄枯盛衰、そして数年後に到来する終末を早めるもとになった争いを書き記しているが、この国のこと、その乳や蜂蜜を土着の人間としてこよなく愛している。エルサレムを周遊してその塔を語る一方では、シリアやエジプトの諸都市、特に自分の住む都テュロスのこともあれこれと描写する——古い歴史、城壁と港、紫の染料（テュロス紫）、ガラス工芸、水の豊かな庭園や砂糖きびの畑などなど。このよき大司教の書きぶりは、十字軍と言うよりシリア人と言いたいくらいで、かのイスラムの旅行家イブン・ジュバイルが語っているのではないかとさえ思われるほどである。ジュバイルは一一八四年テュロスを訪れ、その地のキリスト教徒の寛容さ、そのもとで暮らしながら自分たちのモスクで礼拝をおこなっている「真の信仰者」の静かで平和な生活を描いている。

第四回十字軍（一二〇一—〇四）の頃には、宗教的な動機と世俗的な動機との間の長い争いは、もはや決定的に世俗側に優位な状況となっていた。この十字軍は、エジプトにあるイスラム勢力の中心を討つというりっぱな計画で始められたのだが、商業と政治の方面からくる圧力で目標を転じ、結局はコンスタンティノープルの征服と短命なラテン帝国設立という結果に終わった——これは、ビザンティン文化の遺物の無差別破壊という点で、「文明に対する犯罪」であり、アジアからの侵入をおさえる大きな軍事上の緩衝地帯をつぶした点で、キリスト教世界に対する犯罪でもあった。この遠征の記述として定評のあるのは、シャンパーニュの騎士で、東方の新王国の指導者の一人、司令官にもなったジョフロワ・ド・ヴィラルドゥアンの筆になるもので、生き生きとして力強い自国語によるその叙述はきわめて魅力に富み、フランス文学史に著者の名を高からしめている。しかし、その文学的魅力のゆえに、長い間分不相応な歴史的重要性を与えられたきらいがある。ヴィラルドゥアンは、ザラとコンスタンティノープルへの方向転換を、所定の計画ではなく単なる偶然の積み重ねのような書き方をしており、その多かれ少なかれ御用文書的な隠し立ては、ほかの史料によって修正しなければならない。それでも、この記録の行間から、ラテン人の文化の方が彼らに征服されたギリシア人の文化よりも低いことが見てとれる。彼は言っている。十字軍戦士がコンスタンティノープルに到着して目のあたりにしたのは「高い城壁とそれを囲むたくさんの塔、豪華な宮殿と高い教会で、その数の多さは自分の目で見なければ誰も信ずることができないほどだった。そして、すべての都市に冠たるこの都の奥行と幅に身ぶるいしないような肝の太い人間はいなかった。」しかも彼はこの壮麗な町の略奪と破壊をしたり顔で語る。ヴィラルドゥアンにとってはすべて軍事的な功績である。なるほど彼が後に国内を駆けめぐって小さな都市を手中に収めたときはそのとおりだった。ビザンティン文明の高度な部分にはまるで無知も同然なのだ。遠征軍のほかの領主たちと変わりなく彼も根っからの略奪者である。ヴィラルドゥアンは俗界の人間で、フランス語で書いており、ここはもう十二世紀に入っている。その世紀の終わる前に、もうひとりの俗人歴史家ジョアンヴィルは、十字軍がシャンパーニュの自分の居城での生活にくらべて、はたして価値があるものかどうかと疑問を投げかけ、リュトブフの『反十字軍』(*Descroizie*)は、もっと率直に家にいる方が安全な投資だと論じることになる。

この国にいれば大したけがもなく
天国に行けましょうに。

Hom puet mult bien en cest payx
Gaaignier Dieu cens grant damage.

形式面では、十二世紀の歴史作品は、当時のユマニスムを反映してラテン語韻文を好んで使っている。オルデリクスのように、碑文や死者の記録の抜萃、その他折々の詩文を中に入れているところに、それがあらわれていることが多いが、時には年代記自体が、古典的なラテン語六歩格にせよ、中世的な押韻対句にせよ、韻文で書かれていることもある。この書き方は特にイタリアで人気があった。いずれあとでコンスタンティノープルでお目にかかるベルガモのモーゼスは、自分の町の栄光と初期の歴史を三七二行に及ぶ押韻六歩格の詩でたたえているし、無名のピサの人は、一一一四年におこなわれた同郷人のマヨルカ遠征を韻文にして残している。イタリアのホーエンシュタウフェン皇帝の事績にまつわる史詩も数多い。グンテルの『リグリヌス』(*Ligurinus*　一一八七年)、ヴィテルボのゴドフレドゥスの『パンテオン』(*Pantheon*)と『フリードリッヒ言行録』(*Gesta Friderici*)、エブロのペトルスの度を過ぎた賛辞などがそれである。しかしこの手の作品はイタリア人に限られるわけではない。ゴドフレドゥスはバンベルクで教育を受けたし、グンテルは、非常に技巧にすぐれ、その詩は長い間後のユマニストの作と思われていたほどだが、実はアルザスのペリスの修道士である。フランスを代表するものは――といってもいささかためらいはあるが――『フィリッピス』(*Philippis*)で、十三世紀初頭のブルターニュ人グリエリムスがフィリップ・オーギュストの業績をたたえている。

こういったはるけき古代作家の模倣にくらべて、ずっと大きな不朽の価値を持つのは、歴史記述に自国語を用いたことである。この動きはほぼ時を同じくしてフランスとドイツに、つまり一一五〇年頃のレーゲンスブルクの『皇帝年代記』(*Kaiserchronik*)とアングロ・ノルマン宮廷にあらわれたが、やがてフランスが先頭に立つことになる。たしかに、自国語のものはもっと早くからあるにはあって、『アングロ・サクソン年代記』のみごとな散文はイギリス史のもっとも忠実かつ生彩に富んだ記録の一つに数えられるほどだが、一一五四年に終末を迎え、最初のプランタジネット国王が即位して、以後その宮廷で使われているフランス語が歴史の用語となった。この新しい動きはもともとノルマンが起源で、その世紀の間ずっと続いた。まずあらわれたのは韻文で、その新しいスタイルの代表ジャージーの修士ウエイスの『ブリュ物語』(*Roman de Brut*)と『ルウ物語』(*Roman de Rou*)は、ブルトン人とノルマン人の歴代支配者の系譜をそれぞれブルートゥスとロロから跡づけている。ウエイスはただのヘボ詩人とよくばかにされてきたが、今では古いノルマンの歴史家や独自の現地の情報を作品の基礎にしていることがはっきりしていて、単なる詩人ではなく歴史家と呼ばれるだけのことはある。実のところ、彼の簡潔冷静なスタイルは当時の宮廷人にはあまりにもそっけなさすぎ、封建物語風スタイルの散漫な著述に道をゆずらざるをえなくなったのだ。世紀の終わる前にはノルマンディでも散文による歴史書が出はじめ、やがてフランスの他の地方にひろがって、ヴィラルドゥアン、ジョアンヴィル、その他自国語で書くさして有名でない作家があらわれた。

一二〇〇年には自国語による歴史はすっかり定着していた。せんじつめればそこに歴史の世俗化・大衆化が胚胎していたのだから、この事実は単なる言語上、文学上の意味以上のものを持っている。歴史は、ラテン語の枠の中にとどまっている限り、どうしても聖職者の世界の事柄を第一とせざるをえず、聖職者の関心や世界観を反映することになる。俗人のために書かれることになって、はじめて、俗人にも喜ばれるものでなければならなくなった――まず著者を援助する宮廷に対して、次には都市に対して。都市の年代記は中世の末に出てくる。俗人のための歴史、大衆のための歴史は、必然的に俗界の言葉で書かれた歴史を意味する。俗界とは十二世紀に急速に発展した宮廷と都市の世界にほかならない。

第九章　ギリシア語・アラビア語からの翻訳

十二世紀のルネサンスは、三百年後のイタリアのルネサンスと同じく、二つの大きな源から生命を得ている。いずれの場合も、基礎となっているのは、一つは、西方ラテン世界にすでに存在していた知識、思想であり、一つは、東方から流れこんだ新しい学問、文学である。しかし、十五世紀のルネサンスが第一に文学にかかわっていたのに対し、十二世紀のルネサンスは、それ以上に哲学、科学にかかわるものだった。そして、クァトロチェントには、外国起源のものはまったくギリシア語に限られていたのに、十二世紀の場合、アラビア語もそうで、コンスタンティノープルのみならずスペイン、シチリア、シリア、アフリカからも入ってきている。この新しい知的生活の源泉に、ここで注意を向ける必要がある。

ヨーロッパの文学、科学のそもそもの起源はギリシアにあって、そこからローマに伝わったというのは歴史の常識である。しかしローマの文学、芸術はギリシアに由来するといいながら、スキピオの時代以後、ギリシア古典からの直接の翻訳はほとんどおこなわれていない。もちろん翻案はあったし、テレンティウス、キケロ、そしていわゆるラテン語『イリアス』などの場合、もとのものに非常に近いといえるが、ギリシア語のすぐれた作品は、大部分、古典時代には未翻訳のまま残されていた。そして、いうまでもなく、ローマが政治的に勝利を収めたあとも、人びとは相変わらずギリシア語を書いていた。ヘロドトス時代のヒポクラテスのみならず、紀元二世紀のキリスト教時代のガレノスも、医学書を書くのにギリシア語を使った。エウクレイデス（ユークリッド）のあとをついだのは、アレクサンドリアの数学者であり、またプトレマイオス（一六〇年頃）の地理学、天文学である。アリストテレスとプラトンにつづく者はギリシアの新プラトン主義者である。したがって、五世紀から八世紀にかけて、百科辞典編者が自分たちのため、後世のために古代の学問知識を集めたとき、頼りにしたのはもともとラテン語で書かれたものだけだった。たしかに、最後の古代人というべきボエティウスは、アリストテレス、プラトンの全著作を翻訳する計画を持っていたが、完成したのはアリストテレスの論理学の著述と、ギリシアの数学の翻案だけで、その論理学からして、ひきつづく混乱の時代にあらかた消失してしまっている。あの倦むことを知らぬ編纂者イシドルスとベーダは、ギリシア語をまったく知らず、資料は必然的にラテン語に限られていたので、その知識は薄っぺらで内容がなく、しばしば奇矯でさえあり、古代の知識体系のほんのわずかな部分しか中世に伝えていない。典拠となったのがまたローマ帝国後期の簡単な手引書で、この知識は彼らの手でさらに小さなパックにまとめられ、暗黒時代を通る長い旅路に必要な携行品になったわけだが、旅の間に干からびもすれば、焼直しもされた。

　中世初期には、こういう貧弱な手引書に、ギリシア語からのこれといった追加は何もなされていない。ギリシアの医学を直接知っていたらしい様子が、いくらか南イタリアにうかがわれるが、大したものではない。九世紀にヒルドゥインとスコットランド人のヨハネスが偽ディオニュシオスを翻訳し、十一世紀には聖人列伝が多少アマルフィとナポリに伝えられた。しかし、全体として見れば、十二世紀以前は、ギリシア語の知識のなさがきわだっている。ちらほらと、短文、アルファベット、数表が見あたるぐらいで、中世初期西欧のギリシア語の痕跡は、やがてきれいになくなってしまう。アルファベットさえ忘れられた。中世筆写者の書いたギリシア語はまるでチンプンカンプンか、さもなければ、かわりに‘grecum’（ギリシア語）という言葉が入れてある。筆写者にとってギリシア語はことわざ通り‘all Greek’（まったくギリシア語、つまり、まったくわからない）だったのだ。十二世紀になっても、一流のユマニストたるソールズベリーのヨハネスさえ、「ラテン語の翻訳がある時でなければ、決してギリシアの著者の引用をしない。」

その間、東ヨーロッパでは、特にコンスタンティノープルでは、ギリシアの伝統はずっと生きつづけていた。ギリシア語は、法律、行政の公式語、東方教会、学問、文学の用語だった。知識、文芸に新たに付け加えられたものは比較的少なかったが、古典は大切に筆写され、研究された。注釈に百科辞典、文法に辞書、引用集に美文集、すべて古典ギリシア語と活発な接触を保っている。古典は何度も何度も筆写され、保存された。フレデリック・ハリソンの言うように[1]、不朽の作家の言葉は、当たり前に復唱されたが、それがなければ、「不朽の作家とてとうの昔に朽ち果てていただろう」——西方でそうだったように。

しかも、この時代にギリシア文学は西方には広がらなかったにしても、ギリシアの学問体系はシリア語、ヘブライ語、アラビア語への翻訳を通じて、東の方には広く伝えられた。アルメニア語、グルジア語、コプト語に訳された教会の著述はいうまでもない。これらの訳業は、そのおかげでギリシア語原典の失われた作品が残ったということも時にはあるが、ラテン・ヨーロッパにはまったく何の力も及ぼしていない。一方、セム語族への翻訳は、西方にとってきわめて重要な意味を持っている。というのも、それがギリシアの科学、哲学のラテン・ヨーロッパへの伝播にあたって主な媒体となったほか、その過程で付け加えられたものもあるからである。その道程は時として非常に長く、回りくどく、ギリシア語からシリア語もしくはヘブライ語、それからアラビア語、それからラテン語、その間にしばしばスペイン語がはさまるといった具合だが、長い旅路をたどって最後にはラテン西方に到達した。

筋書はシリアに始まる。そこで豊かなアラム語文学が、アリストテレスやギリシアの思想家の翻訳から養分の一部を得た。その中のあるものはそのままシリアに残って、七世紀のアラビア人征服者の到来を待ち、あるものはネストリウス派亡命者によってペルシア宮廷に運ばれ、これまたアラビア人の手に渡った。サラセン人は、自分の哲学、科学を持たないかわりに、ほかの文化を同化する驚くべき才能をそなえていて、西方アジアで見つけたものを何でも手早く吸収しながら、また時とともに、自分たちが観察したもの、さらにずっと東の民族から得たものを数多くそれに付け加えていった。アラビア語への翻訳は、プトレマイオスの『アルマゲスト』(八二七年頃)のように直接ギリシア語からおこなわれることもあれば、シリア語、ヘブライ語からなされることもあった。カリフの中には特に学問に力を入れる人もいたし、アラビア語が広くゆきわたっていたために、コミュニケーションが容易で、政治上の区分とは無関係に、イスラム全体に共通の文化が広まった。中世初期のもっとも活発な科学、哲学の活動は、医学、数学にせよ、天文学、占星術、錬金術にせよ、マホメットの国が舞台だった。アラビア人は、ギリシアの遺産にさらに自分のものを付け加えた。病気の観察は正確で、病名の決定ができたし、算術、代数、三角法が大きく進歩した（これにはヒンズー人があずかって力があったことも見のがせない）。そして、中世の標準天文表もつくられた。こういう科学が西ヨーロッパに入ってきたことが、ヨーロッパ知性史の転回点になっている。

十二世紀までは、キリスト教ヨーロッパとアラブ世界との知的な接触は、わずかなものだし、重要でもなかった。その接触はほとんど完全に十字軍の時代に属すると言っていいのだが、十字軍そのものに負うところははなはだ少ない。十字軍の戦士は行動の人であって、学の人ではなく、パレスティナ、シリアには、翻訳の点で目につくものはほとんどない。シリアで名前のわかっている翻訳者はピサのステファノス（一一二七年頃）と、それから百年後のトリポリのフィリッポスだが、せいぜい名前だけのことで、前者はアリ・ベン・アッバスの医学と、後者は、アリストテレスの作として広く知られていた『秘中の秘』とかかわりがある。バスのアデラルドゥスも十二世紀のはじめにシリアを訪れている。しかし、何かテキストを持ち帰った様子はない。北アフリカは七世紀以降マホメット教になっていて、そこにある学校の数こそ少なかったが、東方とスペインを結ぶ大きな通路にあたっていた。やがてそこをイタリア人冒険家が進んで行く。アフリカ人コンスタンティヌス（帰化イタリア人。修道士としてモンテ・カッシノで死んだ）とか、ピサのレオナルドゥスとか。コンスタンティヌスは、ガレノス、ヒポクラテス、ユダヤ人イサークの翻訳で医学に新しい刺激を与えたようだし、ピサのレオナルドゥスは、北アフリカ在住のピサの税関吏の息子で、その地でアラビアの数学に親しみ、十三世紀有数のヨーロッパの数学者になった。この動きにもっと直接のかかわりを持つイタリアの土地が一つあった。ほかならぬシチリアである。ヨーロッパとアフリカの中間に位するシチリアは、九〇二年から一〇九一年までアラブの支配下にあり、それにつづくノルマン人のもとでも、住民の間にはマホメット教の要素が多分に残っていた。その上、マホメット教諸国との間に多くの通商関係を結ぶ一方、国王ロジェールは北アフリカを攻略し、フリードリッヒ二世はパレスティナに遠征軍を送った。こういうわけでアラビアの医者や占星術師がシチリア宮廷に仕えていて、アラビアの学問の大作の一つエドリシの『地理学』が、ロジェールの命令で作られた。同時代の学者エミル・エウゲニオスはプトレマイオスの『光学』を翻訳し、フリードリッヒ二世のもとではミカエル・スコトゥスとアンティオキアのテオドロスが、皇帝のためにアラビアの動物学の著作を翻訳した。フリードリッヒは、また、マホメット教国の多くの君主や学者と科学上の問題をめぐって文通をかわし、その庶子で後継者のマンフレディのもとで翻訳の作業がひきつづきおこなわれた。現在作者未詳の翻訳書のいくつかは、おそらくこのシチリアの翻訳センターのものと考えるべきだろう。

しかしながら、新しい学問が西ヨーロッパに到達するのにもっとも重要な経路となったのは、イベリア半島を貫通する道だった。W・P・カーは言う。(2)「南方の岩、ヘラクレスの柱から、北方の峠、ロンセスバリェスまで、スペインは物語の夢想にみちみちている。」テュロスの貿易商の「縄かけたる梱」からインド諸国の銀の船団にいたる数々の交易。コロンブスとコンキスタドルに具現される発見と征服。シッドとドン・キホーテに見られる十字軍と武者修行など、ロマンスのたねは尽きない。新しい知識の道、禁じられた間道を通う学問のロマンス、冒険のロマンスもある。サラセンの征服の結果、半島は、中世の大部分を通じて東方のマホメット圏の一部となり、その学問と科学、その魔術と占星術を受けついだ上、さらに西方ヨーロッパに伝える主要な道筋となった。十二世紀にラテン世界がこの東洋の教えを吸収しはじめたとき、先駆者たちはまずスペインに目を向けて、そこに貯えられている数学、天文学、占星術、医学、哲学などの知識のかぎを、われもわれもとさがし求めた。そして、十二世紀、十三世紀を通じて、スペインは、ピレネーのかなたの知識欲さかんな人たちの目には、いつも変わらぬ神秘の国、未知なれど知りうべき土地とうつっていた。ヨーロッパの学者の胸を躍らせる冒険の舞台は、ここイベリア半島にあった。

一般論として、スペインが魅惑的な力を持ちはじめたのは、十二世紀になってからで、アラビアの学問をひろめる推進力は、ピレネーのかなたから、さまざまな出身の人たちの手でもたらされた。主な人の名前をあげれば、バスのアデラルドゥス、ティヴォリのプラトン、チェスターのロベルトゥス、カリンティアのヘルマヌスとその弟子ブリュージュのルドルフス、クレモナのゲラルドゥスで、一方スペイン現地には、ドミニクス・ゴンディサルビ、サンタリャのフーゴー、それにユダヤ人学者グループのペトルス・アルフォンシ、セビリャのヨハネス、サバソルダ、アブラハム・ベン・エズラがいた。彼らの生涯や、互い同士の関係はまだはっきりしていない。仕事は、はじめのうちは一ヵ所に限られるということはなくて、翻訳はバルセロナ、タラゾナ、セゴビア、レオン、パンプロナ、そしてピレネーの向こう側のトゥールーズ、ベジエ、ナルボンヌ、マルセイユでもおこなわれていた。しかし、その後主な中心地はトレドになった。原文批判の結果、ティヴォリのプラトンの初期の本から一一一六年という製作年が取りのぞかれたので、この新しい運動がはじまった正確な年代は確定できないが、アデラルドゥスの天文表は一一二六年付なので、クレモナのゲラルドゥスを除くこの翻訳者集団はすべて、十二世紀の第二・四半世紀に位置づけることができる。みな教会の庇護に大いに助けられたが、特に援助の手をさしのべたのはトレドの大司教ライムンドゥスと、同じ時代のタラゾナ司教ミカエルである。この時代には、占星術は、応用天文学にほかならず、非常に実用的な学問と見られていたので、占星術が大きな量を占めたのは自然のいきおいだが、そのほか彼らの関心の的は主として天文学と数学にあった。

十二世紀の後半になって、アラビア語からの翻訳者としてはもっとも熱心で多作なクレモナのゲラルドゥスがあらわれた。さいわいわれわれの手には、彼の簡単な履歴と作品リストが残されている。弟子たちが、ガレノスの著作目録にならってまとめ、ゲラルドゥスの訳になるガレノスの『テグニ』(*Tegni*)に付けたもので、訳者の才能の光がかくれてしまわないように、また匿名で残されたこの作品を、ほかの人が自分の手柄にすることがないように、という考えから出たのである。この履歴から汲みとれることだが、若い頃から学者で、ラテン語の学問を身につけていたゲラルドゥスは、ラテン語の著書には見つからないプトレマイオスの『アルマゲスト』に対する愛にひかれて、トレドにやってきた。そこで、あらゆる分野にわたるアラビア語の著作が山のようにあるのを見つけて、ラテン語の著作の貧弱さにあわれをもよおし、それを翻訳しようと考えてアラビア語を学んだらしい。彼の『アルマゲスト』の翻訳は一一七五年の日付になっている。一一八七年、齢七十三でトレドに歿するまで、この目録にあるだけで七十一のアラビア語作品、おそらくはそのほかにも何十冊かの本をラテン語に訳した。うち三冊は論理学関係で、アリストテレスの『分析論後書』と、テミスティウスおよびアル・ファラビによるその注釈。数冊は数学関係で、エウクレイデスの『幾何学原論』、テオドシウスの『球面学』、アルキメデスの論文一篇、その他幾何学、代数学、光学の各種論文を含んでいる。天文学、占星術の著作目録は相当なものだし、アリストテレスの科学書もなかなかだが、いちばん数の多いのは、ガレノス、ヒポクラテスそのほかの医学書で、彼らは主としてこの翻訳を通じて、中世後期に知られるようになった。実際のところ、アラビア科学全体としては、クレモナのゲラルドゥスの手を通じて西ヨーロッパに入ったものが、ほかの何よりも多いのである。

クレモナのゲラルドゥスに次いで、ロージャー・ベーコンが主要なアラビア語翻訳者のリストにあげているのは、イングランド人アルフレドゥス、ミカエル・スコトゥス、ドイツ人ヘルマヌスで、みな十三世紀初期にスペインで活躍した。アルフレドゥスは哲学者で、特にアリストテレスの自然哲学の解説を手がけたが、偽アリストテレス論文二篇の訳でも知られていた。ミカエル・スコトゥスは、一二一七年、アル・ビトルジの『天体について』の訳者としてはじめて登場し、一二二〇年までにアリストテレスの『動物誌』の標準ラテン語訳を完成している。アヴェロエスのアリストテレス注釈、アリストテレス自身の重要な天文学書の伝達に力があったことは言うまでもない。ドイツ人ヘルマヌスは、世紀の中頃に同じくアリストテレスとアヴェロエス、特に『倫理学』、『詩学』、『修辞学』とその注釈を取りあげた。同じ時期の他の群小作家も占星術と医学を関心の対象にしている。

ピレネーを越えてやってきたこの人たちは、スペインに着いたときにはアラビア語を知らず、中にはスペインを去るときにもまだ知らなかった人もいて、仕事をするためにはどうしても解説者の力を借りないわけにはいかなかった。普通、改宗したユダヤ人がその役をつとめた。たとえば、クレモナのゲラルドゥスは、ガリップスという名前のモザラブを使い、ミカエル・スコトゥスはアンドレアスという名前のユダヤ人に世話になったようだが、このアンドレアスは、アラビア語、ヘブライ語、カルデア語、ラテン語と七自由学芸の知識がすぐれていることで、一二二五年に教皇のおほめにあずかったパレンシアの聖堂参事会員アンドレアスと同一人物らしい。時には、ペトルス・アルフォンシ、セビリャのヨハネス、アブラハム・イブン・エズラ、アルフォンソ十世の天文学者たちのように、ユダヤ人自身が著者あるいは訳者のこともあった。彼らの解説は、アラビア語を日常スペイン語に訳すという形をとることが多かったようで、それをキリスト教翻訳者がラテン語に直した。多くの翻訳書が、全体としてひどく逐語的で、アラビア語の冠詞までひき写しているほどでいながら、反面正確さを欠いているわけもそれで納得できる。まずアラビア語からヘブライ語へ、そのあとさらにラテン語へ訳されたものが大量にあることも忘れてはならない。シュタインシュナイダーのヘブライ語翻訳に関する大著を開いてみればわかる。

この翻訳と伝達の過程には、偶然と都合が大きな役割を演じている。資料全体に目を注ぐということはまったくなくて、初期の翻訳者たちは、突然目の前にあらわれた新しい資料の山に、やみくもに手を出したというおもむきである。短い作品が短いがゆえに取りあげられ、基本的な著作が長くて厄介だから敬遠される。注釈者の名前が、注釈の内容よりも重んじられる。その上、翻訳者はそれぞれ別の場所で仕事をしていたから、同じものが重なることがよくあったし、最初の翻訳、あるいはいちばん正確な翻訳が、必ずしもいちばん評判だったわけでもなかった。今日見向きもされないものがたくさん翻訳されている反面、どこかになくなってしまって、なんとか取りもどしたいようなものもある。しかし、全体の合計は大した数にのぼる。スペインからこそ、アリストテレスとそのアラビアの注釈者の哲学、自然科学は到来したのであって、それが十三世紀のヨーロッパ思想をがらりと変貌させることになる。ガレノスやヒポクラテス、そしてアヴィセンナのようなアラビアの医者の翻訳は、ほとんどスペインの翻訳家がおこなった。スペインから、新エウクレイデス、新しい代数学、遠近法や光学の著述は伝えられた。スペインは、マスラマ、アルザルカリの時代からアルフォンソ賢王の時代にいたる、天文表と天文観測の発祥の地で、トレドの子午線は長い間西方では計算の基礎になっていた。また、アルファルガニのような当時流布していた天文学概説書や、クレモナのゲラルドゥスがトレドまではるばる旅してやってくるほど愛したプトレマイオスの『アルマゲスト』の、標準版があったことも忘れてはならない。東方の占星術の膨大な体系はスペインを通じて入ってきた。東方の錬金術もある程度そうである。

このスペインの潮の流れはピレネーを越えて南フランスにはいり、ナルボンヌ、ベジエ、トゥールーズ、モンペリエ、マルセイユといった中心地に達した。その地の新しい天文学は早くも一一三九年には姿を現わしていて、アラビア人の占星術、哲学、医学も、十四世紀まで痕跡が見いだされる。南フランスではユダヤ人翻訳者の寄与するところが大きく、おそらくスペイン以上だったと思われる。したがって、翻訳もヘブライ語経由でおこなわれたものが多い。

いくつかの地中海諸国の、人に知られたこれらの作品のほかに、アラビア語からの翻訳で著者も国もわからない作品がたくさんあって、それも一つのグループとして無視するわけにはいかない。その中にはいるのは、さして重要度の高くない、ばらばらの群小作品（特に占星術関係）だけでなく、アリストテレスの『自然学』、『形而上学』のような基本図書、その他アリストテレスの小さな著作もそうで、これらは一二〇〇年頃西方に現われる。またプトレマイオスの『アルマゲスト』と『四部書』（Quadripartitum）の、アラビア語からの翻訳で、作者不詳のものが少なくとも一つある。わずかの例外をのぞき、アラビア語起源と見られるラテン語の錬金術図書には、たとえば通称ゲーベルの著作など、翻訳者の名前が書かれていない。

西欧世界がアラビア人にどれほど恩恵をこうむっているか、科学や商業用語によくあらわれていて、多くの国語がアラビア語をそのまま借用している。algebra（代数）、zero（ゼロ）、cipher（数字、暗号）といった単語はいうまでもなかろうし、「アラビア」数字やalgorism（計算法）も同じである。アルゴリズムという言葉は、アルファリズミがアラビア数字の使用を教えたことを示すものである。天文学では、同じ借用の例がalmanac（暦）、zenith（天頂）、nadir（天底）、azimuth（方位）といった単語に見られる。alchemy（錬金術）や、おそらくはchemistry（化学）、そしてalcohol（アルコール）、alkali（アルカリ）、elixir（錬金薬）、alembic（蒸留器）もアラビア語からきているし、syrup（シロップ）、gum arabic（アラビアゴム）のような薬の用語は言うまでもない。貿易や航海の分野では、bazar（バザー）にtariff（関税表、料金表）、admiral（提督）に

arsenal（兵器庫）、sugar（砂糖）や cotton（綿）のような回教国の産物、地名 Mosul からきた muslin（モスリン）、Damascus からきた damask（ダマスク織）、コルドバやモロッコの革がある。英語の語彙に含まれているこういう単語は、さながら化石のごとく地中海における人類のさまざまな相互交渉を明らかにしている。

アラビアの学問はいろいろな場所でラテン・キリスト教圏に入ってきたが、ギリシア語からの直接の翻訳は、十二世紀にはほとんどイタリアだけでおこなわれ、ギリシア文化とラテン文化のもっとも重要な接点は、南イタリアとシチリアのノルマン王国だった。この地域は長い間ビザンツ帝国の一部をなしていたので、ギリシアの伝統や多数のギリシア語を話す住民がそのまま残っており、東方との接触を失っていなかった。十一世紀には、アマルフィの商人がコンスタンティノープルやシリアとの交易を活発におこない、ビザンツの職人は南方の教会や宮殿のために大きな青銅の扉をこしらえた。また、旅する修道士がギリシア語の説話や神学の断片を持ち帰ってラテン語に翻訳した。主に聖書・神学関係だが、ギリシア語起源の図書がバシリウス会修道院に集められ、さらに広汎な分野の蔵書がノルマンの首都におかれた。国王ロジェールとその後継者はラテン語への翻訳をみずから先に立って奨励したが、なるほど当時有数のふたりの翻訳家、ヘンリクス・アリスティップスとエミル・エウゲニオスは国王政府の要員で、いずれもギヨーム一世への賛辞を残し、その哲学的な精神と幅広い趣味、学者をひきつける宮廷の魅力を賛えている。

アリスティップスは、一一五六年、カターニアの大助祭として、ベネヴェントの陣営でプラトンの翻訳にたずさわったが、一一六〇年から六二年まで、シチリア宮廷の局長を勤め、その職を解かれてまもなく死亡した。ナツィアンツのグレゴリウスとディオゲネスの翻訳は、完成されたとしても今日まで残っていないが、そのほかプラトンの『メノン』と『パイドン』、アリストテレスの『気象論』第四巻をはじめて翻訳し、そのラテン語版は中世、ルネサンス初期に広く用いられた。独力で自然現象の観察もおこなった。そして、コンスタンティノープルの皇帝マヌエルの書庫からシチリアへ写本を持ち帰るのにも力があったが、その中の一つ、プトレマイオスの『アルマゲスト』の美しい写本は格別重要で、最初のラテン語版は、一一六〇年に訪問中の学者の手により、それをもとにつくられたのである。翻訳者の記すところによると、「ギリシア語とアラビア語の造詣きわめて深く、ラテン語の知識もある」エミル・エウゲニオスの大きな助力があったらしい。エウゲニオスはプトレマイオスの『光学』もアラビア語から翻訳している。シチリア学派の科学、数学重視の傾向は、以上のほかエウクレイデスの『与件』、『光学』、『反射光学』、プロクロスの『運動論』、アレキサンドリアのヘロンの『気体学』がおそらくはここで最初に翻訳されたことにもうかがわれる。エウゲニオスは、母国語のギリシア語ではひとかどの詩人で、東洋文学の一風変わった二つの小品を西方に伝えるのに力があった。エリトレアのシビルの予言と、サンスクリットの説話『カリラとディィムナ』である。アリストテレスの『論理学』の新版がギヨーム一世の宮廷に流布していたこと、新約聖書の重要な写本がロジェールの宮廷の筆写者の手になるらしいことを考え合わせれば、十二世紀シチリアの知的関心のほどはさらに明らかだろう。一方、サレルノの医学校が科学知識の集散の中心地であったことも忘れてはならない。

イタリアには、ほかに、新知識の中心となる宮廷はなかったし、東と西がこれほど恒常的に、豊かな実りをともないながら関係し合っていた地域もなかった。半島の他の部分では、在住ギリシア人よりもむしろギリシア語の得意なラテン人に着目しなければならない。その人たちは、旅行者として、外交官として、あるいは、ヴェネツィアやピサなどの大商業国がつくった有力な植民都市の一員として、コンスタンティノープルでギリシア語を学んだのである。

一一三六年、皇帝臨席のもとにコンスタンティノープルで開かれた神学討論会には、「少なからぬラテン人が出席した」と伝えられる。「その中に、二つの言語に通じ、学識秀でた三人の賢者がいた。ヴェネツィアの人ジャコモ、ピサの人ブルグンディオ、そしてもうひとりは、ギリシア人・ラテン人の中では誰よりも両方の文学に造詣が深いことで有名なイタリア人、ベルガモ出身の通称モーゼスで、彼はいずれの側にも忠実な通訳として全員から選出を受けた。」上記の学者はみな、別の資料でも伝えられていて、当時の、シチリア王国以外のイタリア人翻訳者として傑出した存在である。ヴェネツィアのジャコモは、アリストテレスの『新論理学』の訳者。ベルガモのモーゼスは、ヴェネツィアを通じて東方と接触したのだが、文法家、翻訳者、詩人、写本収集家としての多方面にわたる活動が断片として残っており、十五世紀における「なんでも屋」の元祖と考えてよさそうである。ピサのブルグンディオは、故郷のピサでは公けによく知られた人で、コンスタンティノープルを数回訪れたことがあった。ギリシア語からの翻訳は余暇の手すさびにすぎなかったようだが、その成果は、同時代のどのラテン人よりも目ざましい。多くは神学書で、ラテン思想にいちじるしい影響を与えたバシリウス、クリソストモス、ダマスコのヨハネスの作品が含まれる。哲学はネメシウス、法学は『学説彙纂』の中のギリシア語引用文、農学は『農耕術』(*Geoponica*) の抜萃をもって代表される。彼は、ヒポクラテスの『格言』、ガレノスの十の作品の当時流布していた翻訳の作者としてもっともよく知られていたらしい。(ガレノスについては、もう一人のピサ人、アンティオキアのステファノが、アラビア語からの翻訳を手伝っている。) ブルグンディオの墓碑銘にはこの「最高の翻訳者」(optimus interpres) の広い学識がたたえられている。

この大地に生まれ、天日のもとに置かれた
　るものすべて、
何ごとにあれ知りうべきものすべてをこの
　者は知りたり。

Omne quod est natum terris sub sole
　locatum
Hic plene scivit quicquic erat.

ブルグンディオほど高名ではないが、コンスタンティノープルのピサの居留地在住者をあと二人あげておかなければならない。フーゴー・エテリアヌスとその弟レオ、通称レオ・トゥスクスである。フーゴーは、両方の言葉の達人だったが、翻訳者というより、ギリシアの神学者との論争でラテンの教義を強く唱道した論者で、その経歴がものをいってルキウス三世から枢機卿に任ぜられた。レオは皇室付の翻訳者で、聖クリソストモスの作品の大部分と、アハメド・ベン・シリンの夢の本 (*Oneirocriticon*『オネイロクリティコン』) を翻訳した。マヌエルの宮廷で奇蹟や驚異に対する関心がひろまっていたことは、ほかの史料からもそれと察せられる。まず、ローマ人のパスカル。彼もまた宗教書の翻訳者だが、一一六五年にコンスタンティノープルで別の夢の本を編纂した。そして、一一六九年にやはりコンスタンティノープルで作られたキラニデスの訳書の著者でもあるらしい。そのほか、同じ頃に西方に伝わった神秘学の作品があってその一部は宮廷の書庫から出たものと思われる。このように、公式にせよ非公式にせよ、一方にギリシアの帝国、一方に教皇と西方の帝国という二者の間柄は文学的交流をたびたびもたらした。そして、その結果生じたギリシアとラテンの神学者間の論争は、だいたいわれわれの知るところとなっているが、そのほかにも西方に伝わりながら、その状況が今のところまだ探求されていないものがあることが、十分考えられる。

アルプス以北には、翻訳について特記すべきことはほとんどない。ただ、イタリアで仕事をした無名の翻訳家のある者が他国出身だったということはあるだろう。ドイツには、一一五〇年頃ハーフェルベルクのアンセルムスが書いたギリシア人との『対話』(*Dialogi*)、一一七九年に西の帝国の別の使者が持ち帰った『人と自然のさまざま』(*De diversitate persone et nature*)がある。世紀のなかば前に、ハンガリーの修道士ケルバヌスは、マクシムス・コンフェッソルの『ヘカトンタデス』(*Ekatontades*)と、おそらくはダマスコのヨハネスの論文一篇を翻訳した。一一六七年に、もとはプロヴァンスのガプ出身の医者グリエリムスなる者がコンスタンティノープルからギリシア語写本をパリのサン・ドニ修道院に持ち帰り、自分自身は後にそこの修道院長になった(一一七二―八六)。また、偽ディオニシウスの作品が、写本を求めてギリシアを訪れたヨハネス・サラジンの手で翻訳された。

最後に、大部分はイタリアで作られたと見てまちがいない作者不明の翻訳にも触れておかなければならない。運よく序文でもついていれば、およその年代はわかるし、著者に関する事実もいくらかはっきりする。たとえば、一一六〇年頃シチリアでつくられた『アルマゲスト』の最初のラテン訳や、トレドのカテドラルの写本に保存されているアリストテレスの『分析論後書』の訳（一二二八―五八）がそうである。しかし、ほとんどの場合こういった証拠は残されておらず、写本の日付やギリシア語原本から直接出てきたテキスト引用以外に指針となるものはない。研究が今日より相当進まないことには、多くの事例で十二世紀の作品と中世初期の作品、あるいはそのあとひきつづいてあらわれた十三、四世紀の翻訳者の作品とを、はっきり分けることはできない。ある作品がギリシア語から訳されたのは、イタリアの人文主義者の時代よりも前だったということしかわからない場合が多いのである。十二世紀に無名の訳者が取りあげたギリシア語重要文献の筆頭はアリストテレスで、『自然学』、『形而上学』その他博物学関係の短い作品は一二〇〇年ごろ西方に伝わり、『政治学』、『倫理学』、『修辞学』、『家政学』はその後五、六十年の間に伝わった。ほとんどすべてについて、翻訳はギリシア語からとアラビア語からの両方あり、またほとんどすべて、年代が記されていない。さしあたって言えることは、世紀の変わり目頃には、『自然学』、『天界論』、『霊魂論』、『自然学小論集』、そしておそらくは『形而上学』についてはギリシア語からの訳が見いだされる、という程度である。

十二世紀のこういったヘレニストたちの人物については、ほとんど何も残されていない。

ヴェネツィアのジャコモは名前だけ。『アルマゲスト』の翻訳者はそれさえない。ペルガモのモーゼスのことは、偶然彼の手紙が一通残ったためにわずかに知られるが、ほかの人は、ほとんど序文を通じて今日まで存続しているにすぎない。特色を示す性格や事件はほんのわずかである――モーゼスは、金三ポンドで求めたギリシア語の蔵書がなくなったことを嘆き、マヌエル・コムネヌスのピサ人の秘書は、足をひきずりながら皇帝のあとを追ってあちらこちらトルコ遠征に加わった。ブルグンディオは、外交官として旅をする余暇の時間にクリソストモスを翻訳して、息子の霊魂を煉獄から救おうとした。あるサレルノの医学生は、コンスタンティノープルから届いたばかりの天文学写本を見たい一心から、おそろしいスキラとカリュブディスをものともせずシチリアにわたり、その地にとどまって本の内容を身につけた上、ラテン世界にも利用できるものとした。アリスティップスは、兵舎でプラトンの翻訳にあたり、大プリニウスばりにエトナ山の噴火を観察した。エミル・エウゲニオスは、公吏としての生涯の終わりに、獄中で孤独と書物をたたえるギリシア語の詩を書いた。などなど、たしかに少ないものではあるが、こういう人たちと「古代のあまねく学者集団」との近づきを示すには十分だろう。

これらのギリシア語からの翻訳は、ルネサンスにもずいぶん無断で使用されているのだが、それは別として、中世後期の文化に大きな貢献を果たしている。アラビア語からの翻訳との競争になれば、こちらの方が忠実で信頼がおけることがたちまちわかった。アラビア語版は、できがよくても、原文からは一段階離れていて、それもまったく異質の言語媒体によって屈折させられているわけだし、悪くすると、スペイン語を媒介とする無知な解釈者の助けを借りたやっつけ仕事である。だいたいにおいて、この二組の翻訳者は同じ資料を使っている。いずれも哲学、数学、医学、自然科学に関心を持っていたし、また、これらの分野のギリシア語著作は、ほとんどアラビア語に訳されていたから、どれをとってもいずれかのルートで西に伝わったということになる。プラトンはギリシア語しかなかったにしても、アリストテレスはアラビア語も流布していたので、その作品のほとんどに二つあるいはそれ以上のラテン語版が存在する。神学、典礼、聖人伝、そして文法は、当然ながらギリシア語だけ。反面、占星術は主としてアラビア語だった。とはいうものの、神秘学や伝説の領域では、ギリシア語起源のものとしてキラニデスや夢の本、『カリラとディムナ』やシビル、錬金術が少々、プトレマイオスの『四部書』、その他占星術の小品がある。多くの場合、ギリシア語からの訳が一般に流通するか、それともアラビア語からの訳がそうなるかは、程度の差こそあれ偶然の結果だった。『アルマゲスト』のシチリア訳は、できたのは早かったのに四つの写本しか知られていないが、スペインで作られたものは、いたるところで見つかる。しかし、十二世紀のギリシア語を通じてしか知られていない作品は相当な数にのぼる。その中には、プラトンの『メノン』と『パイドン』（そのほかの対話で中世に知られていたのは、もっと古い版の『ティマイオス』だけ）、エウクレイデスの程度の高い作品、プロクロスとヘロン、ガレノスの数多くの論文、クリソストモス、バシリウス、ネメシウス、ダマスコのヨハネス、偽ディオニシウス、そして、神学、説話、典礼、神秘学のばらばらの文献若干が含まれる。

ここにあげたギリシア語からの翻訳リストの中に、文学、歴史の古典作品が見あたらないことは、中世の大学のカリキュラムの中にもそれがないことと同じく、重要な意味を持っている。つまり、この時代は十二世紀であって十五世紀ではないのである。幅広い人文主義者の関心よりも、むしろ医学、数学、哲学、神学に対する関心が強く、そこに当時の実際問題重視、教会問題重視の傾向がうつし出されている。中世の翻訳は「文学とは認められず、目的にいたる手段であった。」しかし、クァトロチェントにも同じ著者が古今の翻訳を通じてなお読まれていたことは、記憶しておいてよい。新しい知識がおもてに出て、これらは背景におしやられているだけのことなのである。その意味では、この二つの時代は連続しているともいえる。学問的な資料にもある程度連続性があって、古い時代の個人の写本がヴェネツィアやパリの図書館に集められ、シチリアの国王の蔵書がヴァティカンのギリシア語蔵書の中核になっているらしい。ヘレニズムの影響がどの程度連続して存在していたかという問題は、南方の状況について断片的な知識しか得られないために、いっそう解決がむずかしい。十二世紀のシチリアの翻訳家にすぐつづいてフリードリッヒ二世とマンフレディの宮廷付翻訳者があらわれる。そして、十四世紀にはいると、ペトラルカがナポリ王ロベールの宮廷に滞在し、カラブリアのギリシア人がボッカッチョに教えたという事実があることを忘れてはならない。ギャップは短い。しかし今のところまだ埋められてはいない。

科学の面では、十二世紀ルネサンスは、かくのごとく、アラビアのルネサンスであると同時に、ギリシアのルネサンスでもあった。そして、この時代のアラビア科学の独自の重要性は、ギリシア語からの直接の翻訳がつくられたことで、今や減少するにいたる。ラテン世界は、自分自身のアリストテレス、ガレノス、プトレマイオス、エウクレイデスを、主としてギリシア・ラテン語版で持とうと思えば持てた。このようにしてギリシアの科学の多くを自分のものにできたはずなのだが、実際にはおおむねそうではなかった。この頃、科学の使用語はアラビア語になっていたのである。スペイン、プロヴァンスにはじまった科学の動きは、起源からしてアラビア語だったし、南イタリアのものも一部はそうだった。アラビア語からの翻訳の方がギリシアからの翻訳よりも時間的に先んじているか、少なくとも多くの場合一般的に使われていた。こういうことから、アラビア語の注釈や手引書の方が評価が高くなり、中にはヨーロッパの思想に深い影響を与えるものもあった。つまり、アラビア語からの翻訳の方が「受けていた」ということである。翻訳のみならず、アラビアの科学そのものが、医学、数学、天文学、占星術、そしておそらくは錬金術の分野でも、ギリシアを自分のものとした上、時にはそれを乗り越えていたことを言っておかねばならない。それだけではない。中世のアラビア人、ユダヤ人にとって、科学の知識は何よりも重要なもので、この科学を愛する精神が、彼らの学問に触れることになったラテン人にも移っていった。関心とともに方法も入ってくる。合理的な考え方や実証的な気風も伝わる。もちろんこういうものは、古代ギリシア人の中にも見いだされるし、その著述に流れてもいるが、マホメット教国の中で培われ、生かされ、そこを通じて西方キリスト教圏に伝達されたのである。

第十章　科学の復興

十二世紀の知的復興は科学の領域でもっともきわだっている。一一〇〇年の西ヨーロッパは、イシドルスとベーダの要約、ローマの学問のばらばらの断片しか持っていなかった。一二〇〇年ないしはその少し後には、アラビアの自然科学と哲学、ひいてはギリシアの学問の大部分を受け取っている。その間の百年、言ってみればおよそ一一二五年にはじまる一世紀が、エウクレイデスとプトレマイオス、アラビア人の数学と天文学、ガレノス、ヒポクラテス、アヴィセンナの医学、そしてアリストテレスの百科辞典的に豊かな学識をもたらしてくれたわけである。今やギリシアとアラビアの錬金術がいくらか、そしてアラビアの占星術も多くのものが知られるようになり、実験の精神がはっきりおもてにあらわれてきている。これはたしかに科学のルネサンスであるとまちがいなく言えるのだが、ただ、われわれとしては、文学の場合とはちがって、十二世紀の範囲内に厳密にとどまることはむずかしく、時には十三世紀にまで入りこんで、前世紀に始まったことをいっそう明確に説明するという形をとらざるをえなくなるだろう。

中世初期の一般の科学文化は、当時もっとも知れわたっていた百科辞典であるセビリャのイシドルスの『言葉の起源』によくあらわれている。これは六三六年にイシドルスが死ぬ直前にスペインで編纂されたもので、たちまちピレネーを越えてひろまり、おそらくは数百の写本が流通したと推測される。前にも述べたように、一人前の書庫ならなくてはすまされぬ本の一つで、その名声は、言及や抜萃がたえずおこなわれていることでも証明される。評判がよかったのは、知識をすべていわばタブロイド判で求めていた時代にふさわしく、要領よく簡潔にまとめられていること、学者風にペダンティックなこと、人の話をそのまま信じていること、寓意的、神秘的解釈を多用していることなど、理由はいろいろあろう。物よりも言葉を対象とし、語源と定義を第一に尊重したことは、誰も批判しなかった。この本のあとをうけてその後どの時代にもあらわれた百科辞典はおおむねそうなのだが、これも前にあった百科辞典をもとにしており、今はなくなった著作から抜き出して、さながら「一千年の集大成」のおもむきだが、また同時に「暗黒時代の精神の断面」も示している。イシドルスは単なる編纂者だが、それだからこそ、オリジナルな著作なら見られないような特性があるともいえる。ブレオーは次のように述べている。(1)

暗黒時代の人びとが自然と超自然をどう考えていたか、そして自然と超自然が人生観に占めている比重をどう考えていたかは、現代の知識人が考えていることとはおよそ対照的である。われわれの目には、物質界は秩序のある様相を呈していて、その限界の中でもろもろの現象が一定の様式に従って起こり、それに基づいて科学の知識体系が組み立てられる。時には、科学のある分野で、中世に超自然についてひろまっていた独断論と、立場は逆であるにしても、性質の似かよった独断論におちいる危険もあった。反面、かつて超自然について持たれていた確かさは薄れてきた。超自然を信じさせるに足るその探求の道は考え出されていないし、科学が到達した結論と一致しなければ、どんな考えも真実とは見られない。以上の点でイシドルスや当時の人びとの態度は、今日とはまったく逆である。イシドルスにとって、超自然の世界は証明可能な、秩序ある世界だった。超自然の現象、あるいはそのように想像されるものは、すべて確かとされ、物質について感覚がもたらす証拠はまったくかえりみられなかった。中世人の精神の中にひろがる超自然界は、現代人の精神の中にひろがる自然界よりもはるかに大きな容積を占めていたともいえようか。しかも、それははるかに強靭で無批判な独断論に裏打ちされていたのである。

『言葉の起源』全二十篇は、数百年間の人間知識を集めたもので、その分野は、七自由学芸、医学と法律、教会とアルファベット、人間と動物（動物を取り上げた巻がいちばん長い）、地球と宇宙、政治地理と自然地理、建築と測量、農事と軍事、船と家庭用品、広く実用的な技芸に及んでいる。ブレオーの翻訳をくわしく引用したいが、(2)ここに示す抜萃だけでも、著者の方法や考え方を伝える例に十分なるだろう。

Ⅳの一三。医学の基礎。

1、なぜ医術が自由学芸に入れられていないのか、とたずねる人がいる。その理由は次のとおりである。自由学芸はそれぞれ一つの科目だが、医学はすべてを含む。医師は、読んだものを理解し説明できるように、文法の心得があることを求められる。

2、同じく、修辞学も、治療する病気を筋道正しく述べることができるために、さらに、論理学は、理知の助けを借りて、病気の原因を調べ、取りのぞくために、そして数学も、発作が起こっている時間、症状の経過日数を知るために必要である。

3、同じように、幾何学も、地域の特性や位置関係を知るために必要で、それに照らして、守るべきことがわかる。さらに、音楽も知らないわけにはいかない。病人について、この学問のおかげでうまくいったことがたくさん書かれている。たとえばダヴィデは、音の調べによってサウルを邪まな霊から救ったとある。医師アスクレピアデスも、煩悶する病人を音楽によってもとの健康にもどした。

4、最後に、星の運行や季節の移り変わりを見るために天文学も知らなければならない。ある医者の言うように、われわれの体も天体の状態に応じて変わるのである。医学が「第二の哲学」と呼ばれるのは、このようなわけからで、両者とも十全の人間を求める。一方は霊魂をいやし、一方は肉体をいやす。

XIの一の一二五。iecur（肝臓）は、中にignis（火）がひそんでいるところからその名がつけられた。火はそこから頭にのぼり、さらに目やその他の感覚器官、四肢にひろがる。そしてその熱によって、食物から取りこんだ液体を血液に変え、体の各部分に送って、そこに養分を与え、育てる。自然哲学を論ずる人たちによれば、肝臓の中には悦楽と欲望が宿っているとのことである。

XIの三の二三。スキオポデス族は、エティオピアに住むといわれる。それぞれ一本の脚を持ち、驚くほど足が早い。ギリシア人がスキオポデス（影足）と呼ぶのは、夏になると仰向けに地面に寝て、その大きな足で影をこしらえるからである。

XIIの七の一八。cygnus（白鳥）は、歌をうたう（canendo）ところからそう呼ばれる。音をいろいろに変えて美しい歌をつくり出すのである。美しく歌えるのは、長く曲がった首を持っているからで、声は、長い、うねうねした道を通って出てくることによって、さまざまな音になるのだろう。

XIIの七の四四。cornix（カラス）は、たっぷり年の功を経た鳥で、ラテン人の間でギリシア語の名前がそのまま使われている。鳥占いによると、前兆によって人の不安を増すという。また、待ち伏せをばらすとか、未来を予言するとも言われる。神がカラスに助言をゆだねていると信じるのは、大きなまちがいである。

XVIの六の六。スコティアは、ヒベルニアと同じ。ブリタニアにごく近い島で、土地の広さでは下だが、もっと肥沃である。アフリカからボレアス（北風）に向かってひろがり、前の部分はヒベリアとカンタブリア海に相対している。そのためヒベルニアとも呼ばれる。しかし、スコティアと呼ばれているのは、スコット族が住んでいることによる。蛇はまったくいない。鳥はわずかで、蜂もいない。それゆえ、ここから持ってきた土ほこりや小石を、ほかの土地の蜂の巣のそばにばらまくと、蜂は巣をすてて飛び去ってしまう。

十二世紀初期の一般の精神状況は、一一二〇年にサントメールの参事会員ランベルトゥスが編纂した『花がたみ』（*Liber floridus*）によく示されているが、この本は挿絵入りの原本が著者の肖像付きでヘントに残っている。ランベルトゥスは、科学、歴史、神学、その他ありとあらゆる種類のものについて、読んだことを、天国の川やギリシア語のアルファベットから虫歯の治療にいたるまで片端から書き記している。彼の科学には——科学と言っていいものかどうか知らないが——天体の運行、天気、地球上の場所や人、ローマ数字と分数、宝石、植物、動物の名前と性質、動物の一つとして反キリストをあらわすレヴィアタンまでも含まれる。年代記から拾われたふしぎなできごとを別とすれば、明らかな原典以外からとられたものはまったくない。出典はだいたい名前がそのまま示されている。イシドルス、ベーダ、プリニウス、マルティアヌス・カペラ、マクロビウス、ラテン教父といったところである。

十二世紀の復興は、イシドルスやその仲間を切り捨て、非科学的な考え方を突如放棄したところから始まった、というふうに想像してはならない。そういった考え方は、実は十七世紀、あるいはそれ以後までつづくのである。これは非常に根の深いもので、科学の衰退は、プリニウスにふんだんに示されているとおり、はるかローマの昔にさかのぼり、先ほど引用した文章ではイシドルスもだいたいローマの先達に従っている。たとえば、一二三〇年頃、非常に評判になった百科辞典『物の性質』(*De proprietatibus rerum*)を書いたイングランド人バルトロメウスにも、プリニウスとイシドルスの手がいまだに強く加わっている。その辞典の中には、多くの新しい事実もあり似たような寓話もあるが、おなじみの例のアイルランドの蛇や、肝臓の火や、声のよい白鳥や、その他民間に根強く伝承される話題が散見される。十二世紀がなし得たのは、西方にもう一度ギリシア人の科学上の著作をもたらすこと、その著作をめぐるアラビアの注釈者、解説者の知識を披露すること、そしてあらゆる分野で科学的な活動をうながすことだった。書かれた文献の量は驚くほどふえ、種類も多様化して、ある程度の専門化も見られるようになった。近代的な精神にはまだまだであるにしても、これだけでも大きな前進ではあった。

この変化は、百科辞典の時代ともいえるこの時代でも第一の百科辞典であるボーヴェのヴィンケンティウスの『大鏡』(*Speculum majus*)にあらわれている。十三世紀中頃に書かれたこの辞典は、なるほど当時の知識を映し出す鏡で、マールは、これを十三世紀のカテドラルの彫刻については最良の案内書と見ている。著者であるドミニコ会士ヴィンケンティウスの言うところでは、普通の読者には本の量があまりに膨大なので、全体の中からいいところだけ抜き出し、それを『自然の鏡』、『学理の鏡』、『歴史の鏡』という三つの表題に分けて、それぞれ自然科学、哲学、歴史を対象として取り上げたようである。その結果、途方もない大部な本になって、一六二四年の印刷による版では大きな二折本で二巻。それに対してイシドルスの『言葉の起源』は八折本で一巻にすぎない。全体の二分の一、約三千頁が、狭い意味での科学を取り扱っている。『大鏡』は寄せ集め、それもはさみと糊でつなげたもので、イシドルスの得意とする簡潔な要約は見られない。典拠となった書物そのままの長たらしい記述で、その数がまたはなはだ多く、ご多分に洩れぬイシドルス、プリニウスのほか、新アリストテレス、特に医学関係の多くのアラビア著作家、そしてバスのアデラルドゥスとかコンシュのグリエリムスなど、もっと時代の近いラテン作家も随所に見られる。『自然の鏡』の配列も時代の特徴をよくあらわしていて、三十二篇三七一八章というこまかいスコラ風な分類がほどこされているだけでなく、この膨大な素材が、聖アンブロシウスの『六日物語』(*Exameron*)の方式で天地創造の六日間の順序に従って並べられている。同じく『学理の鏡』も人祖の堕落に始まり、その再起のよすがとなるさまざまな哲学を取り扱うという形をとっている。これほど包括的なものは、十八世紀の『百科全書』があらわれるまで二度と作られなかった。

ヴィンケンティウスの時代の科学が質においても量においても一一〇〇年以前の科学を凌駕していたことは、もうひとりの百科辞典的知識の所有者たる全科博士アルベルトゥス・マグヌスの著作によっても明らかである。アリストテレスの全作品のみならず、当時アリストテレスのものと信じられていた論文にも注釈をおこなっているアルベルトゥスは、動物、植物、鉱物を論ずるときにもっとも生彩を発揮する。「常に独創的。模倣と見える時でさえそうである」と言われ、事実がそれを要求すると見れば、かの哲学の王者とたもとを分かつこともいとわない。そして、自分自身の観察と実験に基づいた多くのものを付け加える。「自然学とは、単に言われたことをそのまま受け取るのではなく、自然現象の原因を調べることだ」と彼は教える。イングランド人バルトロメウスが詳細に語っているグリフィンも、アルベルトゥスの考えではおとぎ話の生物で、哲学者の実験や哲学の論議に裏づけられたものではない。ペリカンが自分の血でひなの病気を治すという話もそうである。『動物論』（*De animalibus*）の中でも——アルベルトゥスの自筆写本がケルンに残っている——鷹の病気のためのいろいろな薬をあげてから、次のように書き記している。「以上、専門家のテストを経た鷹の薬を列挙したが、賢明な鷹匠は、経験に従って鷹の健康によいと見れば、時によりこれに付け加えるなり、ここから取り除くなりするであろう。すべてこのようなものは、経験こそ最良の教師である。」

十二世紀の科学の進歩の度合いは、いくつかの分野を手早く概観することでなお明らかになるだろう。まず数学から始める。中世の教育を構成する七自由学芸のうちの四学(quadrivium)は、数学に関係があると考えられていた。算術、幾何、天文学、音楽がそれである。しかし、その数学はきわめて初歩的なもので、どれほど初歩的であったかは、ボエティウスやベーダの教科書にごく簡単な数学、天文学の計算の概略しか出ていないことでもわかるし、ゲルベルトゥスがこういう先生たちより多少すぐれているというだけで異常なほどの評判になった事実にもうかがえる。ゲルベルトゥスは、ボエティウスやローマの測量家(agrimensores)の著述の断片に含まれている資料しか持っていなかったが、そろばん、つまりローマ人の計算器を復活させて実際に使ったようで、それが十一世紀、十二世紀に非常に流行した。彼はこの計算器に不可思議な名前や象徴を与えはしたものの、アラビアの位取り計算法は使用せず、ローマ数字を使った長除法のいわゆる「鉄割り算」の説明に、うんざりするほど長い章をさいている。幾何学については、エウクレイデスのごく初歩的な部分の知識しかなく、天文学については、自製の簡単な装置が人びとを驚かせはしたが、ベーダを超えてはいないように思われる。次の世紀のロレーヌやシャルトルでは、数学についてはゲルベルトゥスの伝統を生かすことに努力が注がれた。とはいうものの、一一〇〇年前後の数学、天文学の計算に関する写本の量は、知的な復興がおこなわれていることを如実に示している。

十二世紀のはじめに、エウクレイデスの幾何学の『原論』(*Elementa*)はすべて——アラビア語からと思われるが――ラテン語に訳され、その一世代後には『与件』(*Data*)、『光学』(*Optica*) も上級学生の手にし得るものとなった。幾何学は、つい最近まで占めていた位置に、そのときすでに実質的には達していたわけである。一一二六年にバスのアデラルドゥスは、アルファリズミの三角関数表を西方に持ち帰った。一一四五年にチェスターのロベルトゥスは、同じ著者の「代数学《アルジェブラ》」(*Algebra*) をラテン語に翻訳し、キリスト教ヨーロッパにこの学問の名称と方法を伝えた。『完全化《アル・ジャブル》と対置《アル・ムカバラ》による算法』(ラテン語題名 *Liber algebre et almucabola*) を書いたこの本が、「今日の解析学の基礎を築いた」ことは、関心ある読者がカルピンスキ教授の英訳をひもとけばわかるとおりで、その英訳書では方程式が現代の書法で書かれている。アルファリズミの名前は、なまって algorismus (アラビア計算法)、ついにはチョーサーに出てくる augrim ともなったが、新しく生まれたインドの算術にもその名がつけられた。こちらのラテン語版も同じ頃にできている。アラビア数字は、この世紀の途中に、おそらくは学問的な入門書ではなく貿易の業務を通じて入ってきた。しかし世紀の終わりに、学者の世界は、片や新しい計算法を支持するアルゴリスト、片やそろばんを支持するアバシストの二派に分裂し、後者は一二九九年にいたってもなおフィレンツェで最新流行の数字の使用を禁ずる法律を制定している。一二〇二年にピサのレオナルドゥスの最初の本『算板の書』(*Liber abaci*) があらわれ、ひきつづき書かれた画期的な著述の中で、この数学の天才は、二次・三次方程式の解を与えるなど、「その時代、そしてそれに先立つあらゆる時代の数学知識を最高に身につけている」ことを示した。数学はここで一つの頂点に達して、その後デカルトがあらわれるまではさしたる進歩を見せないのである。十二世紀の決定的な重要性がこれほどはっきりした分野はほかにない。

世紀初頭の天文学の稿本は、主としてベーダやカロリング時代の計算家ヘルペリクスの入門書の写しあるいは抜萃からなっており、キリスト紀元の年代推定に触れながら教会の年表にもいくらか注意を払っている。アラビアの天体観測儀がわずかに言及されているが、それ以上アラビアの天文学の知識があったことは認められず、一一一九年にアングロ・ノルマン語で書かれたタオンのフィリップの『クンポス』(*Cumpoz*) には、古いラテンの伝統しか反映されていない。しかし、その翌年には、もうひとりのイングランド人モルヴァンのウォルチャーが、スペイン系ユダヤ人ペトルス・アルフォンシから学んだ度、分、秒によって計算を始め、一一二六年には、バスのアデラルドゥスがアルファリズミの天文表を翻訳している。これにつづいて、アルバッタニやアルザルカリの天文表、アルファルガニの簡単な手引書も出た。古代天文学の集大成であるかの有名なプトレマイオスの『アルマゲスト』は、一一六〇年頃ギリシア語から、一一七五年にアラビア語から翻訳された。以後、古代の天文学の十分な理解は、この著作をどれだけ吸収同化するかに左右された。

その間にアリストテレスの自然学もアラビア作家を通じて浸透し始め、それとプトレマイオス、プラトンの『ティマイオス』との矛盾が、これら権威者たちの調整に全力をあげる当時の人たちの頭を悩ませた。アリストテレスの『自然学』(*Physica*) の翻訳は一二〇〇年の少し前だが、『気象学』(*Meteorologica*) は一一六二年以前、『天体論』(*De caelo*) もほぼ同じ頃入手可能になっていて、その物理学説は世紀の進展とともにさまざまな経路で入ってきた。一二〇〇年に近くなると、宇宙の性情、その要素、地震や潮の干満、火山の噴火などの現象を論じた短い論文の数はますます多くなる。この時代の気象学は、はっきりとアリストテレスだった。

奇妙なことに、地理学は本質的にローマのままで、おおむねプトレマイオス、イシドルスの域を脱していない。すでに見たとおり、十字軍の遠征や北方、東北方への探検によってヨーロッパの地理的な範囲はぐんとひろがり、それに応じてヨーロッパ文明圏も拡大されたわけだが、アラビアの地理学は入ってこなかった。「回教徒最大の地理学者アルマスウーディ、イブン・ハウカル、アルイスタハリの著作は、中世のヨーロッパには知られておらず、アラビアの地理学は、十字軍時代の西方人の持っている地球に関する知識に、何一つ寄与するところがなかったと言ってよい。[(3)]」

この時代が、以上のような重要な新知識の源泉を活用していなかったとしても、その地理学がまったく昔ながらのものだったと言うのはあたらない。実見に基づく地理は、百科事典にさえまったくないわけではないし、手紙、年代記その他さまざまな記録には実に豊富な説明がある。地震や噴火のような顕著な現象の記述のみならず、日常的なちょっとした観察も、この時代を通じて数多く見られる。旅行記の中では、一一八八年とその後数年の間に『アイルランド地誌』、『ウェールズさまざま』、『ウェールズの旅』を書いたギラルドゥス・カンブレンシスが特別の位置を占めている。ギラルドゥスは軽信的で偏見もあり、アイルランドの内陸の状況をまた聞きで長々と書くし、ソリーヌスなど昔ながらの寓意的解釈に一目置かぬでもない。しかし、湖や川や山、そしてわずかながら気候についても直接の体験に基づく記録を書いているのみならず、アイルランド沿岸の潮の干満に関して一連の興味津々たる事実を提供してくれる。おそらくは水夫や漁師の話をつなぎ合わせたものだが、こういう問題をめぐるその人たちの精密な知識を、書物の研究者はついつい見すごしてしまうものである。その上にギラルドゥスの地理学は非常に人間的である。今日のウェールズやアイルランドの多くの批評家にとってはあまりにも人間的かもしれない。言語、風俗、習慣、気候の気質への影響を論じ、ウェールズ人同胞のほめるべき特性、非難すべき特性を列挙し、ウェールズの妖精の語る言葉とプリスキアヌスのギリシア語の類似まで書き記している。

この時代の各地方の地理は、実際に見聞する機会の多寡によって知識に段階があることを示している。十三世紀には、西ヨーロッパから見たその状況は次のように要約される。(4)

まず第一に、商業、外交、教会、軍事、学術関係の活動を通じて知識が得られ、またそれが次々に新たになる、よく知られた地域があった。エルベ川とハンガリー以西のヨーロッパの大部分がこれに含まれると言ってよい。コンスタンティノープルにいたる陸路、地中海沿岸、聖地も含まれる。旅をすることの多いスカンディナヴィアの人たちは、以上の地域のみならず、バルト海沿岸、南部ノルウェー、スウェーデン、アイスランドもそのように考えていた。よく知られた地域の外には、一応信頼できるかなりの量の情報が得られる第二グループがあった。その情報の出所は次の三つのうちの一つである。(1)たまの旅行者の報告。(2)多少とも信用のおける伝聞。(3)文学作品からとった古典の記録。西アジアと北アフリカの多くがこのカテゴリーに入るし、スカンディナヴィア人にはグリーンランドもそうである。さらにその外側には、あやしげなうわさだけで知られる第三グループがあった――伝説的な怪物、人間の住む地域である。ある作家にはインドがそういう国だったし、またある作家にはロシア、北スカンディナヴィア、さらに別の作家には、西の大洋に人知れず横たわる伝説の島がそれだった。最後に、既知の世界の外にある地域。中世の人たち自身も何も知らないと認めるような所である。

こういう区分は、ある程度個人の気質の問題でもある。旅をしていない人の頭には、まだ見ぬ土地はどこも同じようなもので、中世においては、未知と不思議は隣り合わせだった。ギラルドゥスの描く西アイルランドと、「しぶきに洗われるヘブリディズ諸島」を通った聖ブレンダヌスとその仲間の航海――現実の氷山とエゼキエル書や黙示録にある白く輝くものの姿が奇妙に交錯し、火の山から解放されたユダがひとり西の海原の「氷塊で体を冷やし」ている話が出てくるあの航海とのへだたりはわずかなものである。このときから後長い間、地理は容易にロマンスにのみこまれる。

十二世紀の科学のまた別の一面は、占星術の復活だった。ソーンダイク教授の研究が示すところでは、中世初期に占星術の信仰と実践は普通想像されているほどに完全に消えてしまったわけではなかった。ただ、その後の膨大な文献の量にくらべれば少ない。十二世紀に復活した占星術は、コペルニクスの宇宙論によって打ち壊されるまでつづくことになるわけだが、われわれとしては、先祖たちがいだいた幻影にあまりに性急に背を向けるのはよくない。彼らにとって占星術とは応用天文学、あるいは言うなれば「人間的性格を持った天文学」にほかならず、夏と冬、昼夜、潮の干満など天体の運行が直接の誘引となる諸現象の必然的な結果なのだった。星の崇拝は人間の歴史の中でもっとも広くゆきわたっていた宗教信仰の一つであったのみならず、占星術は、プトレマイオスや、おそらくはアリストテレス、そして多くのアラビア占星術者たちの支持を受けていたとも言える。「もろもろの星は天より戦い、その軌道をはなれてシセラと戦った」（士師記5・20）と、プトレマイオスよりははるか昔にイスラエルの娘は歌っている。しかし、アラビア人がプトレマイオスの『四部書』に書かれた古代の説をはるかに超えて、誕生日星相、つまり誕生時の天体の合に関する占星術に、さらに、人生のあらゆる機会に応ずる質問と選択を取り扱う一段と庶民的な科学を付け加えたことを、忘れてはならない。十二世紀の第二・四半世紀にこのアラビア語文献が、せきを切ってヨーロッパに流れこんできた。まったくのところ、多くの人の目には、これは、新しい学問の有用性を示すもっとも実際的なあかしであるように見えた。こうしてラテン世界は、プトレマイオスの『四部書』や偽プトレマイオスの『百物語』（*Centiloquium*）のほかに、アブー・マアシャルの『天文学序説』、アルキンディとメッサハラの『判断力』、ザエルの『周転』、「インド人の二百五十五巻の書物から編纂された」いわゆるアリストテレスの『占星術』、ヘルメスやトトの著述、前兆や雨に関する本、さらには、天気占い、水占い、土地占い、骨占い、その他さまざまな占いに関する特殊な著述まで、知るようになった。一二二八年にはミカエル・スコトゥスがこういう文献を『入門の書』（*Liber introductorius*）、『専門の書』（*Liber particularis*）、『観相術』（*Physiognomia*）に要約している。イタリアでは公共の占星術師が日をきめて仕事に出て人びとの相談に応じた。そのひとりが記録の一部を今日に残している。大学の中にさえ占星術の教授がいたし、王侯君主も国事や、瀉血、婚姻など個人的な問題で占星術師の意見をきいた。モンテフェルトロのグイドは、中世でもっともすぐれ、また重用された占星術師のひとり、グイド・ボナッティを雇っていたが、彼は、火事のしらせのように正確に、鐘楼から鐘で主君の軍隊の出陣を指揮したといわれる。第一の鐘が「武器をとれ」、第二の鐘が「乗馬」、第三の鐘が「出撃」だった。エッツェリーノ・ダロマーノも、多くの占星術師のひとりとしてボナッティを使っていた。ほかにパドヴァの参事会員サリオ、ヴェロナのリプランディーノ、そして、「極東の辺境バルダクの出身で、容貌、振舞いともに第二のバラアムと呼ばれるにふさわしい長髯のサラセン人パウル」もいた。フリードリッヒ二世は、ボナッティの技術のみならず、その公認占星術師ミカエル・スコトゥス、アンティオキアのテオドロスの不断の助言によっても利するところあったらしいが、パルマでの大敗戦で、彼の敵はこのベエルゼブブその他悪魔への帰依者を取り巻く一群の占星術師、魔術師の破滅を、小躍りして喜んだと言われる。

錬金術は、もともと「金や銀を作る神聖なる術」なのだが、おそらく中世科学史の中でもっともあいまい模糊とした部分だろう。障害は、一つには錬金術の内容そのものに発している。つまり、錬金術はさまざまな人目に触れぬ変化にたずさわり、それがおもてに出るのにひまもかかれば、当事者も不明ということが多くて、ダンテの頃からすでに評判がはなはだかんばしくなかった。中世の研究者は水銀を金に変えることができたと思っても、あわててその方法を自分の名前で公にするようなことはしなかったのである。しかし、錬金術のあいまいさのもう一つの理由は、要するに、ギリシア語、アラビア語、ラテン語のテキストの調査が十分にできていないことによる。貴金属を模造しようというこころみは古典古代のみならず古代オリエント、とりわけエジプトにまでさかのぼり、ローマ帝国時代のギリシア人著作家の手には、豊富な文献が残されていた。理論ではなく、処法や手順を書いたものなのだが、その多くが中世ヨーロッパに伝わり、文書を通じ、また直接の伝授によって西方に知られるようになった。その間にアラビア人がどれだけのものを付け加えたかは、いまだに解決がついていない。ギボンは、化学の起源と重要性はサラセン人の努力に負うものだと言いきっている。「彼らは蒸留のための器械をはじめて考案してalembic（ランビキ）という名前をつけ、自然の三界の物質を分析し、アルカリと酸の相違や類似点を調べ、有毒鉱物をおだやかな、健康によい薬にかえた。」しかし、ギボンの百年後には、ギリシアの錬金術の文献が十分に知られるようになって、これらの点に関するアラビア人の独創性は大幅に縮小された、ベルトロは、アラビア人はこれといった貢献はまったくしていない、中世におこなわれた進歩はすべて西方の錬金術師の手によると主張した。つい最近アラビアの文献が公けにされて、アラビア人の重要性がいくらかもとのように回復される機運にある。さらに研究が進んで、アラビアの錬金術の正確な位置づけがおこなわれるまでは、後代のヨーロッパの錬金術の中でどれだけがアラビア起源で、どれだけがラテン・キリスト教圏での実験に基づいているか、明言はいたしかねる。これは、中世科学の分野ではもっとも将来楽しみな研究対象の一つで、目下国際学術連合の手で出版進行中のギリシア語錬金術写本目録や、アラブ関係の専門論文（ラテン西方に関する同じような研究が平行的におこなわれる必要がある）がその糸口となっている。

いずれにせよ、錬金術の分野でヨーロッパが積極的に活動したのは、ここで考察している時代よりは後のことに属する。ラテン語の論文は、ほとんどが無名、偽名、あるいは著者名がわかっていても根拠がなく、十四世紀ないしは十六世紀の写本で、その出版は今後にまたれる。とはいえ、十二世紀にもクレモナのゲラルドゥスによるアラビア語からの翻訳が三点ある。一一四四年の日付のあるモリエヌスは疑問とされ、ほかにもいろいろある錬金術著作は、十三世紀初期のミカエル・スコトゥス、コルトナの修道士エリアスといった作家の手になるものらしい。原作者が誰かの問題についてはっきりした見解は打ち出せないにしても、少なくとも、錬金術の基本原理がこの頃すでに西方に知られていたことは、ボーヴェのヴィンケンティウスやアルベルトゥス・マグヌスの百科辞典に照らしても確実である。一二三六年以前にミカエル・スコトゥスが書いた信頼すべき文書の一章には、次のようなことが述べられている。七つの金属は、水銀と硫黄と土のそれぞれ異なった配分によってできあがったものである。「金属は錬金術によって、すなわち、水銀、硫黄、雄黄、塩化アンモニウムの粉末を加え、その四つの霊の仲介を通じて、高級なものに変えられる。」金を使って、若返りと体力増強を望む老人に向く食物を作ることができる——明らかにこれはアラビアの錬金術師のいわゆる不老長寿のエリクシルだろう。十三世紀には、こういった原理が認められて、その実験を書き記した文書の出てくる道が開かれた。次の世紀のなかばには、ボローニャのある修道士が自分の蔵書として七十二冊の錬金術の文献目録を書き、一三七六年には、その種のラテン語の著述がギリシア語に翻訳されていた。錬金術の歴史は、ヘレニズムのエジプトの時代から十七世紀までつづいていて、実際のところ、ここまでは形成過程にある化学だとも言えるのである。錬金術の副産物として多くの恒久的な化学知識が得られたばかりでなく、最近の化学の理論や実験を見ると、一つの金属を別の金属に変えようという昔のこころみを、もっともっと寛大に評価すべきだという気がしてくる。

医学については、十二世紀は、ギリシア語の医学書が復活し、アラビアの医学者の重要作品が翻訳され、近代ヨーロッパの最古の医学校であるサレルノ大学が栄えた時代だった。ギリシアの医学は、南イタリアからは完全に姿を消したわけではなく、六世紀にはカッシオドルスが自分の文庫をつくっているし、ベネヴェント字体の写本で、ギリシアの医学著作のラテン語版で十世紀までさかのぼれるものがある。細々とした伝統であるにしても、サレルノに医学校を始めるだけの素地はあったのだろう。いつ、どのようにここに研究の中心が生まれたのか、まったく不明だが、とにかく十世紀にはサレルノは病気治癒術の中心地になっており、十一世紀には医学校がすでに確固たる地位を占めていた。コンスタンティヌス・アフリカヌスの翻訳した医学書が、この学校の活動のきっかけではないにしても、促進はしただろうし、十二世紀にはサレルノ独自の医学書ができあがっていた。主としてラテン語の本だが、全部が全部そうというわけではない。ピサのステファノスが一一二七年に書いている、「シチリアとサレルノには、医学徒が数多く見られるが、そこにはギリシア人もいれば、アラビア語に堪能な者もいる。」ガリオポントス、「トロトゥラ」、ウルソ、ロジェル、ニコラスといったサレルノの教師たちが、内科や外科関係のいろいろな仕事にたずさわっていたことは、最近出版された著作に見られるとおりである。アラビア人と同じく、彼らも人体の解剖には手をそめなかったが、豚の解剖の論文は残している。薬理学と目の病気に関する著作は広く利用された。一般的に彼らが重きをおいたのは、入浴と食餌療法——サレルノの浴場やこの地方一帯の温泉は詩にもうたわれるほど有名だった——そして、単純な、理にかなった薬の使用である。その療法は後に『サレルノ式健康法』(*Regimen sanitatis Salernitanum*)という三六二行の詩になって一般にひろまり、「朝食のあとには一マイルの散歩、夕食のあとには一ときの休み」など、いくつかのことわざは今でも通用している。サレルノの初期の教育については、ジル・ド・コルベイユの韻文によるいろいろな論文に、適切な説明が見られる。彼はサレルノとモンペリエの学校からパリに出てきて、フィリップ・オーギュスト付きの医師となり、またおそらくは大学の医学教育にいくらか影響を及ぼしたと思われる。

西方における医学の復活と医師の職業としての確立が、まずはサレルノから進められる一方、学問としての医学の進歩は古代世界の医学知識の十分な吸収を必要とした。とりわけ医学の父たるヒポクラテスの著作は、その方法、その高度な職業的倫理観が大いに有用であるとしてなお読まれているが、彼と、そのあとをついだ多作のガレノスがその対象であった。この二人の教えは、コンスタンティヌス・アフリカヌスの手でアラビア語から一部うつされ、その翻訳は一一六一年のヒルデルスハイムの司教の医学文庫を構成する二十六の著述の大きな部分を占めている。しかし、著作の大半は、十二世紀も後半になって西方にもたらされた。一部はピサのブルグンディオがギリシア語から訳したが、だいたいはアラビア語からクレモナのゲラルドゥスが訳したのである。これらを補うものとして、アリ・ベン・アッバスやユダヤ人イサークなどのアラビア語の注釈や要約があり、その中のあるものは一二〇〇年になる前にドイツ語に翻訳された。また世紀の終わり頃にはアヴィセンナの『医学規範』

（*Canon*）が出たが、これは一五八二年のラテン語版では二つ折判の大部な一巻になっており、現代にいたるまで回教世界の基本的な医学事典として使われていた。これで中世医学の基本資料は一応すべて出たことになる。大学のカリキュラムは、この中から、集中的な研究のために、ヒポクラテスの『格言』、ガレノスの『テグニ』、アリ・イブン・アッバスの『パンテグニ』、ユダヤ人イサークの作品、そして後にはアヴィセンナを選定するのが普通だった。中世医学は基本的にはギリシアの文献だが、アラビア人のおこなった病気の観察とその薬によって、さらに豊かなものとなっている。

残念なことに、スコラ的な考え方と、書かれたものを尊ぶ中世的気質のために、これらのテキストは絶対的な権威があるものとされ、研究室や診療所で実験をするよりは、教義として文字どおりに解釈されたために、これにつづく時代の医学の進歩はまことに遅々たるものであった。フリードリッヒ二世の法令によって、医学の勉強に先立って、論理学を三年間修得しなければならないということもあった。ボローニャ大学の古文書には、十四世紀の授業風景として、教科書を開いて前に置いている教師と学生の姿が描かれているが、レンブラントの「解剖の授業」とはずいぶんへだたりがある。

しかしながら、中世の大学の医学研究が教条的、非実際的だったにしても、もっとまともな実践を目ざすある程度の進歩はあったようである。中世初期には、今日われわれが理解しているような職業的な医師は存在せず、普通の医療といえば、家庭でやるまじない、お守り、種々様々な迷信的な薬ぐらいなものだった。たとえば、古代英語の病気療法を見ると、(5)

頭痛には、ヤナギと油を灰にし、べたべたに練る。ドクニンジン、アザミ、イラクサを加えてたたき、先のべたべた状の物にのせ、それで患部をおおう。頭痛の予防には、犬の頭を焼いて灰にし、頭を切って、塗る。

瘭疽《ひょうそ》には、キツネを捕え、生きたまま犬歯を抜いてから逃がす。それを子鹿の皮に包み、患部にあてる。

すべて毒性の腫物には、全身一色の牛または鹿の乳で金曜日にバターをつくる。水をまぜることなく、それに連禱を九回、主禱文を九回、次のまじないを九回となえる……これは何にでもきく。深い傷にもよい。クサリヘビにかまれないためには、一言「ファウル」といえば大丈夫だという人もいる。ヘビにかまれても、楽園から樹の皮を手に入れて食べていれば、毒が回らない。本書の著者の曰く、そのような樹の皮は手に入れるのがむずかしい。

ところで、サレルノの学校は、現代的な意味で必ずしも科学的ではないにしても、その治療は少なくとも簡単で理にかなったものではあった。一方アラビア人は、実際の病気の治療にりっぱな手腕を示し、その方法は医師という職業の発達とともにひろまっていった。しかも、ユダヤ人、アラビア人の医師は、雇われると非常に気に入られた。イングランドのヘンリー一世は、ユダヤ人改宗者ペトルス・アルフォンシとキリスト教徒グリムバルトの世話を受けたようだし、「スペインでは、カトリックの君主のいのちはサラセン人の腕にまかされた」といわれている。東洋の技術と古いキリスト教の迷信の対照的なちがいが、ウサマの回想録に残されたシリアの医師タビットの話に興味深く語られている(6)。

人びとが私のところへ脚に瘍のできた騎士と、熱病を患っている婦人を連れてきた。騎士に湿布を施すと、瘍が開いて症状がよくなった。婦人にはある種の食物を食べるように言って、熱を下げた。するとそこへフランク人の医者がやってきて、「この男には病気は直せない」と言う。そして騎士に向かってたずねるには、「一本脚で生きるのと二本脚で死ぬのとどちらがよいか。」「一本脚で生きる方がよい」との答。「それではよく切れる斧を持った力の強い騎士を連れてこい。」騎士と斧がすぐに用意された。私はその場にいた。医者は患者の脚を木の台にのせて、騎士に言った。「斧で脚を切り落せ。一打ちで切り離してしまえ。」私の目の前で、騎士は力まかせに斧をふるったが、脚は切り落せなかった。あわれなこの男にさらに一撃を加えると、骨の髄が流れ出し、たちまち男は息が絶えた。

婦人については、診察してからこう言った。「この女の頭に悪魔がいる。それにとりつかれているのだ。頭を剃れ。」人びとがそのとおりにし、婦人は故郷の人たちと同じようにニンニクやカラシを食べたが、熱はますますひどくなった。すると医者は言った。「悪魔が頭に入りこんだ。」そして、かみそりを手にとって、女の頭を十字架の形に切り、皮膚を真中から深くはぎ取ると、骨がむきだしになった。医者はそこへ塩をすりこみ、婦人はたちまち息絶えた。私は、もうご用はありませんかときいても、いらないという返事だったので、帰ったが、彼らの医術から今まで私のまったく知らなかったものを知ることができた。

この時代の獣医学は、学問的というよりむしろ実際的だった。鷹や犬の病気に関する著述が十二世紀に見られ、さらに中世を通じてずっと存在しているし、馬に関するこの時代の知識が、フリードリッヒ二世の指示によりカラブリアの騎士ジョルダーノ・ルッフォの手でまとめられ、その獣医学の手引書は多くの言語に翻訳され、またひろく模倣もされた。マンフレディのもとで、ヒエロクレスの獣医学著書がギリシア語から訳されている。

十二世紀の学問的な動物学はいまだにプリニウスに、そして動物に関する庶民の知識は動物寓話に基づいていた。もっと科学的な論述は、十三世紀にミカエル・スコトゥスがアリストテレスの動物論と、アヴィセンナによるそのアラビア語簡約版を翻訳したことに始まった。あとに見るとおり、普通の動物については多くの観察があったし、国王たちは珍しい動物を自分の動物園でそろそろ飼いはじめていた。初期ノルマン王朝の君主は御料林を持っていたが——ウィリアム征服王は「背の高い雄鹿をまるで父親のようにかわいがっていた」——イングランドの紋章になっている豹が入ってきたのは、プランタジネット朝である。そして、ヘンリー二世は、バレンシアのサラセン王からラクダの贈物をもらった。フリードリッヒ二世は、当時の回教徒並みに大きな動物園を持っており、それをイタリアやドイツまでも自分といっしょに連れていった。一二三一年、彼は「イタリアには知られていない多くの動物、象、ヒトコブラクダ、フタコブラクダ、ピューマ、シロハヤブサ、ライオン、豹、ハヤブサ、ヒゲフクロウ」を連れてラヴェンナにやってきた。五年後、同じ行列がパルマを通過し、十五歳になるひとりの少年を喜ばせたが、それが後のサリンベーネである。象はサルタンからの贈物で、ギベリン派のクレモナにとどまり、そこでコーンウォール伯のお役に立てるかどうか力をためされて、十三年後に「おかしさをふりまきながら」死んだ。人びとはその骨が象牙に変わらないかと大いに期待していたらしい。一二四五年、ヴェロナのサント・ゼノの修道士たちは、皇帝といっしょに、象一頭、豹五頭、ラクダ二十四頭ももてなさねばならなかった。ラクダは荷物の輸送に使われ、サルや豹といっしょにアルプス越えまでして、旅の経験のないドイツ人を驚かせた。もう一つ、人目を驚かせた収集品は、サルタンが献上したキリンで、中世ヨーロッパに登場したのはこれが最初である。古くはこネヴェやテュロス、新しくは近代の「動物園」まで、東方産の象牙、オナシザル、クジャクが始終モティフとして現われるが、いかにも十三世紀らしいのは、マシュー・パリスが象を珍しいと考え、彼の歴史書に特にその絵をかいて残したこと、ヴィラール・ド・オンヌクールが旅行中にライオンを見かけ、スケッチブックに注意深く「生体写生」と表示していることである。ヴィラールの観察がこういう特別な場合に限られなかったことは、ほかにも白鳥、オウムから、カタツムリ、キリギリスまで種々さまざまなスケッチがあることでもわかる。

十二世紀が植物学に果たした貢献は、主として『薬用植物』(*materia medica*)の分野にある。当時流布していたディオスコリデスのこの著作の訳書に見られるとおり、どういうわけかここではギリシアの伝統が根強い。医学書の初期の翻訳には、植物学用語のギリシア・アラビア語解説がついていることが多く、また植物に関するアラビアの知識もアヴィセンナの『医学規範』とともに入ってきた。この分野でもしろうとの観察がさかんである。ゴシック彫刻に描かれている葉や果実は非常に正確で、今日の博物学者が現代フランスの植物相の中に原物を同定できたものがたくさんある。オオバコ、アラム、キンポウゲ、シダ、クローバー、ユキワリソウ、オダマキ、クレソン、パセリ、イチゴ、ツタ、キンギョソウ、カシの葉、エニシダの花——だいたい春の花やつぼみで、自然の美に無関心と思われがちなこの時代の芸術家の「作品には、中世の春の喜びが生き生きとよみがえっている。[7]」

農学関係では、十二世紀には実際的なものも理論的なものも本は一つもない。ヘンリーのウォルターの『農業』(*Husbandry*)、ピエール・ド・クレセンティイスの『畑の産物、十二巻』(*Ruralium commodorum libri* XII)は後代に属する。ラテン古代のウァロ、パラディウス、コルメラの作品の写本が時折あり、ピサのブルグンディオは、ギリシア語の『農耕術』(*Geoponica*)からぶどう栽培の断片を翻訳したが、農業は依然として、さらにこのあと数百年間も、完全に実際的な技術だった。ローマの伝統を基礎とし、ローマの領土から北へひろがっていったのだが、この時代には修道院の東ドイツへの入植によってさらに遠方にのび、また十字軍の結果、西方地中海地方に新しく入ってきた農産物のおかげで一段と豊かになった。しかし、こういったことすべて、まったく科学的な性格を持っていない。農業試験所は、はるかに将来のものである。

応用科学の一部門で十二世紀はまさに先陣を切っている。それは建築学である。古代の著作を熟読玩味した結果でもないし、また、たしかにウィトルウィウスの写本や抜萃はあるにしても、[8]古典の模範をまねたわけでもなく、建築技術の伝統と実践そのものの上にこれはできあがった。十二世紀はロマネスクの最盛期、ゴシック様式のはじまりにあたり、特に後者は芸術的業績として最高の重要性を持つのみならず、圧力とひずみの測定において、また素材の巧みな使用、全体の平衡と調和において、技術的にも偉大な成果というべきだろう。しかし残念ながらこの知識は実地に伝えられて、われわれが知り得るような理論的な手引として残されていない。ヴィラール・ド・オンヌクールの時代がくるまでは、建築家のスケッチさえ、その後長い間出てこないのである。

まだ科学的な観察と実験の問題が残っている。この時代の人びとは、ギリシア人やアラビア人の教えにどの程度満足し、この知識を確かめ拡張することをどの程度追求したのだろう？　ギリシア人とその後継者の著作の中には、さらに深い研究の拠り所となるものがたくさんあった。アリストテレスの動物に関する記述は、今日の動物学者にも高く評価されており、顕微鏡を使わずに到達できる限界に達していることがしばしばある。ヒポクラテスは正確、明敏に病気を観察している。ガレノスは、カエルの脊髄について有名な実験をおこなった。エラトステネスとバグダッドの天文学者は、地表の度を測定した。ギリシアとアラビアの天文台は、天体の運行を天文表の基礎とした。中世のキリスト教徒は、こういうりっぱな前例に従いさえすればよかったわけである。しかし、だいたいにおいて彼らは、ギリシア・アラビア科学の方法ではなく結果だけとったといわなければなるまい。医学は、ガレノスとヒポクラテスの著作をスコラ的に研究するだけだし、自然学はアリストテレスの本の論理的な解釈、地理学は実地に旅をすること、あるいは地図を見ることでさえなく、本の研究だった。やがてアリストテレスは、助けどころか邪魔になってくる。それは、知識を拡大する方法を教えるのではなく、知識を固定化し、また、次の進歩への踏台として捨てなければならない宇宙理論を逆に押しつけることになった。アリストテレスの論理学は、彼の自然科学と、そのまた生みの親である自然科学的な方法を殺すことに役立った。中世の大学は、医学や博物学を、研究室や観測所ではなく書物から学んだわけで、これでは科学の知識が進歩する気づかいはない。

しかし、以上述べたことが、中世科学についての今日のわれわれの印象の中で誇張されすぎるきらいがある。この印象は、十二世紀はじめ以来おこなわれた進歩を十分に考慮していない。ここに取りあげている時代には、実は、観察と実験の例がいろいろ見られる。たとえば、一〇九二年にモルヴァンのウォルチャーは、日食からイングランドとイタリアの時間のちがいを定めようとし、アリスティップスは、身の危険もかえりみずエトナ火山の噴火を調査した。ギラルドゥス・カンブレンシスは、アイルランドとウェールズで潮位を記録し、ミカエル・スコトゥスは、リパリ諸島の火山活動を書き記している。サレルノの医学者は、人体の解剖はやらなかったにせよ、少なくとも豚の解剖は研究した。初期の例としては、この世紀のはじめの四十年のバスのアデラルドゥスを取りあげよう。彼にとって権威はむしろ障害であり、神はほかの説明がすべてつかないときにはじめて持ち出すべきものだった。知識を求めて地中海世界を旅する間に、アラビア人、ギリシア人の科学的・現実的な気質をある程度身につけたのだろう。シリアでは地震にぶつかったこと、マグナ・グレーキアでは空気の実験をおこなったことを報じ、光が音よりも早く伝わることを記している。太陽が正午に頭のちょうど真上にくる地点を決定しようとしたのは、彼だったか、あるいはほかの同時代の人だったか。アデラルドゥスはまさしく科学研究の先覚者だった。

それから百年後、最良の模範が皇帝フリードリッヒ二世として登場する。鳥について本を書いている彼は、アリストテレスが伝聞に頼りすぎていて、直接の観察で修正する必要があることを指摘している――「事実はそうではない」(non sic se habet) と。アリストテレスは「鷹狩りの経験がほとんど、あるいはまったくなかった。私は大好きで、生まれてこの方ずっとやってきている。」皇帝自身の手になる鷹狩りの本は、鳥の習性、特に鷹の習性に関する個人的な観察がぎっしりつまっているが、その観察は、遊びと研究に忙しい生涯を通じておこなわれたもので、遠い国から連れてきた鳥や鷹匠による裏付けがある。彼がこういう研究のために王室の資産を計画的に使っていることは、政府による研究推進の興味深い実例といえるだろう。「相当の出費をともなったが、私たちは遠くからこの技術の専門家を呼び寄せて、その最上の知識をひき出し、言うことなすことをすべて記憶にとどめた」と書かれている。「海を越えた向こうでは、アラビア人が鷹狩りで鷹の頭おおいを使っているのを見た。彼らの王は、この術にもっともすぐれた者を、たくさんの種類の鷹といっしょに送ってくれた。」皇帝はニワトリの人工孵化を実験したのみならず、エジプトではダチョウの卵が太陽の熱でかえると聞いて、自分でもやってみようと、卵と専門家をアプリアに連れてこさせた。カオジロガンが貝から生まれるという伝説を吹きとばしたのも彼で、北の国へ人をやってその貝をとり寄せ、この伝説はガンの実際の産卵場所を知らないために生じたでたらめだと結論した。ハゲワシが視覚と嗅覚のどちらで餌物を見つけるかも、ハゲワシに目かくしをし、鼻孔はあけたままにしておくことで確かめた。鳥の巣や卵、そして鳥そのものがたびたび観察と記録のために運びこまれた。彼の記録が細かいところまで正確なのは、その観察の忠実さをはっきり証明している。

この実証的な精神、自分の目で見て知ろうとする皇帝の願望が、サリンベーネを降参させたかの「迷信と好奇心」の背後にある。霊魂が肉体とともに死ぬことを証明しようとして、フリードリッヒは男をぶどう酒樽に閉じこめたという話がある。睡眠と運動の消化に与える効果を知るために、二人の男の腸を抜き出したという話もある。あるときは、子供を一言ものを言わずに育てさせた。それは「最初の言葉であるヘブライ語をしゃべるか、あるいはギリシア語か、ラテン語か、アラビア語か、それとも親の言葉か、という問題を解決するためだったが、徒労に終わった。子供はみな死んでしまった。」またあるときは、シラーの『潜水夫』の主人公にもなった潜水夫ニコラス（あだ名「魚」）を、スキラとカリブディスの流れの早さを調べるためたびたび潜らせた。彼の功績はメッシナのフランチスコ会士の間ずっと語りつがれた。その他かのパルマの修道士、サリンベーネが今は失われた別の年代記にに書き記した「かずかずの迷信、物好き、悪口、暴言、横紙破り」は、ここにあげるまでもない。

これだけあれば、ロージャー・ベーコンが中世最初の実験家であるという伝説を打ち破るのに十分だろう。もちろんフリードリッヒは例外的な人物で、ずっと先を見なければ、同じような中世の実験的精神はあらわれてこない。それでもやはり、彼は観察が特に活発だった一つの分野にわれわれの目を向けさせる。すなわち、家畜と猟獣で、王室動物園のみならずすべての農園、御料林でその観察がおこなわれた。ほとんどが、当然ながら記録されていないが、中には狩猟や農芸の本、その他の一般書にはいっているものもある。人びとはプリニウスから竜や犬人を、動物寓話からグリフィンをそのまま受け入れたかもしれないが、犬や馬や鷹については自分の体験から知識を得ていた。グリフィンやペリカンの復活を固く信じていた例のイングランド人バルトロメウスは、家猫のことを書いていてしばしば引用されるが、そこに書かれている範囲のことでは、ほとんど訂正すべきところがない。

猫は若い時ははなはだ淫乱な動物で、すばしこく、しなやかで、陽気である。そして、前にあるものには何でもとびかかり、麦わらを出すと追いかけてきてじゃれる。年をとるとずっしり重くなり、ひどく睡そうで、ずる賢くネズミの待ち伏せをする。ネズミのいる場所は目よりも匂いでわかり、人目に触れないところで狩りたて、とびかかる。つかまえるとおもちゃにし、そのあとで食べる。恋の季節には、妻を求めてはげしく争い、別の雄をひどく嚙んだり、爪でひっかいたりする。けんかをするときには、おそろしい、薄気味の悪い声を出す。高い所からほうり出されても怪我をしない。毛並が美しいと、まるで自慢するように歩き回る。やけどをすると家でじっとしている。きれいな毛皮を求める毛皮屋に、よくつかまり、殺されて皮をはがれる。

現代人にいちばん大きな驚きは、こういう作家の中に猫とグリフィンが同居していること、事実とおとぎ話がまざり合っていることである。中世の知識の限界からして、ある程度これはやむをえないことなのだろう。ブレーメンのアダムはノルウェーとデンマークを知っているが、バルト海の東の国には、青い人と黒い人、アマゾン族、両肩の間に頭のある人を住まわせている。すべてプリニウスやおとぎ話の本からとったものである。既知の世界のかなたにはいつも暗黒の海が横たわっていた。しかし、それだけではない。フリードリッヒ二世は、カオジロガンのことや霊魂の実在については疑いを持っていたが、十七世紀のハプスブルクのある君主と同じく、王室お抱え占星術師の予言は完全に信じている。中世のキリスト教ヨーロッパの科学精神は、その絶頂時においても、時代の特徴である権威尊重を脱してはいなかった。批判的な感覚は、部分的に目ざめているだけで、深くは浸透せず、四方にゆきわたっているわけでもなかった。権威を組織的に検証することもなければ、すべての言明を照合、立証することもない。もちろん、これらすべてのことを求めるのは、どの時代に対しても大きな要求であるにはちがいないし、ここで取りあげている時代に対してはあまりにも大きな——歴史を無視した大きな要求というべきだろう。しかし、この種のことをある程度期待しても、歴史の精神を踏みにじることにはなるまい。十三世紀がそれをほのめかしている。アリストテレスもまちがっているかもしれないことを認めているのだから。

第十一章　哲学の復興

古代ギリシアと同じく中世においても、哲学と科学は、不可分ではないにせよ、密接に結びついていて、学問の分類の中で科学は哲学の一部門であるにすぎなかった。科学がおおむね抽象的、演繹的な時代で、哲学も科学も方法が似通っていたし、両者が重なる分野である宇宙論が注目された時だから、問題もまた共通していた。そして、アリストテレスという強力な模範があった。彼は「哲学者の王」であるのみならず、自然科学の多くの分野でも万人の認める巨匠で、百科全書ともいえるほどの著作の中で、哲学と科学を渾然融合させている。中世の人びとにとって、宇宙は、今日のわれわれの多くが考えるように、開かれた不規則なものではなく、閉ざされ、均整のとれたものだった。そして哲学は全体の至高の統合者、すべての科学の総合統一体であった。このような一体性は、十三世紀、トマス・アクィナスではじめて達成される。中世初期は、古代哲学の断片しか持たず、その個々の側面を別々にとらえたので、多くの矛盾や不整合が生じた。十二世紀は転回点をなす。すぐ次の時代と合わせて、アリストテレスの哲学、科学の大規模な復興、プラトンの中世における主だった復活が見られる。論理が文に打ち勝ち、アベラルドゥス、グラティアヌス、ペトルス・ロンバルドゥスのスコラ的方法が大成して、十三世紀の大統合に必要な土台から、ある程度はその上部構造までできあがった。ド・ウルフが言うように、十二世紀は「神、存在の多元性、霊魂の活動に関する教義をつくりあげ、さらに包括的な哲学に一体化する準備をととのえた」のである[1]。

古代のふたりの主要哲学者のうち、中世はプラトンよりもアリストテレスに共感を持っていた。昨今の著作家はこのふたりの違いを低く評価し、アリストテレスも時にはまったくプラトン的だと言っているが、この権威者の間の融和をはかろうと躍起になっていた時代の人が聞けばさぞかし安心することだろう。しかし、このふたりはやはり同じではなくて、中世の好みはアリストテレスの方にあった。アラビア人がアリストテレス哲学を取りいれたのは、それが「どの時代の読者にもひとしく理解できるか、ひとしくあいまいであるのに対し、プラトンの方は、アテナイ人を対象として書き、その寓意の才はギリシア人の言語・宗教とあまりにも一体になりすぎていたからだ」とギボンは言うだろう。しかし、それですべてが尽くされるものではない。中世人がアリストテレスに親近感を持っていたのは、初期の頃からボエティウスのアリストテレス論理学で頭がつくられていたからだ、と言ってしまっては問題をはぐらかすことになるが、後期の数世紀がアリストテレスの弁証法を熱心に求め、精いっぱいその考え方に従おうとしたことはたしかな事実である。プラトンのとりとめもない語り口、対話の形で一つの主題をめぐり自由に精神を遊ばせるやり方は、中世にはついになじむことがなかった。実際のところ、当時広く知られていた唯一のプラトンの作品『ティマイオス』には、比較的対話が少ない。反面、アリストテレスは、その簡潔、明晰、系統的な表現が、手引書・教科書好きの時代に気に入られ、哲学・科学のほとんどすべての分野に、アリストテレスの名前を冠した教科書が見られることになった。「教科書の父」は容易に「注釈者の祖父」になり、必然の結果として彼の作品は、解説、注釈、校注の対象に使用された。その上にまたアラビア人にも支持されて、その注釈者にははっきりした説明をしてもらえるし、哲学者にはほめちぎられるしで、権威者の数の少ないこの時代に、彼は学問の大部分、高度な部分を代表する者として、たちまち衆にぬきん出てしまった。早々のうちに「哲学者の王」、「知ある者の主」になったのも驚くにあたらない。

とはいえ、プラトニズムの流れも細々とながら中世を通じて絶えることはなく、時には広がって一時的に一派を形成した。そして、中世プラトニズムのもっともさかんな時期はたまたまこの十二世紀にあたっていた。この時代が、プラトンの著作で入手可能なものを大幅に付け加えたというわけではない。一一五六年頃のカタニアのアリスティップスによる『メノン』と『パイドン』の訳は、十篇あまり写本が現存してはいるものの、大きな影響力を持っていなかったし、そのほかの対話作品で当時西方で直接手に入れられたものは、わずかに『ティマイオス』だけ、それも四世紀のカルキディウスによる最初の五十三章の翻訳と、付属の注釈である。プラトンに関する知識はだいたい間接的で、キケロ、ボエティウス、マクロビウス、アプレイウス、聖アウグスティヌス、そして世紀の後半には、あるネオプラトニズムの文献のアラビア語訳を通じて得られたものだった。プラトンは、いつも敬意をこめて言及されてはいるものの、中世においては勝ち目がない。直接読めるものがなかったからである。この時代は文芸作家プラトンをまったく知らない。人間ソクラテスもほとんど知らない。アンセルムスは精神的にプラトンに近いものを持っていたが、十二世紀のプラトン的イデア論は、主としてシャルトル学派に代表される。その主なプラトン主義者は、シャルトルのベルナルドゥスとティエリ、コンシュのグリエリムス、ギルベルトゥス・ポレタヌス。それにバスのアデラルドゥス、ベルナルドゥス・シルヴェストリス、ティエリの弟子にあたるカリンティアのヘルマヌス、そして宇宙論に関するいくつかの匿名の著書の作者もこのグループに入れてよかろう。シャルトルのベルナルドゥスは、作品は失われているがソールズベリーのヨハネスに今日のもっとも完全なプラトンと呼ばれた人で、永遠のイデアから「生成形相」(forme native) が出てきて、それが質料と結びつき束の間の物の世界を形作るという理論を展開した。この質料は『ティマイオス』に描かれている原初の混沌たる集合体と考えられている。『ティマイオス』の宇宙論は、シャルトルのティエリの『六日間の業《わざ》』(*De sex dierum operibus*) にある天地創造の記述にもあらわれているが、こういう説は、アリストテレスの自然学の勝利をまのあたりにして、時とともに姿を消した。アベラルドゥスがプラトンを全哲学者中最高の者 (maximus omnium philosophorum) と呼んだのが、十二世紀のプラトン評価の頂点だが、これは一つには当時の人がまだアリストテレスについて知識を持たず、ただの弁証家のように思っていたからで、その作品が復活して学問全般にわたる才能が明らかにされると、プラトンはたちまち影の薄いものとなっていった。

他方、アリストテレスの影響は、その体系の各部が順次受けいれられるのに応じて変わっていった。中世初期には、アリストテレスの作品として利用可能なものは、ボエティウスの訳した『オルガノン』の六篇の論理学書しかなく、しかも実際には、『範疇』と『命題』以外はすべて十二世紀まで人の目に触れなかった。存続したこの二つの本は「旧論理学」という名で呼ばれるようになったが、これに対する「新論理学」(『分析論前書』、『分析論後書』、『トピカ』、『詭弁的駁論《ばくろん》』）は、一一二八年以後まもなくいろいろな形であらわれた。一一五九年には、その中でももっとも程度の高い『分析論後書』がすでに同化の過程にあって、世紀の終わりには、アリストテレスの論理学はすべてヨーロッパ思想に吸収された。『自然学』と、そのほかの自然科学関係の小さな著述、『気象論』、『生成論』、『霊魂論』などは、一二〇〇年の少し前に翻訳された。ただし、すでに見たとおり、その教説は、ギリシア語、アラビア語のいずれかをもととするものも、それより多少早くから形跡が見られる。一二〇〇年頃には『形而上学』が、まず簡略版で、次に完全な形であらわれた。十三世紀の進むにつれてアリストテレス全作品の残りのものが加わった。さまざまな『動物誌』、『倫理学』と『政治学』、不完全ながら『修辞学』と『詩学』、それにつづいてかなりの量の偽アリストテレス文献といった具合で、一二六〇年頃には残存するアリストテレスの作品はすべて勢揃いして、人びとは、アラビア語からの翻訳と、ギリシア語からの直接の翻訳との比較に大わらわといった状態だった。

しかし、哲学者の王に向けられた熱い歓迎は、いっしょに来た道連れのために冷やされてしまった。「新論理学」は当局の援助のもとギリシア語だけから訳されたが、形而上学や自然科学はアラビア語からも訳されていて、さまざまな注釈や解説がついており、それがキリスト教ヨーロッパにはうさん臭いものに思われた。アリストテレスといっしょにやってきたのはアヴェロエスである。所詮アリストテレスはキリスト教作家でもなければ、ヘブライ作家ですらなく、その哲学に含まれているたとえば宇宙永遠の説は、ユダヤ教、キリスト教、回教の奉ずる天地創造の考えと抵触するので、この三つの宗教の学者はそれをなんとか説明しないわけにはいかなくなった。そこで起こった事態の進展ぶりは、まことに驚くべきものがある――「この三つの宗教の神秘主義の部分は本質的に新プラトン主義であり、スコラ的部分は目立ってアリストテレス主義である。(2)」回教徒のアヴィセンナやヘブライ人マイモニデスなど保守的な哲学者は、アリストテレスと正統神学の違いをやわらげ、その結果ある程度アリストテレスの本質を失わせることになった。しかしアヴェロエス（一一二六―九八）のような思想家は、そういう斟酌は無用としてまっしぐらに我が道を突き進み、アリストテレス哲学に含まれてはいるが、アリストテレス自身はさして重視していない要素を、ことさらに前面に押し出すようなことまでやっている。たとえば、質料の永遠説や個人の不滅性を否定する単一知性の理論がそれである。アヴェロエスの影響は、ふしぎなことに、回教世界よりキリスト教世界の方が強く、彼の著作がキリスト教圏に与えた最初の衝撃は、アリストテレス自身の著作にまではねかえりが及んだ。一二一〇年、新着のアリストテレスの自然哲学書並びにその注釈は、パリの管区教会会議で禁止された。一二一五年、特に『形而上学』にその禁止が再確認され、適用された。一二三一年、パリにおいて、教皇は特別委員会がこれらの著作の誤りをすべて削除するまで、研究することを禁止した。しかし、現実には削除はおこなわれなかったようで、障害は平らにならし、ひっかかりはすり抜け、アラビアの解釈はきれいに片づけてしまって、一二五五年には、新アリストテレスの全作品がパリ大学学芸修士の科目に指定された。それればかりか、アヴェロエスはこういった大学規則に姿をあらわさないのに、彼のアリストテレス注釈は十七世紀までずっと常用され、おかげでダンテの『地獄篇』でも古代の哲学者に並ぶ地位を得て、「大注釈書の作者」（che il gran commento feo）の名を奉られている。しかしダンテは、アヴェロエスの弟子シジェル・ド・ブラバンなる者も記録にとどめていて、パリの「わら小路で、彼は人のねたみを受けた真理を三段論法で説いた」とうたっている。つまり、十三世紀後半にパリで復活したラテン・アヴェロエス主義は、その師に強い異端の汚点を与えたのだった。この新しい異説をおさえるために、アルベルトゥス・マグヌスとトマス・アクィナスの並々ならぬ精力的活動を要したわけだが、その結果は、一二七七年パリで誤りと宣せられた二百九十項の一覧表となって残っている。そこで目につくのは、ほかにも多々あるが、質料の永遠性、人格不滅の否定というアヴェロエスの理論である。この理論と正統信仰の矛盾が指摘されたとき、シジェルやその弟子の多くは、哲学では必然でも神学では誤りのことがありうる、その逆も同じ、というのんきな説を持ち出した。それはそれとして、アヴェロエスの教えは、かの疑い深き性格の主フリードリッヒ二世を悪にかぶれさせたのではないかと思われたのだが、後の彼の評判のほどは、マホメットや反キリストとともに地獄の責苦を受けている姿を描いたピサのカンポ・サントのフレスコ画に見られるとおりである。

　哲学と神学は、十二世紀のほかの異端説、アモルリク・ド・ベーヌやダヴィド・ド・ディナンの汎神論、アルビジョワ派の二元論の場合にもけんかになった。汎神論者は、多分アヴェロエス主義者とのつながりもあったのだろうが、一二一〇年のパリ教会会議の異端宣告に含められ、二元論者、マニ教徒、カタリ派は、アルビジョワ派十字軍、ドミニコ会異端審問の追求の的となった。マニ教は、その名の示すとおり、ローマ帝国時代の異端、究極的にはペルシアの二元論にさかのぼる。おそらくずっと古い時代からガリアには残っていたのだが、ともかく東方からもバルカンを経て北イタリア、南フランスにもひろがり、そこで十二世紀に突如さかんになった。当時の哲学思想にとりたてて感化を及ぼしたわけではないが、広く庶民に影響力を持ち、反聖職主義的な性格を帯びているところから、全教会はあげてその抑圧に乗り出すことになった。われわれにとっては残念なことながら、この異端文書の廃棄が徹底的におこなわれたために、敵対者による引用、反駁以外、その教説を知るすべがない。

ところで、十二世紀の哲学活動が、もっぱら、あるいは主として、ギリシア・アラビアの影響のもとにおこなわれたと考えるのはよくない。この時代の主要な哲学者アンセルムスとアベラルドゥスは、新しい資料の入る前の人物だし、例のスコラ哲学の大問題である普遍論争は、一〇九二年以前にロスケリヌスによって提起されている。「最後の教父、最初のスコラ学者」アンセルムス（一一〇九年歿）は、聖アウグスティヌスの信奉者であると同時に、聖ボナヴェントゥーラ、聖トマスの精神的な先祖でもある。彼の哲学は、根本的には神学上の思索、特に神の存在とかかわりを持っている。神の存在を、彼は、もっともすぐれた存在の概念を客観化することで証明しようとしている。一種の極端な実念論で、正義とか真実とかの抽象概念が独立して存在することにも、これを適用するのである。ロスケリヌスの反対者として、普遍論争に真っ向から取り組んで言うには、「数名の人間が種において一つの人間であることを理解できない者には、いくつかの位格が一つの神であり、しかもおのおのが完全な神であることも理解できない。」しかしアンセルムスは、弁証法をまったく認めようとしない人を支持しない。彼の有名な原理、「私は理解するために信じる」は、理性的判断というものに大きな場所を与えている。「本来の順序から言って、われわれはまず深い信仰をもって信じ、それから理性によって議論すべきである。しかし、信仰を強められたあとは、信じているものを理解する研究を怠ってはならない。」彼の信仰は、常に理解しようとしてやまない信仰、知を求める信仰（fides quaerens intellectum）だった。

自由学芸の重要性も、この時期のすぐれた神秘哲学者サン・ヴィクトルのフーゴーが強調しているが、それは主として、聖書の隠れた意味を理解する手段と見てのことだった。フーゴーの大作『秘蹟論』（*De Sacramentis*）は、後の『大全』の有機的論理的体系を幾分思わせるものがあるが、むしろ象徴と寓意の世界にわれわれを連れて行く。彼にとって物質界は象徴であり、聖書は寓意であり、秘蹟は「完全で力ある象徴で、原初からすべての神の御業の不完全な秘蹟的性格の中にぼんやりと示されている[3]」ものである。そして、ノアの箱舟さえ教会の象徴で、こまかい点まで一つ一つが隠れた意味を持っていると考える。アンセルムスと同じく、彼もアウグスティヌスの信奉者として出発しながら、やがて神秘家の部分が哲学者の部分を上回り、寓意的解釈によって、当時の弁証法志向の人たちを悩ませた矛盾を解決している。

アベラルドゥス（一〇七九—一一四二）は中世ルネサンスのもっとも目ざましい人物のひとりである。自叙伝を見ると、虚栄心が強く人前を気にするようだが、そういう欠点があるからといってそのすばらしい英知を見そこなってはならない。大胆で、独創的で、才気煥発で、彼こそ全中世を通じて第一級の哲学者のひとりと言うべきだろう。何よりもまず論法家で、推論というものに全幅の信頼をおく彼は、弁証法好みの時代の風潮にぴったり一致し、スコラ学の問題と方法を規定することに誰よりも力があった。少なくとも普遍の問題で、そして自著の『然りと否』(*Sic et non*) の中でそれを果たしたと言える。普遍論争は、スコラ哲学独自とまではゆかぬにしても、その中心的なテーマで、たとえば人間とか、家とか、馬とか、一般名辞あるいは一般概念の本質にかかわる問題である。唯名論者が主張するように、これらは単なる名前をいでず、せいぜい便利なこしらえものにすぎないのか？　それとも実念論者が断言するように、個々の物とは別のまったく独立した存在で、個々の物はその中に一時的に客観化されているのだろうか？　つまらない論理学用語の問題で実生活にはどうでもいいことだと思われるかもしれない。ところがそうではない。適用次第で大へんなことになる。神に唯名論を当てはめると、不可分の三位一体はばらばらの三つの位格になる。教会に当てはめると、教会はそれ自身生命を持った聖なる団体ではなくなって、個々のキリスト教徒全体を示す便宜的な名称になってしまう。国家に当てはめれば、政治的な権威の所在はどこか、至上の全体か個々の市民かという問題になる。少なくともこの形で問題は今日のわれわれのものでもある。実際的な思考は論理とまったく無縁ではありえないし、逆に、論理は、当初実現されないにしても実際的な重要性を時に持つことがある。

普遍に関する論争は、ボエティウスとポルフュリオスをその根源とするが、華々しくおもてに出てきたのは、ロスケリヌスのためである。彼は極端な唯名論者で、一〇九二年、アンセルムスの発議によりその三神論が異端と宣告された。シャンポーのグリエリムスがさまざまな形で述べている極端な実念論に反対して、アベラルドゥスはもっと穏健な立場をとった。その主張はいつもの彼らしい才気をもって展開されていて、目下出版進行中の『ポルフユリオス注解』でわれわれもようやくそれを理解することができるようになった。そこに説明されている限りでは後の正統的な教義に非常に近い。しかし、神学が第一に注目の的となっていた時代には、論理学者は神の本性に関する基本問題に弁証法を適用しようという誘惑にさらされていて、アベラルドゥスが、彼に先んずるロスケリヌスと同じく、三位一体の問題で窮地に陥り、一一二一年スワッソンで、一一四一年サンスで異端と宣告されたのも驚くにあたらない。こういう衝突は、反対と争いを求めるアベラルドゥスのような激しい性格の持主には避けられないことだった。しかし弁証法と神学を混ぜ合わせる危険は、ポアティエの司教ギルベルトゥス・ポレタヌスの場合、もっとはっきりしていた。権威ある有力者で、著書の『六つの原理』（*Liber sex principiorum*）は中世の大学でアリストテレスの『オルガノン』と並んで研究されていたが、ボエティウスの『三位一体論』の解説で一一四八年の教会会議に引き出される破目になった。さいわい反対者よりも学識があって、相手の方をボエティウスを理解していないときめつけ、フライジンクのオットーやソールズベリーのヨハネスのような分別のある同時代人の尊敬を得ることができた。

また別の方法でアベラルドゥスはスコラ学の形成に貢献した。それは彼の著書 *Sic et non* すなわち『然りと否』である。たしかに、特定の問題に関する教父の文章を集めて適当に並べる方法は、たとえばラーンのアンセルムスの『命題』のように、以前にも使われたことはあったが、アベラルドゥスはそれにぴりっとした鋭さと広い通俗性を与えて、永久に彼の名前と結びつけられるものにつくりあげた。彼のすることはすべてそうだが、これも人によく知られる仕組になっている。神学、倫理学から重要な話題を取りあげ、教父から賛成意見、反対意見を集めて、その対照を際立たせ、実際の、あるいは見かけの矛盾が解決されないように注意する、というのがその方法だった。彼は無謬性を聖書にしか認めない。その中に矛盾らしきものがあれば、筆写者の写しちがいか、理解の仕方に欠陥があるというふうに説明しなければならない。その後の権威者とてほかの理由でまちがえることはあるし、その人たちの意見が割れている場合、教義そのものの正当性に立ち入って、正しいものを把握するためにあらゆることを検証する権利があることを彼は主張する。そこで彼は、教父たちの異なった言説を思いつくままに集め、それによっておとなしい読者が真実の追求に最大の努力を払うこと、その探索の結果一段と鋭い意識を持つようになることをもくろんだ。「疑うことでわれわれは探求に進み、探求によって真理を悟る。」そこにあげられている命題は、広い範囲の題目、書物に及んでおり、あるものは簡単に片付けられ、あるものは長い引用が示されている。たとえば、

一、信仰は理性によって裏付けられるべきである――あるいは否。
五、神は一つではない――あるいは否。
三二、神にとってあらゆることが可能である――あるいは否。
五五、アダムではなくエヴァだけがだまされた――あるいは否。
五八、アダムは救われた――あるいは否。
一〇六、水の洗礼を受けなければ誰も救われない――あるいは否。
一一五、霊魂の起源に関してはまだ何も立証されていない――あるいは否。

一二二、結婚はすべての人に合法である――あるいは否。
一四一、慈善の行いは信仰を持たぬ人を益することはない――あるいは否。
一四五、われわれは時折、本意なくして罪を犯す――あるいは否。
一五四、うそは許される――あるいは否。
一五七、人を殺すことは合法である――あるいは否。

この中のあるもの、たとえば最後の二つなど、今日のディベート練習用手引の両側の頁に要領よくまとめられていそうな気がする。そういう目的、つまり生徒たちの間に討論をうながすことがアベラルドゥスのそもそものねらいだったと思われるが、意見の一致よりは不一致を重視し、真実にせようわべだけにせよ解決というものをまったく示していないところが、ややもすると正統的な立場の弱点をあばき、権威をくつがえすことになりかねなかった。アベラルドゥスに次いでこの方法を用いたグラティアヌスは、『教会法矛盾条令義解類集』(*Concordantia discordantium canonum*) では、用心深く、形式的だろうが内容がなかろうが、とにかく権威者たちの意見を一致させている。このようにしてこの方法はスコラ学の問題説明に通例の形式となった。提示、反対、そして解決――聖トマス・アクィナスが入念綿密に展開しているとおりである。

世紀のはじめに巨匠たちが弁証法を推し進めたあと、アリストテレスの「新論理学」の復旧と同化でさらにそれに力が加わった結果、十二世紀は何よりもまず論理学の時代ということになった。初期の三学芸は、一方に論理学、他方に文法と修辞学と、両者の間にバランスを保っていたが、弁証法で修得すべきものが大量に付け加わったために今やそのバランスが崩れるにいたった。シャルトルの学校でやっていたような文法や文学などののんびりした学問に注ぐ時間はそうないし、気持はなおさらである。ソールズベリーのヨハネスの人文的な哲学「万物の支配者」(*moderatrix omnium*)は、古いタイプのバランスのとれた文化のみごとな産物だが、一一五九年に彼が、それにもとづいて、新しい学問を学ぶために古典をおろそかにする風潮や、教育に実際的な近道をすすめるコルニフィキウス派の教師に反対をとなえたのも、結局は徒労に終わった。行きすぎた論理学の討論の無益さを、市場に連れて行かれるブタは、綱が引っ張っているのかそれとも人が引っ張っているのかを議論する人になぞらえて皮肉ってもいる。弁証法は彼にとって手段であり目的ではない。ほかの学問を先に進めはするが、「単に弁証法にとどまっている限りは、血も通わず不毛で、魂を刺激して哲学の実を結ばせることもない。その実はほかのたねによって宿るのである。」しかし、論理学はすでに学校から文を追放しつつあった。十三世紀には、大学のカリキュラムにラテンの古典はいるべき場所を失う。

弁証法がこのように新時代の思考を支配する一方、アリストテレスの論理学関係の著作が彼のほかの著作とともにその分野をいや応なしに占めるようになり、たとえば、『自然学』とその他自然科学関係の小著、『倫理学』、『形而上学』を含むパリ大学の一二五五年の課程は、論理学の訓練をはるかに超えるものになっている。そこには科学のはいる場所もあって、十三世紀の哲学思想に逆に作用し、それが、あとに見るとおり、神学との間に葛藤の生ずる素地をつくった。

十二世紀の哲学の復活とともに、それと関連する神学の分野にも新たな活動が起こった。この時代の思想は、哲学と神学をはっきり区別することが簡単ではなく、哲学者は、上述のように、純粋に神学的な問題にもきまって口を出した。当時の論理学の方法は、神学思想の叙述、構成にさっそく影響を及ぼした。ブルグンディオの手になるダマスコのヨハネスの翻訳がラテン神学になにがしかのものを付け加え、偽ディオニシウスの著作が西方の神秘主義、天使論に寄与するところあったが、アンセルムス以後、十二世紀は、主として過去の資料を体系化することに力を注いだ。たとえば、アベラルドゥスの『然りと否』とグラティアヌスの影響が一一六〇年にパリ司教として死んだペトルス・ロンバルドゥスの『命題集』(*Libri quattuor sententiarum*) に見られるが、これは四巻に分けて書かれた系統的な神学で、それぞれ、神と三位一体、天地創造と堕落、託身と道徳、秘蹟と四終(死・審判・天国・地獄)を取りあげている。アベラルドゥスが権威ある著者たちの矛盾を強調したのに対し、ロンバルドゥスは気質が保守的、融和的で、「弁証家の多弁」をおさえ、相違、不一致をやわらげ調整した結果、この「命題の教師」はその後数百年にわたって卓越した権威者となるにいたった。一二〇五年には『命題集』はすでにポアティエのペトルスによって注解が付けられており、一二一五年にラテラノ公会議で認可を得た。神学の二年間の課程の教科書で、神学の研究者の蔵書は——持てたとしての話だが——聖書とこの『命題集』からなることが普通だった。一三三八年のソルボンヌの図書館には、その写本が五十、注釈書が百八十冊はいっていた。アルベルトゥス・マグヌスは、処女マリアが自由学芸のみならず聖書と『命題集』の「大要」を心得ていたとまで考えている。

このように体系化がうまくできたことが手本になって、その後神学やその関連科目に系統的な「大全」がどっと生まれたわけで、それは大戦後に歴史、文学、科学、美食学、その他ほとんどあらゆる部門に概説書が現われたのとやや似たところがある。一一七八年までパリ大学文書局長だったペトルス・コメストルの宗教史の入門書『聖書物語』はその一つで、彼は、墓碑に「食う者《コメストル》と言われたが今は食われる身」(dictus comestor nunc comedor)と書かれているところから察すると、正真正銘の本の虫だったのが死んで虫に食われることになったのだろうが、ともあれその本はどこの図書館にもあって、一四八七年までに八版の印刷を経ている。パリ大学教授ペトルス・カントル(一一九七年歿)の『約言』(*Verbum abbreviatum*)に見られる倫理学の概論も同じで、これは「注解や無駄な問題があまりにもくどくどと述べられていることに反対して」書かれた。それから、ロベール・ド・クールソンその他による教会法の「大全」、そして、膨大な神学の「大全」や命題集が十三世紀にあらわれてトマス・アクィナスの大『大全』の先がけとなり、最後にそこに完成、統合される。ゴシックのカテドラルと時を同じくして出たこれらの建築を思わせる「大全」の数々は、思想のカテドラルと呼んでしかるべきではなかろうか。

政治思想の面で、十二世紀にはそれほど見るべきものはない。中世を通じて政治の理論は実践にはるかに立ち遅れていて、十二世紀もその例外ではない。実際のところ、教会と国家を別として、理論と実践との間にほとんどつながりはなく、観察された事実から理論をひき出すというようなこころみはまったくなかった。人びとは封建制度を実践しながら、アリストテレスと教父を学んでいた。したがって、十二世紀にイングランド、シチリア、アラゴン、やや遅れてフランスに国家が再建されたことは、著述には反映されていない。同時に、新しく出てきた哲学的批評家も国家には手をつけず、パドヴァのマルシリオやオッカムのウィリアムにいたってようやく唯名論的な国家説があらわれる。十二世紀はむしろ政治理論の歴史では沈滞期というべきで、国家と教会を取りあげた小論文のたぐいは、叙任権をめぐる論争に力を使い果たしていたし、もっと体系的な議論は、一二六〇年頃のアリストテレスの『政治学』の翻訳、トマス・アクィナスの『大全』まで待たなければならない。この中間期の主な作品は、一一五九年に書かれたソールズベリーのヨハネスの『ポリクラティクス』(*Policraticus*)――『支配者の書』である。「周囲の状況を顧慮することなく、筋の通った制度を描き出し、それによって政治哲学らしきものに到達しようという最初のこころみ」であるために、「現実にある政治形態にはまったく触れていない。」著者はヴァティカンとヘンリー二世の宮廷で幅広い経験を積んでいるのに、そのいずれにもほとんど言及しない。「実例は旧約聖書、さもなければローマ帝国」[4]で、政治用語も同じである。彼の王権理論が、王は法のもとにあるという封建思想に影響されているように見えても、典拠はローマ法と古代の歴史家におかれていて、それは、僭主と僭主殺しの彼の見解にもうかがわれる。ヨハネスは、常に、観察者ではなく人文主義者として書いていて、同時代の政治家のさまざまなむずかしい問題よりも、政治家の中にまじって哲学者でありつづけるむずかしさの方に関心を持っている。彼の作品は、文人、民間人としての背景のために十二世紀らしいのであって、政治的な雰囲気のためではない。この時代より早くは書かれなかっただろうし、ずっと後にも書かれなかったと思う。そのスコラ学は、アリストテレス的であるよりは文学的である。

　中世の哲学を書き記す場合にいつでも考慮に入れなければならないのは、知的な自由の問題、思索する人がとことんまで結論を追求する自由を持っているかどうかの問題である。全般的に言って、この自由は、普通信じられているよりもはるかに大きかった。教会の教義の限界内で、人びとは思うままに自由に思索することができたし、その限界も、今日のわれわれが想像するほどには、拘束の感じを持たれてはいなかった。法律、医学、文法、論理学、数学、天文学の教師たちは、きめられた規則におさえつけられているとは思わなかった。ソーンダイクが示しているように、実験と研究は、今日想像されるよりもずっと自由におこなわれていたし、社会科学がまだ存在していなかったから、近頃この科目の著作者の悩みのたねとなっている行政当局との悶着もなかった。ベリーが中世を「理性はくさりにつながれ、思想は奴隷と化し、知識はまったく進歩しなかった一千年[5]」と言っているのは、事実からははるかに遠い。

　こういう著者たちが言おうとしているのは、何にせよある原理を持った固定した権威集団に従うことは、自由な思惟に堪えがたい制限を課すもので、中世ヨーロッパはまさにそのような体制を持っていたから理性は牢獄につながれていたはずだ、ということだろう。しかし、歴史的に、あるいは実際的にこの問題を明示すると、こういう制限は今日どのように感じられるかではなく、中世には実際にどのように感じられたか、ということなのだ。自由は相対的なものである。自分は束縛されていると思っていなかったら、その人は実際問題とし衝突は比較的少なかったと見られる。衝突はほとんど哲学に限られていて、それもどうやら今日の哲学者の思うよりはるかに少ない。きにつけあしきにつけ、中世の哲学は、知識の基礎よりはその形成過程に関心を持っていて、ある命題を公理として受けいれ、そこから力いっぱい結論をひき出すということに、少しも抵抗を感じなかった。アベラルドゥスが『然りと否』の中で当局の矛盾を指摘したときにも、彼はそのためにいやがらせを受けてはいない。敬虔なソールズベリーのヨハネスも不敬なフリードリッヒ二世も、いずれかわらぬ拘束のない人生を送った。ヨハネスは、異教だろうとキリスト教だろうと古典文学を思うままに渉猟し、国家の哲学、人生の哲学を自由に書いた。フリードリッヒはユダヤ教徒、回教徒とともに霊魂の不滅を論じ、人びとは首を横に振りながらも、誰も彼やその仲間を罰しはしなかった。おおむね、知的生活はさまたげなく進められたのである。

自由は当然変化を生み出すもので、この点でも今日の印象は、中世の思想が単一だったというまちがった観念を与えかねない。スコラ学は一つの学説というより方法で、人がちがえば結論がちがうこともありうるし、現にそうなってもいる。時をはるかにへだてたわれわれの目には、スコラ哲学内部の相違点は小さなものに見えるかもしれないが、当時の人びとにしてみれば大きなもので、中世のあらゆる時代に活発な議論を呼び起こすだけのことはあったのである。その議論が十三、四世紀に一段とはげしかったとしても、根は先行する時代、つまり、普遍の問題をはっきりした形で示し、アベラルドゥスとその後継者の弁証法的方法を発展させた時代に発している。みな同じ考えだといわれることほど中世の哲学者を驚かすものはないだろう。

というわけで、哲学は、神学の領分を侵した場合は別として自由だったのだが、哲学とはいつの時代にも神学の領分を侵すようなところがあるもので、十二世紀をどのように見るにせよ、その結果起こったことに目をつぶるべきではない。宗教の教義に基づく権威主義的な体制にはすべて難点があるもので、ユダヤ教でも回教でも、キリスト教の場合と同じ衝突が見られる。アテナイ人でさえ、市の公の神々を否定したかどでソクラテスに死刑を宣告した。この時代の場合、哲学の自由に対する束縛は、先に述べたとおり、ロスケリヌス、アベラルドゥス、ギルベルトゥス・ポレタヌスが三位一体に論理学を適用したことに対して加えられ、また新アリストテレスを「誤りが削除される」まで——実行はされなかったが——禁止したことにもあらわれている。これら悪名高い事件の仕掛人は教会会議で、罰は主張の撤回、もしくは禁固、一二〇九年のアマルリックの異端については死刑だった。その後、ラテン・アヴェロエス主義者が同じように哲学と神学をいっしょにしてしまって——というよりは、この二つが独立の学問で、矛盾する結論に達しても信仰を侵害することはないという説を立てた。しかし、この逃げ道も教会当局に罪の宣告を受け、パリ大学の教授は、神学は最高の学問でほかとは別のものだから手を出すことまかりならぬと禁止の憂き目を見た。大学当局と異端審問が圧力を加えたのである。

ラテン・アヴェロイストのこの憂き目は、アリストテレスの科学と形而上学が入ってきたあとの哲学者の立場が、根本的に厄介なものであることをよく示している。「アベラルドゥスのような人でも、弁証法を教えてしまえば何も話すことがなく、ほかの問題と取り組もうと思えば神学者になるほかなかったのに、十三世紀にはどんなに貧弱な学芸科目教師でも、古い弁証法のほかに心理学、自然学、倫理学、形而上学を含む膨大な学問を身につけていた。」教授は学芸科目の新しいカリキュラムの教科書を説明するのに、「哲学者として、ただ一つ理性の観点から、それまでは神学と神学者の占有と考えられていた問題を検討しないわけにはいかなかった」(6)。しかもその問題たるや、アリストテレスの解釈が必ずしもキリスト教神学の解釈とは一致しないのである。同時に、学芸科目の教師は、神学教授でない悲しさ、正統的な意味で権威をもって矛盾を解決する力はない。ここでは神学が断然優勢で、まさしく「高等学問夫人」、それにくらべれば哲学は召使、敵方の捕虜にすぎない。神学の知性は大学の他の学部すべてを支配し、霊が肉を規制するごとく、それらを正しい道に導かねばならぬ、と一二二八年グレゴリウス九世は言った。そして一二七二年パリ大学の学芸学部は、三位一体のような純然たる神学の問題の論議を禁止し、また、学部の枠を超えて信仰と哲学にかかわる問題を論じ、しかも信仰に反する決定をおこなう修士、学士に対しては異端者として学外追放の宣告を下した。以後、論争の余地のある共通領域は、神学に占有されることとなった。

カタリ派の場合、そしてワルド派についてもカタリ派ほどではないが、問題は別の形をとった。そこでは、個人の思索が問題なのではなく、秘蹟の根本と教皇権をくつがえす教義が一般に受けいれられることが問題なのであって、南フランスのこの運動が風土病的な性格を持っていたために、新しい抑制機関が必要となった。現地の教会会議と司教職を補い、最終的にはそれにとってかわるものとして、教皇の中央集権的機関、すなわちドミニコ会の異端審問所が一二二七年と四一年の間にグレゴリウス九世によって創設され、頑固な異端者に対する罰が火刑と定められた。このことについては教会は、一般大衆、行政当局、両者の支持を受けていた。というのも、異端者は一種の無政府主義者、社会の根幹を危うくする反社会的人間と見なされ、火刑による処罰は地獄の永劫の苦しみを象徴し予示するものと考えられたからである。ローマ時代以降、異端に対する最初の市民法は、一一六六年、ヘンリー二世の制定したクラレンドン条令の一節である。火刑が最初にあらわれたのは、自由思想のフリードリッヒ二世の法典で、彼にとって異端者とは裏切者、聖なる皇帝たる神自身に向けられた大逆罪だった。中世の寛容の限度がこれほどはっきりしているところはほかにない。

第十二章　大学の起源

十二世紀は、単に学問の分野で復活の時代だったにとどまらず、制度の分野、とりわけ高等教育制度の分野でも、新たな創造の時代だった。はじめは修道院付属学校と司教座聖堂付属学校、終わりになって最初の大学が登場するわけで、高度の学問を制度化した時代、少なくとも制度化の動きを定めた時代だと言うことができよう。一一〇〇年にはまだ「教師が学校に先行する」が、一二〇〇年になると「学校が教師に先行する」。同時に言えるのは、その間の百年は、まさしく学問が復興したというその事実によって、一歩進んだ学校をつくり出したということである。十一世紀の末には、学問は七自由学芸という伝統的なカリキュラムの枠の中に、ほぼ完全におさめられていた。十二世紀は、三学芸と四学芸を新論理学、新数学、新天文学で充実させるとともに、法学、医学、それに神学という専門の学部を生み出した。それまで大学は存在しなかった。存在してもおかしくないだけの学問が西ヨーロッパになかったからである。この時代の知識の膨張とともに、自然に大学も生まれることになった。知的な革新と制度上の革新が相携えて進行した。

十二世紀は最初の大学をつくり出しただけではなく、後世のために大学組織のありようも定めた。これは決して古代の模範を復活したのではない。そもそもギリシア・ローマ世界には近代的な意味での大学などありはしない。たしかに高等教育がないわけではなくて、法律、修辞学、哲学など実にすぐれた教育指導がおこなわれてはいたが、きまったカリキュラムや学位をそなえた学部、学寮の組織を持ってはいない。ローマ帝国末期に国家が教師に給料を払い、公の法律学校をつくって、高等教育の責任を担ったときにも、大学を設立するまでにはいたらなかった。大学は十二世紀にはじめてできあがる。そして現在の大学はそこから、つまりサレルノ、ボローニャ、パリ、モンペリエ、オックスフォードといった大学からその基本的な特徴を受けついでいる。これが今日まで連綿とつづく流れの発端で、ほかに起源はない。大学は、文明に対して中世がなしとげた大きな貢献、はっきり言えば十二世紀の貢献である。

もともと大学《ウニヴェルシタス》(universitas)という言葉は、広く組合、あるいはギルドを意味するもので、中世にはこういう共同体がたくさんあった。それが次第に限定されて、やがて、「教師と学生の学問的な共同体ないしは組合」(universitas societas magistrorum discipulorumque)だけを指すようになった。これは大学の定義としていちばん最初にあらわれた、しかも最善の定義と言うことができる。このような一般的な意味からすれば、同じ町にいろいろなギルドがあるのと同じく、いくつかの大学(universitas)があってもかまわないわけで、法律や医学などその一つ一つの大学は自分たちの共同体を大切に守り、いくつかの専門学部を擁する単一の大学に合体する段にはなかなかならなかった。大ざっぱに言えば、この新しい展開の中心は、北ヨーロッパでは修士《マスター》(教授資格者)のギルド、南ヨーロッパでは学生のギルドだったが、いずれの場合も、マスターあるいは教授のギルドに入る許可に重要なポイントがおかれている。その許可がなければ教える資格がない。それまではただの学生にすぎなくて、そのあとようやく、仕事としてはともかく階級の上でマスター（親方）となり、ジャーニーマンの段階を卒業するわけである。えこひいきと独占を防ぐために、この許可は試験で決定される。そしてこの試験にパスする力があるということは、とりも直さず、いくつかの研究科目を習得したことを示すものだった。つまり、もっとも古くは教授免許（licentia docendi）が大学の学位だったということになる。歴史的には、すべての学位は、博士《ドクター》とか修士《マスター》とかいう名称が今日なお示しているとおり、もともと教師の免許状である。学芸修士《マスター・オヴ・アーツ》は自由学芸を教える資格のある人、法学博士《ドクター・オヴ・ローズ》や医学博士《ドクター・オヴ・メディシン》はこれらの科目を教えるたしかな資格証明を持つ人だった。さらに、学位取得希望者は試験講義をする（incept〝始める〟）のがきまりになっていたが、このinception（始まり、学位取得）が今日のcommencement（始まり、卒業式、学位授与式）の起源で、つまりcommenceとは「教え始める」ことを意味している。試験には当然ながら学位取得希望者を試験すべき材料があるわけで、通常は基本的な教科書がそれである。そしてこれはまた筋道に従った授業と最小限必要な学習期間を前提とする。カリキュラム、試験、卒業、学位は、このように一つの制度の欠かせぬ部分をなすもので、すべて中世から引継がれており、何らかの形で十二世紀までさかのぼる。

　初期の大学の基礎をなすものは、カロリング朝の立法によって再編、拡大された修道院付属学校と司教座聖堂付属学校である。この改革の第一の目的は、教育のある聖職者の養成にあったので、修道士と司教座聖堂所属の聖職者の学校だけがその直接の対象となっていた。ほかの人たちのためにも「外部の」学校がおそらくはあったものと思われるが、このような事情からして、せいぜい補助的ないしは付随的な施設で、学問の正規の施設としてあてにできるようなものではなかった。内部の学校でさえ所によってずいぶん違う。七自由学芸は一つの理想で、それもきわめて不完全な形でしか実現されていないことが多い。モンテ・カッシノやベックの学校はみごとな例外で、代表的な実例とは言えない。しかも、すでに見てきたように、文化の中心としての修道院は、十二世紀に入るとともに衰え、修道院付属学校の多くも同じく衰えたので、学問の復興と新しい制度の発達は、この方面ではあまり期待できなかった。だいたい修道院は、その性質上、修道者ではない学生を大勢泊めるようにはできておらず、そんな人がいくらかでもいれば、会則に従って生活している修道者の規律維持に支障をきたすことにもなるだろう。司教座聖堂は、本来都市のものなので、このような不都合がなかった。この時代の司教座聖堂が次第に重要性を加える状況は、付属学校の活動がますますさかんになるところによくあらわれている。しかし、聖堂付属学校においても、きちんとした教育をおこなうための必要物資が十分にあったと誇大に考えてはならない。各司教座聖堂の学校長が聖職禄の権利を持つことを規定した一一七九年のラテラノ公会議教令は、多くの教会でその権利が無視されたために、一二一五年にまた更新されることになった。

十二世紀のもっとも重要な司教座聖堂付属学校は、北フランスの学校である。その中でランスやシャルトルは、もっと早くから発達してこの時期に絶頂に達し、ほかのラーンやトゥールなどは、一時的に重要な役割を果たしたにとどまる。さらに、パリなど、多分オルレアンもそうだが、大学という形にまで発展したものもある。どの学校も、あるいは古典という形で、あるいは弁証法や神学という形で、多かれ少なかれ学問の復興の影響を受けている。

すべてについて言えるのは、はじめのうちは学校そのものよりも教師の方が大事ということで、教師個人とは無関係な力をすでにつけて学校自身の魅力で学生をひきつけていた知的中心はパリだけである。そしてパリだけがこの時代に完全な大学となることができた。まだ大学ができる前の自由な時代——人びとがカリキュラムや所定の学習期間や単位にはおかまいなしに、すぐれた教師を求めて気ままにあちらこちら移動したときのありさまが、一一三六年から四七年にわたるソールズベリーのヨハネスの有名な文章の中に書き記されている。(1)

青年時代にはじめて勉強のためにガリアへ行ったとき（イングランドの誉高き王、正義の獅子ヘンリー一世が崩じた翌年）、私はサント・ジュヌヴィエーヴの学校をとりしきっていたパレ生まれのアリストテレス学者（アベラルドゥス）のもとに参上した。彼は有名な教師で、誰からも称賛されていた。私はその膝下で弁証法の基本を学び、乏しい知力を働かせながら、師の口から出るものすべてを、あますところなく貪欲にむさぼり取った。アベラルドゥスがあまりにもあわただしく——と私には思えたのだが——世を去ったあと、私は修士アルベリクスの弟子となった。彼は評判の高い弁証家として衆にぬきん出ており、唯名論者たちのもっとも手ごわい論敵であった。

かくて、まる二年近くこの丘で過ごしていた間、私が弁証法の指導者としたのは、アルベリクスと修士ムランのロベルトゥスであった。（学校の運営上「ムラン」という通称で呼ばれていたのでそれを使うが、生まれはイングランドである。）前者は質問が精緻で識見豊か、後者は解答が明澄、簡潔でこころよい。（両者はある意味で互いに対をなすと言なわっていたら〕今日、討論でそれに太刀打ちできる者はいないだろう。共に鋭い知性を持ち、その研鑽には何者も打ち勝てなかった。……私が両者と交わりを持ったのはこれだけの間で、その後アルベリクスはボローニャへ去り、かつて教えたことをそこで再び学び直した。そして、帰国した後は反対のことを教えたが、それでよくなったかどうかは、以前と以後の両方の講義を聞いた人に判断していただこう。また、ロベルトゥスは神学の研究に進み、より高貴な哲学と、より輝かしい名声を望んだ。

この方々のもとでまる二年を過ごし、ごく普通の諸規則、その他基本的な原理の訓練を積んだわけだが、これらのものは少年の頭に徐々にしみこんでいくもので、前述の博士たちはその点まことに有能な教師だったから、私はこれらの事柄を自分の爪や指と同じように熟知しえたような気がした。これだけのことを学んでしまうと、若気のいたりで知識を実際以上に高く評価し、のみこみの早いこともあって、私は自分がいっぱしの少壮学者であるように思ってしまった。しかし、やがて我に返り、自分の能力をはかって熟慮の末、先生方の好意によってコンシュの文法学者〔グリエリムス〕のもとに移った。そして三年間そこで講義を聞いた。その間教えられたことは非常に多く、私は当時のことを今後決して悔みはしないだろう。〔ヨハネスは、シャルトルで司教リカルドゥスにも学んでいた。〕リカルドゥスは行くところ可ならざるはなしというほどの教養の持主で、言葉よりは心、技術よりは知識、虚栄よりは真実、外見よりは美徳を大切にする人だった。私は、他人から学んだものをもう一度彼によって復習し直し、また今までに習ったことのないものも教えられた。それは四学芸に属する事柄で、四学芸については以前にドイツ人ハルドウィンから手ほどきを受けたことがある。修辞学も勉強し直したが、かつて修士テオドリクスに教えられたときには、やり方が散漫で私はほとんど理解できなかった。修辞学は、その後ペトルス・ヘリアスからさらに豊かなものを受けとることになった。

私は、生活に必要なものを提供してくれる貴族の子弟を生徒にしていたので——私には友だちや親戚の援助はなかったが、神が貧困を軽くして下さった——義務感と生徒たちの求めに動かされて、かつて学んだことをさらにたびたび記憶に呼びもどすことになった。そのために、私は〔プティ・ポンの〕修士アダムと親しくなった。アダムはすばらしく頭の切れる人で、ほかの人は何と言うか知らないが、学識も豊かだし、何よりもアリストテレスの研究に打ちこんでいた。弟子についたわけでもないこの私に親切に知識をわかち与えてくれ、腹臓なく自分の意見を明らかにしてくれた。彼は、そういうことは、自分の学生以外にはまったくと言っていいほどやらない。非常に警戒心が強いように思われていたのである。……

私は財産も乏しいし、仲間のすすめ、友人の助言もあってここをやめることになったが、皆、教師の職を引受けたらどうかと言う。私はそれに従った。そして、三年の任期が満ちて再びもどったとき、修士ギルベルトゥス〔・ポレタヌス〕を見いだし、論理学と神学を学んだ。ところが、ギルベルトゥスはあっという間に職を追われ、ロベルトゥス・プルスが後任となった。彼は生活、識見ともに称賛に値する人物だった。ほかにポアシーのシモンがいたが、講師としては信頼できても、議論にかけてはいささか鈍なところがあった。この二人に習ったのは神学だけである。このようにさまざまな勉学にたずさわるうち、およそ十二年が過ぎた。

こういうわけで、以前に別れた仲間たちを〔パリの〕丘にもう一度訪ねてみれば、さぞかし楽しかろうと思われてきたのだった。みな相変わらず弁証法をやっているようだし、昔議論していた問題について意見を交換すれば、互いに比べあうことで進歩のほどがはかれるのではなかろうか、と。いざ会ってみた彼らは昔のままだった。昔と同じ状態にとまったままだった。古い問題を解決する目標にも達していなければ、たった一つの命題さえ新たに付け加えてもいない。かつて自分をかりたてた目標に今なおかりたてられていて、進歩といえばただ一つ、節度を忘れたことだけ。そのつつしみを知らぬこと、もはや回復の望みなしとさえ思えるほどだった。こうして私は、次のようなはっきりした結論を体験的に学ぶことになった。弁証法は他の諸学問を促進させることはあるが、単に弁証法にとどまっている限りは、血も通わず不毛で、魂を刺激して哲学の実を結ばせることもない。その実はほかのたねによって宿るのである。

ヨハネスがここで話題にしているのはパリとシャルトルで、この二つにはすぐあとで触れることになるが、彼はランスとプロヴァンスにも足をのばしたのではないかと思われる。ランスは、一一二一年から三六年までアルベリクスを校長に戴き、比較的目立たない学校の中ではもっとも注目に値する学校だった。アルベリクスは錚々たる神学者で、プリスキアヌスなど詩人たちよりも聖書に専心しているということで、かのプリマスのおほめにあずかっている。

ここで読まれるは詩人ならぬ　　Non leguntur hic poete,
ヨハネや預言者たち　　Sed Iohannes et prophete.

ランスは、すぐれた文芸保護者の大司教グリエリムス（一一七六―一二〇六）のもとでも重要な位置を占めてはいたようだが、十世紀のゲルベルトゥスの在任中ほど名声と影響力を持った時期はほかにない。ラーンについては、アルベリクスの師アンセルムス（一一一七年歿）の時代のことが伝えられている。彼はアベラルドゥスに、失礼千万にも「ラーンのご老体」などと呼ばれているが、「命題」（sententiae）という神学の方法の発展になかなかの役割を演じた。数学者として名の知れたアンセルムスの弟ラドゥルフスの時代のラーンもよく口にされるが、このふたりのあとは、かすんだ存在となってしまう。もっと古い時代に属するこれまた数学者のバスのアデラルドゥスは、ラーンで学びかつ教えたことがあり、トゥールとも何かつながりがあったらしい。トゥールのもっとも有名な修士が、プラトン主義哲学者のベルナルドゥス・シルヴェストリスである。オルレアンについては、文学と修辞学の中心として名高かったという事実[2]以外、この時期に特にはっきりしたことはあまり知られていない。名声は十三世紀に入ってもなお保たれるが、その時はむしろ法科大学として有名になった。オルレアンの組織の面はあいまい模糊としていて、古い修辞学校とこの新しい大学とのつながりについては確かなことは言えない。

シャルトルが大学にならなかったことは明らかで、事実、パリの優位が確かなものとなった十二世紀の中葉にはシャルトルの最盛期はすでに終わりを告げている。シャルトルは、一〇八九年から一一一五年まで司教を勤めたすぐれた教会法学者聖イヴォのもとで、神学と教会法の中心となった。この当時の学校生活が、司教代理アルノルドゥスのふたりの甥の書簡に面白く描かれている――詩篇の勉強、弁証法に関する本の筆写、注釈の作製。「私たちのチョークはまるっきりだめなので」と、チョークと羊皮紙を家に注文する。それに、父親の長靴と子羊皮のコートを作る材料もあわせてたのむ。母親に金を無心することも忘れず、レティチア（喜び）というその名前をもじってラテン語の詩まで書いている。

あなたの名前

喜ばしいその名は

私たちにしあわせをもたらします。

Nomen tuum,Nomen letum,

Prebet nobis gaudia.

シャルトルの学校には、人目をひいてぬきんでる歴代の文書局長がいた。文法家ベルナルドゥス――「ガリアにおいてもっとも豊かな学問の泉」。論理学者・神学者のギルベルトゥス・ポレタヌス――図書館の蔵書に特別注意をはらったことでも記憶されている。ティエリ――ベルナルドゥス・シルヴェストリスが宇宙論に関する論文を、そしてダルマティア人ヘルマヌスがプトレマイオスの『平面天体図』(*Pianisphaerium*) の翻訳を彼にささげている。一一五〇年頃に書かれたティエリの『七学芸』(*Eptatheuchon*) には、七自由学芸の幅広い知識があらわれているが、そこで彼は「高貴な学者族をあまた生みだすために」三学芸と四学芸を結び合わせようとこころみたのだった。シャルトルの一般の評判は、すでに見たように文学研究にあり、ベルナルドゥスのその行き届いた研究法については、ソールズベリーのヨハネスが、当時コンシュのグリエリムスや司教リカルドゥスによって実践されていた状況を書き記している。これまた先に見たことだが、シャルトルは十二世紀におけるプラトン哲学の中心でもあった。一一五五年頃のティエリの死によって、シャルトルの偉大な時代は終わりを告げる。「献納された聖人や国王の像」をそなえた司教座聖堂がある程度今日の形をとった頃には、その学校はすでに絶頂期を過ぎていた。

ひっそりと灰色で、まるで森に囲まれた崖が、
ゆるやかに海がひいたために陸に取り残されたような

シャルトルのノートルダムを離れ、フランス国の首都へと急速に変貌しつつある騒がしい町パリのノートルダムへ、人びとの心は向かった。

パリの状況は、三つの学校が存在するために非常に複雑なものとなっていた。ノートルダム司教座聖堂付属学校、十二世紀はじめにシャンポーのグリエリムスが最初の名の知れた教師として勤めたサン・ヴィクトルの修道参事会員学校、そして、一一四七年に司教座聖堂参事会の手に渡ったサント・ジュヌヴィエーヴの共住聖職者団教会学校がそれである。たとえばアベラルドゥスは、ノートルダムで研究と授業を始めて、そこの参事会員になったらしい

が、その後サン・ヴィクトルでシャンポーのグリエリムスが開いている外部のための学校で受講し、熟年にはサント・ジュヌヴィエーヴの丘で教えた。そこでソールズベリーのヨハネスが、先に引用したように、彼の講義を聞いたわけである。昔の権威者たちの所説を自在に駆使しながら、しかもその矛盾を鋭く見抜く独創的刺激的な教師で、それでいてまた「まじめな人の心をほぐし笑わせることができる」というアベラルドゥスの名声が、大量の学生をパリに向かわせるのに大いに力があった。もっとも、アベラルドゥスはあれやこれやわけがあって長期間パリを留守にし、大勢の学生をともなってムランやコルベイユ、果ては荒地にまで行きはした。しかしそれはそれとして、パリが弁証法研究の極めつきの中心地になったのは、まさしくアベラルドゥスの時代だし、彼の晩年の授業がもっぱらサント・ジュヌヴィエーヴでおこなわれ、その直接の影響はこの学校の衰微によって力を失ったにしても、大きく見て彼は、高度な学問を求める学生が競ってパリを遊学の地とすることに力強い貢献を果たしたのである。たしかに、アベラルドゥスが教師としてみごとな成果をあげたことをこうして仔細に叙述できるのは、彼自身が書いているからにちがいないのだが、ソールズベリーのヨハネスやフライジンクのオットーのようなまちがいのない証人、その他数多いたまさかの証拠によってたしかめられてもいる。ソールズベリーのヨハネスの記述によって知られるのは、アベラルドゥスはヨハネスがパリで勉強したときの多くの師のうちのひとりにすぎなかったということである。ラッシュドールは、次の世代に「パリは教師の都となった——中世始まって最初の教師の都である」[5]と述べているが、その変化の兆しをすでにこのヨハネスの記事の中に見ることができる。教師も、学生と同じく各地からやってきた。ソールズベリーのヨハネスの少し前には、後のフライジンク司教でフリードリッヒ・バルバロッサのおじにあたるオットー、後のマインツ大司教アダルベルトゥスがいた。一一四二年頃の教師名簿には、アベラルドゥスやティエリのようなブルターニュ人、コンシュのグリエリムスのようなノルマン人のみならず、ムランのロベルトゥス、プティ・ポンのアダム、後のエクセター司教などイングランド人、それにイタリア人としてペトルス・ロンバルドゥスの名前も見られる。やや時代が下れば、さらに遠方の国々から学生が集まっていて、たとえばスウェーデンのルンドの大司教の甥たち、ウォルター・マップのハンガリーの友人でグランの大司教になった人などがいる。

十二世紀の後半に入ると、パリはますます膨張しかつその地歩を固めた。ソールズベリーのヨハネスは、一一六四年にベケットのために再度パリを訪れたとき、まる一年間部屋を借りなければならなかったのだが、それでもこの町のすばらしい景観、新しい司教座聖堂の威容や、天使がヤコブの梯子を昇り降りする姿を思いおこさせる「哲学者たちのさまざまな活動ぶり」を心ゆくまで賛嘆するには足りなかった。「たしかに主はこの地にましますが、私は知らなかった」（創世記28・16）とヨハネスは結論しているが、書簡を交わした上司のツエレ大修道院長は、パリが敬虔な霊魂にとっては危険と誘惑にみちていることを忘れないように忠告すべきだと考えた。この忠告は、その後まもなくパリの司教が国内の司祭たちに、日曜だけ自分の教区にいて週日はパリで過ごすことを禁じた通達にもまたあらわれる。一一七五年頃ギ・ド・バゾシュが「王冠もて高くあげられたる」この町のことを熱っぽく書いている。シテは哲学、法律、七学芸の古くからの中心で、セーヌ右岸とは舟や商品の多い大橋《グラン・ポン》で結ばれ、左岸とは「論法家の議論の場としてのみならず、散策する人、通りすがりの人たちにもまたとないすばらしい」小橋《プティ・ポン》で結ばれている。パリが知的にすぐれていることは、ソールズベリーのヨハネスの弟子にあたるブロアのペトルスの証言するところでもあって、パリで市民法と神学を学んだペトルスは、専門研究を重んじて古典学を軽んずる傾向を嘆きながらも、パリではどんなに難しいこんがらがった問題も解決されると言い切っている。例のうぬぼれ屋の愉快なウェールズ人ギラルドゥス・カンブレンシスもパリで法律を学び、教会法学者としておこなった日曜講義のことを自慢たらたら書き残している。ほとんどすべての博士や学生が、判事は証拠によって判決を下すべきか、それともみずからの見解に従って判決を下すべきかという問題を「こころよい声で論ずるのを聞きに」きたというのである。モーレーのダニエルはパリの市民法学者に嫌気がして、「この世のもっと賢明な哲学者」の教えを聞きにトレドへ行ったが、新しい大学がローマ法の中心になる危険は、一二一九年、時の教皇がパリでローマ法の研究をおこなうことを禁止したときにまったく消滅した。神学の勝利はずっと以前に動かしがたいものとなっていて、一一四二年の詩に名前の出ている教師はほとんど神学者だし、ペトルス・ロンバルドゥスは一一六〇年に世を去る前に『命題集』で神学論争の型を定め、それが何世代にもわたる基本的な教科書となった。デニフルの考えでは、十三世紀のすぐれた神学体系の根源は十二世紀に求められるべきで、神学の偉大な「大全」はすべて、直接間接にパリをさし示す、ということである。なるほど、この世紀の変わり目にトゥルネのステファノスは、パリでは神学論争がさかんになりすぎて分割できないはずの三位一体が街角でばらばらに切りほぐされ、どこの講義室でも広場でも誹誹と冒瀆がまき散らされている、と嘆いている。多くの教皇も猶予はならぬとばかり哲学者たちのとっぴな言説をおさえ、最高学部たる神学部の権威に服さしめた。パリが最初の教会学校となったのは、神学校としてである。すでにパリは、中世の聖書釈義が「文の都」と解釈したかのカナアンの町キリアテ・セペルに擬せられており、一二三一年に教皇グレゴリウス九世は、さらに加えて「諸学の生みの親」（Parens scientiarum）という名を与えた。

このように、教師と学生の相当数にのぼる集団があり、活発な知的生活が営まれていたことを示す記録はいろいろあるのに、大学の機構を明らかにする証拠はろくに見あたらない。大学（universitas）という名称さえ、十三世紀より前のものは調査の網にかからず、ようやく一二〇八―九年に、かつて学生だった教皇インノケンティウス三世の書簡に偶然出てくる。制度の歴史にはよくあることだが、ここでもまず物があって、名前はあとでつく。しかし、はじめの頃には四つの学部、国民団（同郷の学生団体）、組合長ないしは学長（rector）といったような成熟した制度は見あたらないにしても、よくある大学生活の片鱗はすでに認められる。科目は、学部そのものが存在していたかどうかは別として、学部別にまとめられていたし、学生も、厳密な意味で後の国民団にはまだなっていなかったとしても、地域ごとにまとまって生活していたらしい。最初の学寮も一一八〇年頃現われている。一定の規約が定められていたと思われるふしもあるが、一一七九年のラテラノ公会議の法令は、すべての学校に対し、優秀な学位取得希望者を無条件で修士の地位につけるべきことを求めている。パリの大学としての芽生えは、司教座聖堂の文書局長が教育を管理し、彼だけが教授免許（Licentia docendi）を与えていたこと、修士・博士の資格所持者のギルドがあったことに認められる。すでにアベラルドゥスの時代から、司教座聖堂が教育を監督していた形跡があることは、アベラルドゥスがパリでもラーンでも当局者と悶着をおこしているところからも知られる。そして、教師の正式認可に関する教師団体の裁量権は、世紀の進むにつれて大きくなった。この発展が必然的にゆるやかであったことからして、パリがいつ司教座聖堂付属学校ではなくなって大学になったのか、正確には言えないし、大学創立の日を特定することもできない。すべて最古の大学の例に洩れず、パリ大学もつくられたのではなく、育ったのである。その成長もある程度物理的なもので、最初は聖堂構内に建てられた学校だったのが、教師と学者が住むプティ・ポンへ——「プティ・ポンの哲学者」は自分たちだけのグループを作っていた——さらには左岸までひろがって、以来そこがパリのカルティエ・ラタン（ラテン区）になっている。

パリ大学はこのように自力で発生したのだが、やがて国王の援助と、それにもまして教皇の援助を受けるようになった。教皇の援助とともに教皇の統制もやってくる。大学史の最初のはっきりした文書は、一二〇〇年に属するかの有名なフィリップ・オーギュストの特許状で、大学の存在はこの時に始まるとたびたび言われるが、実際には何年も前からその制度は存在している。新しくつくられたことを示唆する言葉はまったくなく、学生と教師の既存の団体が確認されているだけである。市総監（prévôt）とその部下がドイツ人学生の宿泊所を襲い、リエージュの司教選出者を含む数人を殺した事件で、国王は市総監をきびしくとがめ、学生とその家財は公正に取り扱われるべきで、世俗の法廷の裁判権を免れることを定めた。大学という名前こそ記されていないが、学生の集まりは集団として認められていて、役人はその面前で宣誓しなければならないことになっている。一二〇八年ないしは九年に出た最古の学則は、大学の制服と葬式、そして「講義と討論の進行順序」を取り上げ、教皇がこの学問的集団、大学（universitas）の共同体的性格を承認している。大学の自治権は、一二一五年、教皇特使の文書によってさらに拡大された。ちなみにこの文書には学芸の履修課程のもっとも初期の概要が示されている。一二三一年、これまた市民《タウン》と学生《ガウン》の争いで長期間講義が中断された結果出たものだが、教皇の大勅書によって大学の土台を形作る文書は完璧なものとなる。事実、文書局長は、大学の事務に膨大な時間をとられるのと組織偏重に早くも音をあげ始めている。「昔は教師がめいめい自分で教え、大学の名前も知られていなかったが、講義や討論はもっとたびたびおこなわれていたし、学問への情熱も豊かだった。」パリの古きよき時代の伝統はすでに下降線をたどっている！

十三世紀には、パリは諸学の母であるのみならず諸大学の母となった。パリを筆頭者として生まれ出た数々の子供たちは、イングランド、ドイツ、北フランス、低地地方など、北ヨーロッパの中世の大学すべてを含む。それどころかさらに広い地域にまで及んでいることが、一二〇五年、コンスタンティノープルの新しいローマ人皇帝がギリシアの文芸研究改革のためにパリに手紙で援助を求めたことに暗示されている。この大家族のさしずめ長女にあたるのがオックスフォードで、それがまたイングランドの大学の母となるわけである。

最初のイングランドの大学、いや、そもそも大学というものがなぜオックスフォードにできたのか、誰にもわからない。中世のオックスフォードは、司教座聖堂所在地でもなければ、国内最大の都市の一つでもなかった。もともとサクソン人の土地で、ノルマン人の砦があり、フライデスワイドには修道院、近隣のアビンドン、オズニー、エインシャムにも一つずつ修道院があって、国王の居城も遠くなかった。しかし、将来の大学にふさわしい場所をさがすとなれば、ロンドン、ヨーク、ウィンチェスター、カンタベリーというような評価の定まった中心地をえらぶことになるだろう。とりわけロンドンは、ようやく一八三六年に大学ができるのだが、本来パリに劣らぬ可能性にめぐまれていたように思えるのである。ラッシュドールが結論として言っているように、「オックスフォードが学問上の高い地位を得たのは、たまたま商業的に重要な所だったためだと受けとるほかない。」さらに付け加えれば、商業にともなう地の利のせいだと言ってもよかろうか。

オックスフォードに最初にいつ大学ができたのかも、正確には言えない。オックスフォードが体制に不可欠な古くからある要素のように見えたために、アルフレッド大王が起源であるとか、最初のブリテン王でアエネアスの孫にあたるブルートゥスが連れてきたギリシアの哲学者が始めたとか言われた時もあった。人間の記憶がそれとはちがう方向をたどれなかったのだ。オックスフォードは、パリのように「育っただけ」ではありえない。育つもとになるものがまるっきり見つからないのである。一一一七年以前にここで教えたエタンプのテオバルドゥスは、教師としてひとりだけ孤立した存在で、学校長ではなく、これという後継者がいたかどうかもわからないし、また、十二世紀のオックスフォードの諸学校が、たとえばロンドンのようなほかの町の学校とどう違っていたのかもわからない。ロンドンの学校については、十二世紀の終わり頃そこでおこなわれていた議論の模様を、フィッツスティーヴンが実に生き生きと描写している。一一六七年にパリから呼びもどされたイングランド人学生がオックスフォードによく出かけたことが、どういうわけかオックスフォードにプラスになり、たちまちのうちに大学というか、外国の学生も入る「ストゥディウム・ゲネラーレ」(studium generale　一般学問所）の地位にまでのぼった、というのが実情のようである。一一九七年には国王リチャードがその学校のハンガリー人聖職者を援助している。しかし、こういう外国人学生がストゥディウムの中核だったと考えてはならない。組織の模範はパリから得たようだが、素材はイングランドである。教師・学生はヘンリー二世時代のイングランドにあまたいて、すでに見たようにパリに行ったのも多いが、これからは大量の人員が故国に残る。一一八〇年頃、相当数の学生集団が存在したことが、セント・メリー教会近辺の土地の譲渡証書に一人の製本職人、ひとりの写字生、ふたりの羊皮紙製造者、三人の彩飾者が出ていることから知られる。一一八八年頃、かのすさまじきギラルドゥス・カンブレンシスが、「あらゆる自叙伝の中で手前味噌の最たるもの(6)」に、オックスフォードで近著を朗読した話を書いている。「オックスフォードにはイングランドの聖職者が数多く活躍し、すぐれた学識を示しており」、三日連続の朗読の間、彼はすべての博士、学生を自分の宿舎でもてなした。「まさしくいにしえの詩人たちの時代を今に新たにした贅沢、かつ高尚なおこないで、イングランドでは古今を通じてその例を見ない。」一二一七年に歿したアレクサンデル・ネッカムは、パリ、ボローニャ、モンペリエ、サレルノと並んでオックスフォードの名前をあげているが、その特徴とする学問については何も言っていない。パリのそれと特にとりたてて違いはなかったのだろう。

とはいえ、パリやボローニャとくらべれば、一二〇〇年のオックスフォードは、やっと始まったばかりの大学で、まだ有名な教師もいなければ、憲章も学則もなかった。その最初の特許状は一二一四年のローマ教皇使節の布告で、まず最初に総長のことが述べられているのだが、これは五年前のタウンとガウンの争いが原因で出されたのである。実はこの争いのために教師や学生はケンブリッジ、その他各地に散らばり、オックスフォードの歴史に重大な危機を生み出したのだった。十三世紀の後半になってようやく最古の学寮ベイリオルとマートン、そしてユニヴァーシティ学寮ができる。最初大陸に誕生した制度だが、やがてイングランドの大学でもっともはっきりした形をとることになる。もう一つ、学寮《カレッジ》制度の本家であるケンブリッジは、一二〇九年のオックスフォードからの移動以前にはまったく知られていなかったし、ここがなぜもう一つの歴史的なイングランドの大学所在地になったのか、その内面的な理由をときあかすこともできない。いずれにせよ、その起源も歴史も、ここに取り扱う時代を超える。

地中海地方の大学の起源についていては、司教座聖堂付属学校と修道院付属学校とともに、世俗の教育の伝統が残っていることも考慮に入れなければならない。特に、法律や医学といった専門教育の場合がそうである。少なくとも最初のうちは、これらの大学は、古い学芸のカリキュラムを拡大した論理学や数学よりも、専門科目の教授に目を向けていて、中世を通じてその優秀性もやはり専門学部の方にあった。それでもやはり学問の復活の一翼を担ってはいるのだが、多分時期的にもいくらか早いし、またたしかにずっとあいまいで漠然とした復活なのである。そのあいまいさはサレルノがもっともはなはだしい。サレルノはヨーロッパ最古の医学校で、すでに十世紀から医学の中心なのだが、制度としては、フリードリッヒ二世による再編成で一時保留の処置を受けるまでのことは、ぼんやりとしか知られていない。法科大学と医科大学のあるモンペリエは、明らかにもっと新しいが、はっきりしないことに変わりはなく、医学の面では多分サレルノ、またおそらくはスペインの科学とつながりがあるが、法律学校としては、一一六〇年頃のプラケンティヌスの来訪を通じて明らかにボローニャの流れをくんでいる。ボローニャはすべての大学の中でもっともよく知られ、またきわだって重要な大学である。

ボローニャ大学は、前の章で述べた[7]ローマ法の復活の直接の結果として出てきたものだが、イタリア最古の法律学校だったとは思われない。ほかにボローニャに先立つものが、ローマ、パヴィア、そして近くのラヴェンナにもあった。しかし、これらはいずれも大学にまでは発展しなかった。ここにあげた十一世紀の学校の歴史はぼんやりとして定かでなく、また、せめてローマぐらいは大学になってもよさそうなのにそうではなかったのはなぜか、それもはっきりしない。最初の学校ではなかったにせよ、ボローニャには地の利があった。北イタリアの交通の要衝で、フィレンツェから北に向かう街道がアペニン山脈の北側を走るエミリア街道と交差している。今でもここは同じルートを通る鉄道の分岐点になっている。勉強するのに便利で豊かな場所、とこの大学の人たちには見えたのだろう。早くも一一五五年に、なぜこの大学を好むのかという皇帝の問に対して、次のように答えている。

王よ、私たちがこの地に住むのは、必要な物が豊富で、本を多く読むにも適しているからです。

Nos, ait, hanc terram colimus, rex magne, refertam Rebus ad utendum multumque legentibus aptam.

十一世紀のボローニャには少なくともひとりのすぐれた法律家ペポがいたが、むしろこの町は法律に関連する学問、修辞学の面で昔からきわだっていた。十二世紀の一〇年代になると、サマリアのアルベルトゥスなる人物が学生と契約をかわして書簡文作法（dictamen）の学校を、クレモナではなくここボローニャで始め、法律よりはむしろ修辞学、文法、新しいフランス神学の勉強のあかしになるような書簡の書き方を生徒に教えている。十二世紀中頃の同じような書簡でもやはり修辞学が重きを占めている。書簡作文術（ars dictandi）は、ボローニャからフランスに伝えられるのである。しかし、イルネリウスの時代からは、ボローニャの名声は法律の分野に移り、りっぱな教師としっかりした方法を持つ法律学校としてのこの評判が、遠方から学生を集めることになった。

外国、特にアルプスの彼方の学生のこの集団が、ボローニャ大学の中核を形成していた。家を離れて寄るべのない彼らは、互いの利益と自衛のために組織をつくった。町の住民の譲歩を得るためには、町から立ち去ることをおどしのたねにしたが、大学がどこか一ヵ所に定着せざるをえないような建物も住居もまだ持っていない時代だけに、このおどしを実行に移すのはいともたやすいことだった。そして学生は、宿泊と書物の値段をきめる権利を自分たちのギルドのために早々と勝ちとったが、これは大学の形成にはっきりした一歩をしるすものである。教授に対しては、ボイコットを武器に使う。教授の収入が学生の払う授業料に左右されていた時代だから、これはなまなかの損害ではない。教授は、払った金に見合う授業を求める学生の要望にこたえて、次第にこまかい監督と規則に従って授業をおこなわないわけにはいかなくなった。教授の方もギルドを持っていて、自分たちの仲間に入る許可を規制することで、学位に相当する教授免許の条件を定めた。これら二種類のギルドから、さまざまな教育制度が生まれてくる。しかし注目に値するのは、ボローニャでは、教授のギルドはコレギウム（カレッジ）と呼ばれ、ウニヴェルシタス（ユニヴァーシティ）という名称は学生のギルドに使われたことである。学生のギルドは多分四つあったが、最終的にはTransmontane《トランスモンタネ》（アルプスの彼方）とCismontane《チスモンタネ》（アルプスの此方）の二つだけになり、実際にはこれらが大学を作りあげていた。この組織は、十二世紀の最後の二十五年間に、町のほかのギルドを模範として徐々に形をととのえてきたものと思われる。ボローニャも建学の憲章を持っていないのである。学生が普通の世俗の裁判を免除される一般的特権は、フリードリッヒ一世が一一五八年に発布した勅令、通称「アウテンティカ・ハビタ」(Authentica Habita) に基づいている。ところで、ボローニャの法学者がこの特権を確保するために積極的に動いたことは疑いもないし、ボローニャの学生も三年前に行列を作って皇帝を歓迎したが、「ハビタ」にはどの「学問所」(studium) も特定されていない。これは、北イタリアの学生全部に妥当する根本的な規則と考えられた。明らかにボローニャには創設者がいないのと同じく創設の年もない。したがって、よりによって一八八八年に創立八百年のお祝いをすべき正当な理由はない——最古の大学も、新しくできたぽっと出の大学と同じく何周年記念やらお祝いやらをしなければならぬというなら話は別だが。「学識豊かなボローニャ」(Bolonia docta) と一一一九年にすでに言われていて、以来ボローニャはずっと学問の中心なのだ。

ボローニャも大学の母で、パリが北ヨーロッパでそうだったように、南ヨーロッパの高等教育機関を生み出したわけだが、モンペリエにいくらかボローニャの影響があったことは別として、その娘たちが果たして十二世紀にこの世に生まれたかどうかは明らかでない。しかし、十三世紀の最初の四半世紀にはボローニャのお隣のライバル、パドヴァの設立を見る。一二二二年のこと、ボローニャから分かれてできたのである。そのほか一々名前をあげるには及ばないかもしれないが、さして重要ではないながら時期的には早いものとして、モデナ、レッジョ、ヴィチェンツァなどがある。ナポリのフリードリッヒ二世の大学は、一二二四年に、シチリア王国の学生を故国にひきとめておく目的で、ボローニャの教師の協力でつくられた。また最古のスペインの大学として、パレンシア、そしてこの頃にはサラマンカにもできていただろう。北イタリアでは、この増殖は、パリからオックスフォードができたのと同じく分裂によっておこなわれ、いずれの場合もボローニャの組織が踏襲された。またこれら後続の大学はだいたい法科大学である。

十二世紀の大学のカリキュラムや研究方法については、一般的なことしか言えない。この時期には学則もなければ、ソールズベリーのヨハネスがシャルトルの学校のことを書いたように、こまかく大学の教育を説明した人もいないからである。教育内容に関しては、大学の授業はほとんどがテキストの注解である講義と、丹念なノート取りと、討論、ディベートからなっていた、と大ざっぱな言い方で満足するほかない。こういった授業は、教師の自宅か、そのために借りたホールでおこなわれた。大学の校舎や教室はまだなかった。勉強の課程についてはもう少しはっきりしたことが言える。おもな教科書が別の方面からわかっているし、一二〇〇年頃には、おそらくアレクサンデル・ネッカムから出たものと思われるが、いくつかの科目で使われた作品の系統的な記録がある。七自由学芸の中では、プリスキアヌスとドナトゥスが相変わらず文法の権威者で、補足的に古代の詩人や修辞家が取りあげられていたが、論理学はアリストテレスの『新論理学』で大きくふくれあがり、さらに彼の科学や『形而上学』も付け加えられようとしていた。数学と音楽は依然としてボエティウスに基づいている。しかし、エウクレイデスの幾何学とプトレマイオスの天文学に関するアラビアの要約が広く使われるようになっていた。市民法では『ローマ法大全』、教会法ではグラティアヌスの『法令集』(*Decretum*) とその後の教皇たちの法令が、すべての教育の基本だった。医学は、アラビア語からの初期の翻訳によるガレノスとヒポクラテスに基づいていて、アヴィセンナはまだ使われていない。神学の教科書は聖書——それにしても高くつく教科書ではあった。そして、ペトルス・ロンバルドゥスの『命題集』(*Sententiae*) がその補いとなった。

これら初期の大学の人物面についてもいくらか記録が残っている。イルネリウスはどちらかというと定かならぬ人物だが、世紀の後半の彼の後継者たちはもっとはっきりしている。

アベラルドゥスは自叙伝のおかげで、結構よく知られている。それは自作の詩のあるプリマスも同じである。重要度の低い人物の中では、ギラルドゥス・カンブレンシスはごくごくおなじみの人。学生については、個人的な記録はほとんどないが、全体的なものはたくさんある。学生は風刺の対象としては、七年間パリで勉強してもやはり前と同じようにべーべーいなないたという、ナイジェル・ウィレカー描くところのロバとなり、同情の対象としては、灰色の耐乏生活を送るという、『アルキトレニウス』に描かれた貧乏書生となる。ある学生はどう見てもH・G・ウェルズの慨嘆する「勉強一途の学者タイプ」であり、ある学生はどんなテストにも合格しそうなほど血気さかんである。早くから自分自身を手紙や詩にうつし出していて、ゴリアルディの詩に描かれたその姿は、陽気で気まま。「財布も軽く、心も軽く」楽しくのんびり、学校を渡り歩き、路傍の居酒屋で互いにあいさつをかわしては、町から町へ、門《かど》から門へ乞食道中をつづけている。

おれたちゃ流れ者
楽しく費《つか》おう
　タラ　タンタラ　テイノ

たらふく食って
浴びるほど飲んで
　タラ　タンタラ　テイノ

笑って腹裂け
まとうはボロきれ
　タラ　タンタラ　テイノ
ふざけてきりなし
飲んでも底なし
　タラ　タンタラ　テイノ

おれは若者、流浪の書生
　生まれついての苦労と涙
貧に追われて
　気も惑う。

文を学び知識を求め
　身につけたいは山々なれど
ぜ、に、こがなくては
　かなわぬ望み。

身にまとったこのボロ服は
　うすくペラペラ破れがひどい
火の気とぼしく
　寒さがしみる。

教会通いはめったになく
　神の賛美も歌えはせぬ。
ミサも晩課もごぶさただが、
ほんとはおれは好きなんだ。

あゝ、町の誇りの……様
　宜しくおたのみ申します
窮する者をお助けあれ。
　さすれば報いもございましょう。

学生の手紙には、シャルトルの手紙の控えにあるような純真なチョークと羊皮の注文から、オルレアンの書簡文教師の手になる洗練されたラヴレターにいたるまで、さまざまな学生の姿が描かれている。パリやオックスフォードの町の連中にいためつけられ、モンペリエの医学と気候をほめたたえ、ボローニャの泥道を物乞いして歩き、金と必需品を送れと自宅に言葉巧みに心巧まず筆をとり、父親の叱責には左のほほを向け、母親の愛情にあの手この手で訴えかけ、友だちからプリスキアヌスを借用し、先生も上々、勉強の内容も上々とほめそやし……一二二〇年頃にオックスフォードから差出された次の一例を見れば十分だろう。

Bより A尊師へ、ごあいさつ申し上げます。私こと、ただ今オックスフォードにおいて一心に勉学をつづけておりますが、金銭の問題が私の教師昇進に大きな妨げとなっております。お送りいただいたお金は使いきってもう二ヵ月たちました。当地は物価が高く、いろいろ出費がかさみます。部屋を借りたり、必要品を買ったり、そのほかいちいち申しあげられませんがたくさんのものを用意しなければなりません。このようなわけで、どうかとうといあわれみの心にうながされてお助け下さいますよう、伏してご温情におすがり申しあげます。そうすれば、はじめはうまくいっていたものをきっとりっぱにやりとげられると思います。ケレス（穀物の神）とバッコス（酒の神）がいなければアポロも冷たくなることを、お心にとめられますよう……

これ以後のあらゆる時代の学生の姿がここにある。新しい大学生活の存在がたしかにうかがわれる。

この学生層は不思議なほど流動的で、また、国家が形成過程にあった時代にこんな言葉を使っていいかどうか知らないが、ふしぎなほど国際的でもある。ボローニャにはイギリス人の大助祭、ドイツ人の市民法学者がいた。パリにはスウェーデン、ハンガリー出身の聖職者のみならず、イングランド、ドイツ、イタリア出身者もいた。司教座聖堂付属学校さえ、アルプスのかなたから、狭い海の向こうから学生をひき寄せた。その上、同じ学生が二つ以上の大学に学ぶことがある。世紀のはじめにはマインツのアルベルトゥスが、世紀の終わりにはギ・ド・バゾシュが、いずれも北のパリと南のモンペリエを訪れている。ソールズベリーのヨハネスの師のひとりは、パリからボローニャにおもむいて、今まで教えていたことを勉強し直し、次にもどってきた時にはそれと逆のことを教えた。ロバのブルネルスがサレルノからパリに移ったただひとりのイングランド人学生だったということはよもやあるまい。ストゥディウム・ゲネラーレの国際的な学生は、十二世紀という国際語の時代、国際文化の時代の必然の申し子である。

原注

第Ⅰ章

(1) New York, 1920
(2) E. J. Passant, *Cambridge Mediaeval History*, v. 331.
(3) James Bryce, *The Holy Roman Empire*, edition of 1909, p. 80.
(4) *The Mediaeval Mind* (1925), i. 286.

第Ⅱ章

(1) Dom Butler, *Cambridge Mediaeval History*, i. 538.
(2) *De Kloosters* (The Hague, 1916), pp. 294-295.
(3) *Atlantic Monthly*, cxxxv. 190 (1925).
(4) E. A. Lowe, *The Beneventan Script* (Oxford, 1914), p. 12.
(5) その内容については、拙著*Normans in European History* (Boston, 1915), pp. 178-180参照。
(6) A. A. Porée, *Histoire de l'abbaye du Bec*, i. 539-540.
(7) A. Hauck, *Kirchengeschichte Deutschlands*, iv. (1903), p. 449
(8) E. Vacandard, *Vie de Saint Bernard*, i. 54.
(9) W. Stubbs, *Seventeen Lectures on Mediaeval and Modern History* (1900), p. 164.
(10) An archidiaconus possit salvus esse.
(11) Stubbs, *Seventeen Lectures*, pp. 168-169.
(12) V. Rose, "Ptolemaeus und die Schule von Toledo," in *Hermes*, viii. 327 (1874).
(13) 第八章を見よ。
(14) E. G. Browne, *Arabian Medicine* (Cambridge, 1921), pp. 79-80.
(15) Mary Bateson, *Mediaeval England* (New York, 1904), p. 174.
(16) 第八、九章参照。
(17) H. Pirenne, Medieval Cities (Princeton, 1925), pp. 127-128.
(18) 第九章を見よ。

(19) Les légendes épiques, second edition (Paris, 1914-21), iii. 367.

(20) R. L. Poole, *The Early Correspondence of John of Salisbury* (British Academy, 1924), p. 6.

第三章

(1) *Five Centuries of Religion*, i (Cambridge, 1923), p. 21.

中世のプラトニズムについては、第十一章を参照。

(2) W. Wattenbach, Das Schriftwesen im Mittelalter, third edition (1896), p. 441.

(3) M. Bateson, *Mediaeval England*, p. 214.

(4) 一二九頁参照。

(5) *Wanderings and Homes of Manuscripts*, p. 38.

(6) 恰好の例として *Orderic Vital et l'abbaye de Saint-Évroul, notices et travaux* (Alençon, 1912), plate i. の中の図書目録を見よ。

(7) W. P. Ker, *The Dark Ages* (New York, 1904), p. 136.

(8) *Rotuli litterarum clausarum*, i (London, 1833), p. 108 (29 March, 4 April, 1208).

(9) R. L. Poole, *Lectures on the History of the Papal Chancery*, p. 151.

(10) 第八章参照。

第四章

(1) J. E. Sandys, *History of Classical Scholarship*, i, 3d ed. (Cambridge, 1920), p. 618.

(2) Dist. '37, c. 7.

(3) 第五章参照。

(4) Policraticus, vii, c. 9.

(5) R. L. Poole, *Illustrations of the History of Medieval Thought and Learning* (1920), p. 102.

(6) D. Comparetti, Vergil in the Middle Ages (London, 1895), p. 74.

(7) *Erec*, ed. W. Foerster (second edition, Halle, 1909), 5339-46.

(8) MS. Pal. Lat. 957, ff. 97-184 v.

(9) MS. Lat. 7647, ff. 34-185 v.

(10) F. M. Nichols の英訳による。

(11) F. Gregorovius, *History of the City of Rome in the Middle Ages*, tr. Hamilton, iv. 659.

(12) 同書。iv. 686.

第五章

(1) *Seventeen Lectures*, p. 175.

(2) Haskins, *Mediaeval Science*, p. 361.

(3) *Metalogicus*, i, c. 24: cf. A. O. Norton, *Readings in the History of Education*, pp. 31-33.

(4) *Materials for the History of Thomas Becket*, edited by J. C. Robertson for the Rolls Series, iii (London, 1877), pp. 4-5.

(5) Vatican, MS. Reg. Lat. 1222, ff. 37v-39v.

(6) Bruges, MS. 549, f. I.

(7) L. von Rockinger, *Ueber Briefsteller und Formelbücher* (Munich, 1861), p. 40.

(8) Ed. L. Delisle, in *Annuaire-Bulletin de la Société de l'Histoire de France*, 1869, pp. 149-150.

(9) Bibliothèque Nationale, MS. Lat. 1093, ff. 68-69.

第六章

(1) *The Classical Heritage of the Middle Ages* (New York, 1901), pp. 246-247.

(2) *Analecta hymnica*, xx. 7.

(3) Hauréau, *Les mélanges poétiques d'Hildebert de Lavardin* (Paris, 1882), pp. 60-61 より。

(4) H. O. Taylor, The Mediaeval Mind (1925), ii. 121. にこの詩の詳細な分析がある。

(5) *The Liturgical Poetry of Adam of St. Victor*, tr. by D. S. Wrangham, i. 176f.

(6) J. M. Manly, in *Modern Philology* iv. 594.

(7) J. A. Symonds, *Wine, Women and Song* (Portland, 1899), p. 49. より重訳。

(8) 第五章一四三頁参照。

(9) P. S. Allen, in *Modern Philology*, vi. 19 (1908).

(10) Text in M. Manitius, *Die Gedichte des Archpoeta* (Munich, 1913), pp. 24-29.

(11) P. Lehmann, *Parodistische Texte* (Munich, 1923), no. Ia; cf. E. Emerton, *Mediaeval Europe* (Boston, 1894), p. 475.

(12) *Latin Poems commonly Attributed to Walter*

Mapes, ed. by Thomas Wright (London, 1841), pp. 273-274.

第七章

（1）『アエネイス』第六巻八四七―八五三行。泉井久之助訳。

（2）Pollock and Maitland, *History of English Law*, i. III.

（3）Paris, Bibliothèque Nationale, MS. Lat. 4489, f. 102; Savigny, *Geschichte des römischen Rechts im Mittelalter*, iii. 264, 541, 553; cf. Rashdall, *Universities*, i. 219.

（4）P. Vinogradoff, *Roman Law in Mediaeval Europe*, p. 53.『貧者の書』のウースター写本からとった挿絵がある。

（5）Pollock and Maitland, *History of English Law*, i. 123-124.

（6）F. W. Maitland, *Roman Canon Law in the Church of England*, p. 100.

（7）Maitland の英訳による（*History of English Law*, i. 165）.

第八章

（1）これが『年代記』『歴史』両者の手稿本に関する定説である。ただし、最近の研究はヴァティカン写本一九五八の権威も主張している。

（2）Monumenta Germaniae Historica, Scriptores, i. 73. 間の年は空白のまま残されている。

（3）P. Riant, *Exuviæ sacræ Constantinopolitanæ* (Geneva, 1877-78), i. 104-122. cf. D. C. Munro, *The Fourth Crusade* (Philadelphia, 1901), pp. 16-18.

（4）H. Denifle, La désolation des églises en France (Paris, 1897-99), i. 167.

（5）*Gesta Friderici*, ii. 13.

（6）Ed. Duchesne, ii. 388-397.

（7）W. Stubbs, ed. *Gesta Regum* (1887) の序文。i, p. x.

（8）*Chroniques des Comtes d'Anjou*, ed. L. Halphen and R. Poupardin (Paris, 1913), pp. 235-237.

（9）Five Centuries of Religion, i, 35 ff.

(10) Migne, *Patrologia Latina*, clxxxii, 916.
(11) H. B. Clarke, *The Cid Campeador* (New York, 1897), p. iv.
(12) William of Tyre, xx. 10. cf. D. C. Munro, in *Essays on the Crusades* (Burlington, 1903), p. 28.

第九章

(1) *Byzantine History in the Early Middle Ages* (London, 1900), pp. 36-37.
(2) *Two Essays* (Glasgow, 1918), p. 23.

第十章

(1) *An Encyclopedist of the Dark Ages*, pp. 67-68.
(2) J. K. Wright, *Geographical Lore of the Time of the Crusades*, p. 77.
(3) Wright, p. 257.
(4) T. O. Cockayne, Leechdoms (Rolls Series), ii. 19-21, 105, 113-115.
(5) フランス語版はH. Derenbourg (Paris, 1895). D. C. Munroによる翻訳で *Essays on the Crusades* (Burlington, 1903), pp. 19-20による。E. G. Browne, *Arabian Medicine*, pp. 69-73も参照せよ。
(6) E. Mâle, *L'art religieux du XIIIe siècle en France*, third edition (Paris, 1910), pp. 70-71.
(7) Vatican MS. Reg. Lat. 1286, ff. 43-50V; MS Barberini Lat. 12, ff. 98-110.
(8) Robert Steele, *Mediaeval Lore*, p. 65.

第十一章

(1) Histoire de la philosophie médiévale (1924), i. 177-178.
(2) G. F. Moore, *History of Religions*, ii (New York, 1919), p. ix.
(3) Taylor, *The Mediaeval Mind* (1925), ii. 90.
(4) R. L. Poole, *Illustrations of the History of Medieval Thought and Learning* (1920), p. 204.
(5) J. B. Bury, *History of Freedom of Thought* (London and New York, 1913), p. 52.
(6) E. Gilson, Études de philosophie médiévale (Strasbourg, 1921), pp. 56-57.

第十二章

（1）*Metalogicus*, ii, 10. 英訳はR. L. Poole, *Illustrations of the History of Medieval Thought and Learning* (1920), pp. 177-186.

（2）第四—五章を見よ。

（3）第四章、第五章、および三五一頁—三五四頁のソールズベリーのヨハンネスの引用文を参照せよ。

（4）第十一章参照。

（5）*Universities*, i. 289.

（6）Rashdall, *Universities*, ii. 341.

（7）第七章参照。

（8）オドフレドゥスの講義については二〇一頁—二〇二頁を見よ。

解説

朝倉文市

本書の著者チャールズ・ホーマー・ハスキンズは、一八七〇年（明治三年）十二月二十一日、ペンシルヴァニアのミドヴィルに生まれた。彼は、幼少の頃から古典語やいくつもの外国語を修得した。五、六歳ですでにラテン語とギリシャ語を父親から学んだという。そして十六歳で彼は、ジョンズ・ホプキンズ大学を卒業したというから、真に天才少年であった。その後パリとベルリンに留学、帰国後は、母校ジョンズ・ホプキンズ大学で教鞭をとる。この時彼はまだ二十歳になっていなかったが、すでにアメリカ史の研究で博士号を取得していた。一八九〇年には、ウィスコンシン大学へ移り、ここでヨーロッパ中世史を講じた。一九〇二年にはハーヴァード大学に招聘され、その後病気でやむなく引退する一九三一年まで、約三十年の歳月をハーヴァードで研究と教育をして幾つもの学会で指導的な役割を演じた。引退してから六年後の一九三七年五月彼は、ケンブリッジにて六十七年の生涯を終えた。

彼の本格的な中世史研究は、パリ留学と共に開始され、その主なものは、書簡に表われた中世の大学生についての研究である。この独創的な研究は、当然ながら古文書資料を扱う歴史の基本的な研究姿勢を示すものでもある。なおこの研究は、一九二三年にブラウン大学での三回に渡る講演『大学の起源』*The Rise of Universities*, Originally given as the Colver Lectures in 1923 in Brown University（Cornell Univ. Press, Ithaca, New York, 1957）にまでつながる彼の一貫した研究課題でもあった。その後は、もっぱら北フランスのノルマン諸制度の研究に興味を示した。これらの成果は、後の大学での講義ともなり、また次のような著作として刊行された。つまり、*The Normans in European History*, 1915と*Norman Institution*, 1918がそれである。

その他、ハスキンズの興味と関心は、科学史と思想および学問文化の分野であり、主として十一世紀から十三世紀のヨーロッパ文化の最も創造的な時代に集中して向けられた。その成果は、学術雑誌や記念論文集に発表されたが、その多くは、基本的な文書研究に基づく極めて優れた研究論文であり、従って、中世ヨーロッパ文化の多種多様な諸問題に新鮮な空気とインパクトを与え続けた。これら多数の論文の主要な論考は、二冊の論文集として、つまり、*Studies in the History of Mediaeval Science* 1924, Harvard Univ. Press と *Studies in Mediaeval Culture*, 1929, Oxford に収められ刊行されている。

これらの専門的な論文に加えて、優れて総合的な歴史叙述として今日もなお古典的な名著として広く読まれているのが、『十二世紀ルネサンス』（注・本書）である。ハスキンズの友人であったイギリスの歴史学者F・M・ポウイックは、彼のこの著作をして「ハスキンズは自説の《普及者》（popularizer）となることを選んだ」と指摘しているが、彼は歴史叙述家としても極めて優れた文人であったことを看過してはならない。なぜなら、今日日本語に翻訳されたヨーロッパ中世史の歴史叙述であるドウソン『ヨーロッパの形成』（一九三二年）、ピレンヌ『ヨーロッパ世界の誕生』（一九三七年）、ジェニコ『中世の世界』（一九五〇年）、サザーン『中世の形成』（一九五三年）等々、およびその他の著作と比較しても優るとも劣らない名著であり、かかる意味では、フランスの優れた中世史家ジュオン・デ・ロングレの言葉を引用しながら指摘したコーネル大学のS・E・モムゼンの言葉を借りれば、「チャールズ・ホーマー・ハスキンズは真に合衆国における中世研究復興の中心人物であったと言っても過言ではない」と言う。しかしここではむしろ世界における中世史家と言っても決して過言ではないと言うべきであろう。

このようにハスキンズは、優れた中世史の著者であり、また専門的な学者であると同時に卓越した歴史叙述家でもあった。そして今一つ忘れてならないのは、彼はまた偉大なる教育者であったことである。一九〇二年以来、ハーヴァード大学での三十年間における彼は、大学行政に参与するかたわら数多くの優れた研究者を養成した。これは、次の一事をもってしても明らかである。つまり、一九二九年にハスキンズの教職歴四十周年を記念して献呈された論文集、*Anniversary Essays in Mediaeval History by students of Charles Homer Haskins*, Presented on his completion of forty years of teaching (Boston and New York, 1929) には、男女十八人からなる彼の弟子たちの研究論文が収録されている。その中には後に著名な歴史学者となる多数の人々が含まれていた。

このようにみてくると、ハスキンズという中世史家は、独創的な学者であり、また偉大なる教育者であり、卓越した歴史叙述家という稀に見る人物であったことが理解されるのである。ときあたかも、彼の活躍した時代は、アメリカにおける本格的な中世史学会の成立期に当り、歴史学界の指導的かつ中心的人物として活躍したことが知られる。

さて、『十二世紀ルネサンス』は、今日、いかなる意義を有し、どのように評価されているのだろうか。ハスキンズが本書で取り上げた十二世紀ルネサンスの内容とは、ラテン語古典の復活、法学の復活、ギリシアとアラビア語からの翻訳、科学の復興、哲学の復興、大学の起源等々からみられるように、ルネサンス現象を遡って「中世」のなかに求めようというものであった。「この本の題を見て矛盾もはなはだしいと思う人がさぞかし大勢いることだろう。十二世紀にルネサンスとは何ごとだ！ あの無知と沈滞と陰惨の時代、中世と、あとにつづくイタリア・ルネサンスに見られる光と進歩と自由をくらべればまるで天地の差があるではないか。人びとがこの仮の世の喜びと美しさと知識にはまるで関心がなく、来世のおそろしさにばかり目をすえていた中世に、どうしてルネサンスがありえよう……」。この著者自身の言葉にみられるように、かつての中世理解を大きく転換させたばかりでなく、十二世紀のラテン文化を中心に、この時代の文化を総合的に捉え、叙述した最初の古典的名著である。そして、歴史概念としての「十二世紀ルネサンス」を定着させたのも実は彼ハスキンズであった。それにはいま一つの要素、つまり叙述の格調をもった文体と平明かつ明快さであろう。したがって、この分野で最も広く読まれた著作であり、中世歴史学に与えた影響もそれだけに大きかった。こうして本書は、中世認識の一般化にみごとに成功した画期的な名著であり、また第一次大戦後の研究を代表する金字塔となることができたのである。

ところで、「ルネサンス論」はともかくとして、この言葉は、単なる再生、復興、再建などと翻訳されるけれども、本書においてもみられるように、決してただそれのみならずその反面には創造的な側面を明確に看取していたことが細心の注意をもって読む者には看て取ることができる。一九二三年にブラウン大学で行なった講演の第一声は、「大学は司教座大聖堂や議会と同様に、中世の産物であります」と言う時、この言葉は、第二次大戦後において初めて「ヨーロッパは近代に始まるのではなく、中世に始まるのだ」という現代の新しい自己認識に相通じるものがある。すなわち、十二世紀は、単なるルネサンスではなくヨーロッパ世界の決定的な成立期として注目されることになる。「十二世紀がヨーロッパ史上、最も建設的な時代の一つであったことが理解できるし、歴史家たちもまたそれに次第に注目しつつある」と言うバラクラフの指摘する通りである。

十二世紀は、ヨーロッパの覚醒期、学問や思想文化のみならず、政治経済や宗教、社会生活に至るあらゆる側面において革新的な変貌をとげた時代と言える。オランダの文化史家ホイジンガは早くも一九三五年「もし、西欧キリスト教文化は結局どの時代にその形成を、その形態を決定づけたか、と問われたなら、十二世紀を挙げなければならない。十二世紀は他に例を見ないほど創造的な、造型的な時代」であったという。またマルク・ブロックは「ほぼ一〇五〇年から一二五〇年までヨーロッパの様相を一変した時代」として捉えている。

四〇年代末には、ウィーンの文化史家F・ヘーアは、「ヨーロッパは十一、十二世紀の間に成立した。……十二世紀こそは、まさに新しいヨーロッパの最初の世紀と呼ばれるべき世紀である。ヨーロッパ史の本質的な特徴は、この世紀にはじめて目にみえる形で明らかになった」という。五〇年代は主としてイギリスの歴史家たち、サザーン『中世の形成』（一九五三）とバラクラフ『転換期の歴史』（一九五五）にとっても十二世紀はまた創造的で転換の時代であった。そして、一九五七年ウィスコンシン大学でのシンポジウムの成果として刊行されたのが『十二世紀ヨーロッパと近代社会の基盤』(一九六一)である。ここでは、「ルネサンス」の代りに「基礎づけ《ファンデイション》」が選ばれている。その理由として、十二世紀が「もうひとつのルネサンスといって済ませるものではない」とし、「しかも、より重要なことは、十二世紀が文化のあらゆる側面において活発で、創造的で革命的でさえあったという事実である――そしてこのことはハスキンズも同意するに違いない」としている。このように十二世紀は、事実上近代ヨーロッパの成立期としてもはや否定することの出来ない決定的また重要な時期として認識されることになったのである。

さらに、一九七七年十一月著者ゆかりの地ケンブリッジでハスキンズの『十二世紀ルネサンス』刊行五十周年を記念して企画された研究討論集会の成果を集成した、ベンソンとコンスタブル共編による八百ページの大著『十二世紀におけるルネサンスと刷新』(*Renaissance and Renewal in the Twelfth Century* ed., by R. L. Benson and G. Constable, Harvard U. P., Oxford, 1982) は、「ルネサンスと刷新」と題して、きわめて調和のとれた伝統と創造の意味を強調している。G・B・ラドナーの巻頭論文「刷新の用語と理念」(Terms and Ideas of Renewal) から受ける印象もまた同様である。

しかしながら、「あまりにも安直に〈起源研究〉(Quellenforschung) を弄んできた。神のみが真に創造できるのであり、……人間はと言えば、これは受けとった材料を、与件を、遺産を変えうるに過ぎない。人間の所産とは一見いかにそれが独創的に思えようとも、必ず源となるものがある。たしかに歴史家にとって重要なことは、芸術家……の営為の出発点となり、手段となった材料の何たるかを決定することだが、しかし遥かにそれより重要なのは、それらの材料の使われ方を知ることである」と言うアンリ・マルーの言葉を思い出させるものがある。

この大著はまた、ハスキンズがその考察から除外した分野、例えば、十二世紀ルネサンスの社会的基盤、建築学や芸術、俗語文学、政治思想、彫刻や絵画、宗教問題、教会法等々をも論考して、あたかもハスキンズの著作を補強しているかの如くである。

中世＝ヨーロッパの形成・確立の時期を十二世紀に求める歴史家たちの中世論は、理論的には厳しい批判をあびながらも、現実には「中世学者の反乱」とか「根掘り論者」と呼ばれる中世ルネサンス論を通して生れてきたことを看過してはならない。先に指摘したベンソンとコンスタブル共編の大著は、はからずもこのことを暗示しているかのようにさえ思われる。つまり、ルネサンス論から中世論への研究過程は、近代ヨーロッパ文化の基盤としての中世論へと拡大してきた。科学史におけるホワイトの『機械と神』、文学史では、クルティウスの『ヨーロッパ文学とラテン中世』、H・フォシヨン『ロマネスクの彫刻』、エミール・マール『フランス十二世紀の宗教美術』、政治思想の分野では、ダントレーヴ『政治思想への中世の貢献』、G・ポースト「中世の法と政治――芸術品としての中世国家」は、「ブルクハルトに対する考えぬかれた明白な挑戦である」（モラル）。ウルマン『中世における個人と社会』など枚挙にいとまがない。

このように、過去を説明する歴史家の仕事は、過去を現在に関連づけることができるとき、最高の満足に浸ることができる、と言うウルマンの言葉にいささかひかれるものを感じる。

主要参考文献

堀米庸三編『西欧精神の探究』日本放送出版協会、一九七六年。

堀米庸三『歴史と現在』中公叢書、一九七五年。

ルゴフ（柏木・三上訳）『中世の知識人』岩波新書、一九七七年。

アンリ＝ダヴァンソン（新倉訳）『トゥルバドゥール』筑摩書房、一九七二年。

ホイジンガ（里見訳）『文化史の課題』東海大学出版会、一九六五年。

ハスキンズ（野口訳）『十二世紀ルネサンス』創文社、一九八五年。

W・ウルマン（朝倉訳）「中世教会史研究の意義」『思想』岩波書店、一九八一年。

Erwin Panofsky, "Renaissance and Renascences in Western Art," *Kenyon Review*, VI (1944)

Urban T. Holmes, "The Idea of a Twelfth-Gentury Renaissance," *Speculum*, XXVI (1951)

W. A. Nitze, "The So-Called Twelfth-Century Renaissance," *Speculum*, XXIII (1948)

W. K. Ferguson, *The Renaissance in Historical Thought* (Boston, 1948)

C. Brooke, *The Twelfth Century Renaissance* (London, 1969)

Hollister C. Warren, ed. *The Twelfth-Century Renaissance* (New York, 1969)

Sidney R. Packard, *12th Century Europe. An Interpretive Essay* (The Univ. of Massachusetts Press, 1973)

Warren Treadgold, ed., *Renaissances Before the Renaissance. Cultural Revivals of Late Antiquity and the Middle Ages* (Stanford University Press, 1984)

原本あとがき

今でこそぼくは翻訳の専門家ということになって、その関連の仕事にあけくれているが、もともと比較文学（英文学と西洋古典文学の境界領域）が専門である。そして、興味のおもむくままあちこち首をつっこむのが好きで、そのひとつの対象となっていたのが中世の世俗ラテン詩だった。「アルキポエータ」の論文を書いたり、『世界文学小辞典』（新潮社）の中世詩関係項目の執筆を依頼されたのは、もう四半世紀も前のことになるが、そのころヘレン・ウォッデルの名著『遊歴書生』（Helen Waddell; *The Wandering Scholars*）を読んでいたことを、かつての同僚朝倉文市氏が知って、ぜひ訳出するようにすすめてくださった。ぼくとしてもできればその気もないではないのだが、なにぶん華麗難解な文体の持主だし、内容も一筋縄ではいかないし、それよりもむしろまだ翻訳されていないのがふしぎなハスキンズの『十二世紀ルネサンス』に手をつけるのが先ではないかと私見を申しあげたところ、結構でしょうとみすず書房を紹介してくださった。それが本書誕生のそもそものきっかけである。実際に作業にとりかかったのはいつだったかもうはっきり覚えてはいないが、七、八年前ではなかったろうか。半年ぐらいで脱稿したが、版元の内部事情で今日にいたった。

著者の経歴・業績、本書の内容・意義についてはすでに朝倉氏の解説があるので、ここには翻訳についてのコメントを記すにとどめる。解説にも触れられているとおり、ハスキンズはみずからpopularizerたることを選んだだけに、文章は平明でわかりやすい。もちろんどんなやさしい文章でも翻訳となればそれなりのむずかしさがあるものだが、とにかく英語そのものの理解に苦しむことはない。そして、読者サービスのつもりだろうか、冗談やしゃれもとばせば、学生の愉快な言動を紹介したり、当時の世間のトピックを取りいれたりもする(したがって今日の読者にはピンとこないことも出てくる)。こういう軽み、精神のしなやかさを訳文に再現することのほうがむしろむずかしいかもしれない。ハスキンズに限らず、あるいはpopularizerであるなしにかかわらず、一般的傾向として欧米の学者の著書は日本のようにやたら堅苦しくこむずかしくはないもので、その点、翻訳にあたっても大いに心すべきことだとぼくはかねがね考えている。

地の文にはさしたる苦労はなかったものの、引用されている詩、とくに遊歴詩人の作品翻訳のむずかしさは並たいていではなかった。これらは自由奔放な詩心もさることながら、アクロバティックともいえる絢爛たる技巧が特徴であるだけに、単に字義を追った訳はほとんど無意味に近い。また文学の学徒の身としては、それだけではとても満足できない。書いては消し、消しては書きの連続だったがいまだにもの足りない部分が残っている。彼らの作品のおもしろさを一端でもくみとっていただければさいわいである。

もうひとつの苦労の種は固有名詞の表記。日本は原音主義をとっているが、ラテン語から各国語への過渡期にあたっているので、いったい何を原音とすべきか判断に苦しむ。たとえばアベラールかアベラルドゥスか。今日一般にはアベラールで通っているが、当時公にはもちろんアベラルドゥスだったということから、彼のみならずほかの人物についてもできるだけラテン式を採用したが、すべてにそれをあてはめることはできなかった。それならば地名もラテン語の呼称にしなければ、プリンシプルに反するが（たとえば、パリではなくルテチア・パリジオールム）、小さな都市は調べがつかないし、あまりにもペダンティックで読者には理解できなくなる。自由に自国語を使える欧米諸国がうらやましい。

翻訳はぼくひとりでおこなったが、歴史学者の書いた歴史の本だから、当然のことながら歴史の専門家である朝倉文市氏に全篇の校閲、用語の修正をお願いした。中世の詩の研究はもとよりとして、さらに昔をたどれば自然科学の学徒だったこと、カトリック信徒であり、かつ神学校でなかば修道院的な生活をしばらく送ったことなど、今までの人生経験が本書の翻訳に思いがけず役立ったが、もちろん不明の点は多々あって、科学史関係では畏友の村上陽一郎東大教授、ラテン語については大学の同僚エセイサバレナ教授、中世フランス語については同じく同僚の加藤恭子講師のご教示を仰いだ。第十一章は上智大学哲学科の大谷啓治教授に閲読していただいた。この場を借りてあつく御礼申しあげる。なお本書には野口洋二氏による創文社刊の先行訳があり、適宜参考にさせていただいた。

読者に対するお願いは、気軽に読んでいただきたいということである。中世にたいする関心が近ごろ大きくなったとはいえ、そして六十年以上も前にこんな本が出ているというのに、中世、とくに十二世紀にルネサンスと呼べるような創造的な文化隆盛期があったという事実は、まだまだ一般人の認識の中にはないだろう。これは歴史家の怠慢の結果ではないかとぼくは（部外者の気安さから）思っている。とにかく、わかりにくいところ、むずかしいところはとばしてでも読んでほしい。なるほど中世とは、十二世紀とはこんなおもしろい時代なのかと、わずかでも見えてくれれば、popularizer たらんとしたハスキンズの意図はなかば達成されるのではないだろうか。

一九八九年四月

別宮貞徳

文庫版あとがき

文庫版のあとがきといっても、内容の面では原本の解説やあとがきに新たにつけ加えるものはない。ただ一つ言いたいのは、相も変わらずで、「中世は暗黒ではありませんよ」だ。ところがあいにくなことに、いまだにそういう考えがあとを絶たないようで、つい先だっても、窮屈で自由がなく、いかにも暗く陰湿な環境・人間関係のドラマを見て「中世的ですね」と呟く御仁がいた。中世＝暗黒が固定観念になっているのだろう。しかし考えてみると、西洋史上中世と言われる期間は優に千年に及ぶわけで、とすると古代から現代までの半分は暗いトンネルを通っていたことになる。長い長いトンネル。そのトンネルを抜けるとパッとルネサンスの花が開いていた。いやいや、歴史の流れはそんなものではあるまい。

ルネサンスのすばらしさを際立たせるために、どなたかが先立つ中世をことさらに暗くしたのかと勘ぐりたくもなるが、実際はどうなのか。クリストファ・ドーソンはいみじくも言っている。「中世はルネサンスが継起する時代である」。そう、まずはカロリング・ルネサンス、つづいてオットー・ルネサンス、そして最後を飾るのがほかならぬ十二世紀ルネサンスで、勢い、それがクァトロチェント（十五世紀）の本番へとつながっていく。

その十二世紀の状況を前後関係を踏まえつつ説き明かしたのが本書ハスキンズ著『十二世紀ルネサンス』で、ページをひもとけば「ヨーロッパの力とエネルギーは今やあらゆる部門ですさまじいばかり……」「十二世紀には（カロリング時代とはちがい）文化の領域はヨーロッパの全域に及んでいた」「十二世紀は古代の学問や芸術の復活である以上に、古代をはるかに超える新しい生命、新しい知識の時代である」というような言明が随処に散見される。まさにこれヨーロッパの目覚めと言ってもいいのではないか。

実はこれが本文庫版の副題になっているのだが、文庫版読者のために特に釈明が必要なのはタイトルの問題である。みすず書房刊の原本は『十二世紀ルネサンス』だが、講談社の学術文庫にはすでに伊東俊太郎氏による同名の本がある。混乱を避けるためには変えざるを得ず、編集部と協議の末、『十二世紀のルネサンス』と一文字「の」を入れ、あわせて副題をつけることにした。「十二世紀ルネサンス」は史学のきまった概念であるだけに、「十二世紀の」と説明風にするのは間延びがしていささかの抵抗はあったのだが、そもそもその概念が生まれたのはハスキンズの著作が契機となったのだし、その著作のタイトルは The Renaissance of the Twelfth Century だから、「の」が入るほうが形としてはむしろ正しいのだと、今にして納得した次第である。

かくて当文庫には『十二世紀ルネサンス』と『十二世紀のルネサンス』が並存する形になったが、前者はイスラム文明とヨーロッパ文明の遭遇に主眼をおき、後者は主としてラテン文化の復興・興隆を取り上げていて、全く視点が異なる。両々相補って十二世紀の理解が一段と広く深くなるわけで、書架に二つ並ぶことは読者にとっても好ましいのではないかと思われる。

最後になるが、文庫化を容認して下さったみすず書房編集部、そして学術文庫への収録を推進して下さった講談社の稲吉稔、石川心両氏に厚く御礼申し上げる。
もう一つ。紙数の都合で索引をすべて削除したことをご容赦いただきたい。

二〇一七年夏

別宮貞徳

文書のコレクションは，12世紀は貧弱で，中でも最良の *Chartularium Universitatis Parisiensis*, ed. Denifle and Chatelain (Paris, 1889-97) は，1160年頃をはじめとし，それ以前のものを省いている。初期オックスフォード学校に関するおもなテクストは，オックスフォードの *Collectanea*, ii. 137-192 (1890) に手ぎわよく集められている。

12世紀の司教座聖堂付属学校のほとんどについて，専門的な研究はなお将来に待たれる。最良の成果は A. Clerval, *Les écoles de Chartres* (Paris, 1895); R. L. Poole, *Illustrations of the History of Mediaeval Thought and Learning* (second edition, London, 1920); "The Masters of the Schools at Paris and Chartres in John of Salisbury's Time," *English Historical Review*, xxxv. 321-342 (1929) である。そのほかに G. Robert, *Les écoles et l'enseignement de la théologie pendant la première moitié du XIIe siècle* (Paris, 1909); A. Hotmeister, "Studien über Otto von Freising," *Neues Archiv*, xxxvii. 99-161, 633-768. も見ること。イタリアの学校については，G. Manacorda, *Storia della scuola in Italia*, i (Milan, 1915) が有益。イギリスの学校については，A. F. Leach の著述（たとえば *The Schools of Medieval England*, London, [1915]）が情報豊富だが，利用には注意を要する。

学習内容に関しては，これまでの各章の文献書誌を見よ。ネッカムの目録は，拙著 *Mediaeval Science*, ch. 18 にある。学生の詩は第6章，手紙は第5章を見よ。学生の手紙一般について，私は *American Historical Review*, iii. 203-229 (1898) に論文を書いた。ボローニャのサマリア人アルベルトゥスは，*Mélanges H. Pirenne* (Brussels, 1926), pp. 201-210 にある。

hist. Klasse, 1924, no. 2 と *Miscellanea Ehrle*, i. 103-147; F. M. Powicke (*Mélanges Ferdinand Lot*, Paris, 1925, p. 656) といった最近の知見で補足する必要がある。カタリ派については，P. Alphandéry, *Les idées morales chez les hétérodoxes latins au début du XIIIe siècle* (Paris, 1903); E. Broeckx, *Le catharisme* (Hoogstraten, 1916) を参照のこと。ディナンのダヴィデについては，*Bibliothèque Thomiste* 中の G. Théry の一巻 vi (1925) を見よ。著者はダヴィデの学説をアマウリのそれとはっきり区別している。

中世政治思想史の標準文献は R. W. and A. J. Carlyle, *A History of Mediaeval Political Theory in the West*, i-iv (London, 1903 —) である。ソールズベリーのヨハンネスの *Pilicraticus* (ed. C. C. J. Webb, Oxford, 1909) の重要部分が John Dickinson のすぐれた序文付きで翻訳されている (New York, 1927)。ローマ法学者と教会法学者の政治理論については，O. Gierke, *Das deutsche Genossenschaftsrecht*, iii (Berlin, 1881) を見よ。

中世の宗教裁判の歴史は，H. C. Lea (New York, 1887　フランス語，ドイツ語版もある) が最善。その訴訟手続きは，Ch. V. Langlois, *L'inquisition d'après des travaux récents* (Paris, 1902) に分析されている。ローマ・カトリック側からの学問的で公平な記述は E. Vacandard, *The Inquisition* (New York, 1908) である。私は，北フランスにおける新しい訴訟手続きの初期の状況を *American Historical Review*, vii. 437-457, 631-652 で論じた。

第12章　大学の起源

中世大学に関する権威のある著作は，Hastings Rashdall, *The Universities of Europe in the Middle Ages* (Oxford, 1895) だが，新版が H. H. E. Craster と F. M. Powicke により進行中である。私も *The Rise of Universities* (New York, 1923) と題する大ざっぱな概説を書いた。画期的な著作 H. Denifle, *Die Universitäten des Mittelalters bis 1400*, i. (Berlin, 1885) はいまだに重要性を失わない。新しく出た *The History of the University of Oxford* by C. E. Mallet (London, 1924) は，大学の起源の問題で Rashdall につけ加えるものがまったくない。

バスのアデラルドゥスについては，拙著*Studies in Mediaeval Science*, ch. 2., フリードリッヒ二世については，同書 chs. 12-14 を見られたい。

第11章　哲学の復興

この時代の哲学の手引として，M. de Wulf, Histoire de la philosophie médiévale, i (5th ed., Louvain, 1924; tr., London, 1925) を使うとよい。A. Pelzer のすぐれた文献解説がある。もっと詳しい文献書誌は，Ueberweg-Baumgartner, *Grundriss der geschichte der Philosophie*, ii (tenth ed., Berlin, 1915) に見られる。B. Hauréau, *Histoire de la philosophie scolastique* (Paris, 1872-80) はいまだに基本図書である。巨匠による小論としては，E. Gilson, *La philosophie au moyen âge de Scot Erigène à G. d'Occam* (Paris, 1925); C. Baeumker, *Die Kultur der Gegenwart*, i, 5 (Berlin, 1913), pp. 288-381; M. Grabmann, *Die philosophie des Mittelalters* (Berlin, 1921) がある。もっと簡単な要約ならば，*Cambridge Medieval History*, v, ch. 23 を見ること。12 世紀に関する多くのテキストや研究が，Baeumker's *Beitrage zur Geschichte der Philosophie des Mittelalters* (Münster, 1891 ff.) で刊行されている。たとえば，バスのアデラルドゥスの *Dde eodem*, ポルフュリオスにかんするアベラルドゥスの『注解』など。

特定の部門に関する重要研究は，M. Grabmann, *Geschichte der scholastischen Methode* (Freiburg, 1911-13); E. Gilson, *Études de philosophie médiévale* (Strasbourg, 1921); R. L. Poole, *Illustrations of the History of Medieval Thought and Learning* (second ed., London, 1920); C. C. J. Webb. *Studies in the History of Natural Theology* (Oxford, 1915); J. de Ghellinck. *Le mouvement théologique du XIIe* siècle (Paris, 1914)。プラトニズムについては，C. Baeumker, *Der Platonismus im Mittelalter* (Munich, 1916) を，アリストテレスの受容については，拙著 *Mediaeval Science*, 特にその 11 章と同書に引用されている諸作品を見られたい。シジェル・ド・ブラバンに関する基本論文 P. Mandonnet (Louvain, 1911) は，M. Grabmann, *Sitzungsberichte* of the Munich Academy, p. -p. und

による補足修正を必要とする。E. O. von Lippmannの著作は中世が弱い。ギリシア語のテキストが*Catalogue des manuscrits alchimistes grecs*, ed. J. Bidez（Brussels, 1924―）に目下出ているところで，ラテン語のテキストはDorothea Singer夫人が目録製作中である。G. Carbonelli, *Sulle fonti storiche della chimica e dell'alchimia in Italia*（Rome, 1925）も参照のこと。最近出色の研究は*E. Wiedemann; E. J. Holmyard* (Isis, vi. 293-305, 479-497; viii. 403-426); E. Darmstaedter, *Die Alchemie des Geber* (Berlin, 1922), cf. *Archiv fur Geschichte der Medizin*, xvii. 181-197（1925）; J. Ruska, *Arabische Alchemisten*（Heidelberg, 1924―）である。私は*Isis*の次号でマイケル・スコット作とされる*Alchemy*を検討している。

医学については，M. Neuburger, J. L. Pagel, K. Sudhoff, F. H. Garrisonによる一般史のほか，E. G. Browne, *Arabian Medicine*（Cambridge, 1921）を見よ。二巻本のDonald Campbell, *Arabian Medicine and its Influence on the Middle Ages*（London, 1926）は，無批判的でつまらない。古英語の*Leechdoms*が，Rolls Series（London, 1864-66）でCockayneにより編集，翻訳されている。サレルノの医師たちがこのところKarl Sudhoffとその弟子の間で専門研究の対象となっている。たとえば，Friedrich Hartmann, *Die Literatur von Frühund Gochsalerno*（Leipzig, 1919）。この学派のもっとも有名な所産である*Regimen sanitatis Salernitatum*と題する詩は，Sir John Garingtonによる古風な英語版，*The School of Salernum*, ed. F. R. Packard（London, 1922）で入手できる。Sudhoffはその年代が比較的遅いことを示した（*Archiv für Geschichte der Medizin*, passim）。コルベイユのジルについては，C. Vieillardの著書（Paris, 1909）S. d'Irsay, *Annals of Medical History*, viii. 362-378（1925）を見よ。初期のサレルノについてはC. and D. Singer, *History*, x. 242-246（1925）; G. W. Corner, *Anatomical Texts of the Earlier Middle Ages*（Washington, 1927）を見よ。

初期の植物学に関する標準的な歴史は，E. H. F. Meyer（Königsberg, 1854-57）のものだが，動物学には好著がない。農学については，Walter of Henley's *Husbandry*, published by the Royal Historical Society（London, 1890）を見よ。

百科全書編者の中でイシドールは，自由な抄訳とともに，E. Brehaut, *An Encyclopedist of the Dark Ages* (New York, 1912) に，そしてランベールの*Liber Floridus*は，L. Delisle, *Notices et extraits des Mss.*, xxxviii, 2, pp. 577-791 (1906) に論じられている。Robert Steeleによる抄訳*Mediaeval Love from Bartholomeus Anglicus* (London, 1907) も見るとよい。ボーヴェのヴァンサンにはいろいろな版があり，いちばん入手しやすいのは1624年ドゥエで出版されたものである。そこに収録されている*Speculum morale*は彼の作ではない。アルベルトゥス・マグヌスについてはThorndike, ch. 59を参照。彼の完全な作品集（最終巻はA. Borgnet, Paris, 1890-99）のほか，H. Stadlerによる校注付*De animalibus* (Münster, 1916-20), E. MeyerとC. Jessenによる*De vegetabilibus* (Berlin, 1867) がある。

数学については，M. Cantor, *Vorlesungen über Geschichte der Mathematik*, i (third edition, Leipzig, 1907), ii, I (second edition, 1899) と，*Bibliotheca Mathematica*のG. Eneströmによる多くの修正，そして，D. E. Smith, *History of Mathematics* (Boston, 1923-24) を見ること。新数学のもっとも手頃な例は，L. C. Karpinskiの編集と英訳による*Robert of Chester's Latin Translation of the Algebra of al-Khowarizmi* (New York, 1915) に見られる。Smith and Karpinski, *The Hindu-Arabic Numerals* (Boston, 1911) も見よ。Duhemの12世紀の天文学と物理学の記述を補うものとして，拙論*Mediaeval Science*, chs. 2. 3. 5. 6, そしてC. A. Nallinoのアル・バッタニにかんする論文*Publicazioni del R. Osservatorio di Brera in Milano*, xl (1904) がある。Thorndikeはこの時代の占星術に詳しい。J. Hastingの*Encyclopaedia of Religion and Ethics*, xii. 88-101所収のNallinoの記事，T. O. Wedel, *The Mediaeval Attitude toward Astrology* (New Haven, 1920) も見よ。

中世地理学の一般的背景がC. R. Beazley, *The Dawn of Modern Geography*, i, ii (London, 1897-1901) に略述されている。この時代の文献書誌付の論述としてJ. K. Wright, *Geographical Lore of the Time of the Crusades* (New York, 1925) がすぐれている。

中世錬金術に関する一般的著作として満足できるものはない。M. Berthelot, *La chimie au moyen âge* (Paris, 1893) は，専門的な研究

Archiv für Kulturgeschichte, xi. 1-30 (1913); A. Hofmeister, "Studien uber Otto von Freising," *Neues Archiv*, xxxvii. 99-161, 635-768 (1911-12); E. Besta, *Il "Liber de regno Siciliae," Miscellanea A. Salinas* (Palermo, 1907), pp. 283-306; F. L. Ganshof, "A propos de la Chronique de Lambert d'Ardres," Mélanges Ferdinand Lot (Paris, 1925), pp. 205-234 など。この最後のものは，この年代記を 15 世紀のものとする W. Erben, *Neues Archiv*, xliv. 314-340 への答である。Wace については拙論 *Norman Institutions*, pp. 268-272 を参照のこと。

第９章　ギリシア語・アラビア語からの翻訳

この章は大部分拙著 *Studies in the History of Mediaeval Science* (second edition, Cambridge, Mass., 1927) 特にその第 1 章，第 8 章からとられている。拙論 "Arabic Science in Western Europe," *Isis*, vii. 478-485 (1925) も見られたい。この論文，および本章に出てくる Arabic あるいは Arab という形容詞は，言語，文化的な意味で使ったもので，民族学的な意味を持たない。

第 10 章　科学の復興

中世科学の歴史あるいは文献書誌として権威あるものはなく，予備的な研究も今後にまたれる部分が多い。新しい資料の最良の案内と思われるのは *Isis* (Brussels, since 1913) に出ている現行の書誌である。この分野の相当部分をカバーする著作の中では Pierre Duhem, *Le système du monde de Platon à Copernic* (Paris, 1913-17) を特にあげなければならない。Lynn Thorndike, *History of Magic and Experimental Science* (New York, 1923) は，魔術関係の問題すべて，そして個々の著作家の多くについて，貴重な価値を持っているが，実験科学，たとえば錬金術に弱点がある。この題材のある面は，拙著 *Studies in the History of Mediaeval Science* に論じられている。George Sarton の重要な作品 *Introduction to the History of Science* は，今のところまだ 11 世紀末までしか進んでいない (i, Washington, 1927)。通俗科学については Ch. V. Langlois, *La connaissance de la nature et du monde* (Paris, 1927: La vie en France au moyen âge, iii) を見よ。

(New York, 1907); B. Schmeidler, *Italienische Geschichtschreiber des XII. und XIII Jahrhunderts* (Leipzig, 1909); B. Lasch, *Das Erwachen und die Entwickelung der historischen Kritik im Mittelalter* (Breslau, 1887); Marie Schulz, *Die Lehre von der historischen Methode beiden Geschichtschreibern des Mittelalters* (Berlin, 1909)。

この時代の歴史家について最良の手引となるのは，現代のすぐれた学者Stubbs, Waitz, Liebermann, Delisleなどの編書の序文で，*Rolls Series*や*Monumenta Germaniae Historica*のような大きな全集もあれば，DelisleのOrdericusやRobert of Torigniもある。Paul Meyer編 のGuillaume le Maréchal (Paris, 1891-1909), B. SchmeidlerのAdam of Bremen (Hanover, 1917), R. L. Pooleの*Historia portificalis* (Oxford, 1927) も見ること。

編年史家のオルデリクス，マムズベリーのウィリアムその他は，*Bohn Antiquarian Library*に，Robert of Torigni, Gervase of Canterburyその他はJ. Stevenson, *The Church Historians of England* (London, 1853-58) に翻訳されている。その他単行本として，*The Autobiography of Guibert, Abbot of Nogent-sous-Cousy*, tr. by C. C. S. Bland (London, 1925); Jocelin of Brakelonde, tr. by Ernest Clarke (London, 1903); Villehardouin, *Everyman's Library*がある。さらにフライジンクのオットー，テュロスのグリエリムスなどは，コロンビア大学刊*Records of Civilization*に予告されており，このシリーズでは*Liber pontificalis*のはじめの部分がすでに刊行済である。オルデリクス，シュジュル，十字軍のさまざまな歴史家は，F. P. G. Guizot, *Collection des mémoires relatifs à l'histoire de France* (Paris, 1823-35) にフランス語訳がある。ほかにもラテン語の原文付きでL. Halphen編の新シリーズ*Les classiques de l'histoire de France au moyen âge*に収められている人がいる。多くのドイツの編年史家（フライジンクのオットー，ブレーメンのアダム，ヘルモルド，プラーハのコスマスなど）は，*Die Geschichtschreiber der deutschen Vorzeit* (Berlin and Leipzig, since 1849) に翻訳されている。

本章で論じた著作家に関する最近の研究としては，B. Schmeidler, "Der Briefwechsel zwischen Abälard und Heloise eine Fälschung?,"

1898), i, bk. i, chs. 1, 5, 6. にみごとに述べられている。Maitland, *Roman Canon Law in the Church of England* (London, 1898) も見るべきだろうし，同じ著者による Rede lecture, *English Law and the Renaissance* (Cambridge, 1901) も示唆するところ多い。W. S. Holdsworth, *History of English Law* (London, 1922-26, 9 vols) にも注目すること。この時代の大陸諸国の大半に標準的な法制史が存在する。ドイツはR. Schröder, フランスはP. Viollet, イタリアはF. Schupfer, C. Calisse, E. Besta その他によるものである。*Continental Legal History Series*, ed. J. H. Wigmore (Boston, 1912) の序論の *General Survey* も見ること。*Select Cases concerning the Law Merchant*, ed. and tr. by C. Gross for the Selden Society (London, 1908) には，1270 年以降しかない。

第８章　歴史の著述

現代史における E. Fueter, 古代史における H. Ulrici, J. B. Bury のような中世歴史書の概観は存在しない。しかし，A. Potthast, *Bibliotheca historica medii aevi* (second edition, Leipzig, 1896) には，多くの選集や版の文献案内がついており，国別の重宝な概説もある。その中でもっとも包括的で，詳細な知識や示唆を得るのに貴重なのは，A. Molinier, *Les sources de l'histoire de France* (Paris, 1901-06) で，その第二巻が 12 世紀を取扱っている。同じくすぐれた著述は W. Wattenbach, *Deutschlands Geschichtsquellen im Mittelalter* (sixth edition, Berlin, 1893-94)。イギリスにはそれに匹敵するものはないが，ここの著作者は C. Gross, *Sources and Literature of English History to about 1485* (second edition, London, 1915) に要約されている。U. Balzani, *Italy* は，通俗的なシリーズ *Early Chroniclers of Europe* (London, 1883; third Italian edition, Milan, 1909) の中でもっともすぐれたものである。R. Ballester y Castell, *Las fuentes narrativas de la historia de España durante la edad media* (Palma, 1908) はとるにたらない。

小著ながら，特別なテーマに関してすぐれたものは，C. Jenkins, *The Monastic Chronicler* (London, 1922); R. L. Poole, *Chronicles and Annals* (Oxford, 1926); H. Delehaye, *The Legends of the Saints*

(1926) などである。

第７章　法学の復活

中世のローマ法に関する大著は，今でもやはり，F. C. von Savigny, *Geschichte des römischen Rechts im Mittelalter* (second edition, Berlin, 1834-51, 7 vols) で，一部フランス語訳もされている (Paris, 1839, 4 vols)。その後細部にわたる研究が大きな成果をあげ，特に H. Fitting が多くの論文を書いている。イルネリウスに関する最良の著作は E. Besta, *L'opera d'Irnerio* (Turin, 1896)。この著者には『旧学説彙纂』の注解編集もある。プラケンティヌスについては，P. de Tourtolon (Paris, 1896) の著述，ヴァカリウスについては F. Liebermann, *English Historical Review*, xi. 305-314, 514-515 (1896) を見ること。P. Vinogradoff, *Roman Law in Mediaeval Europe* (London and New York, 1909) は，文献書誌のついたすぐれた概要。H. D. Hazeltine が Cambridge Medieval History に書いた長い章 (v, ch. 21) は教会法もカバーしており，これにも行き届いた文献書誌がついている。大学におけるローマ法，教会法については，H. Rashdall, *The Universities of Europe in the Middle Ages* (Oxford, 1895) を見よ。

グラティアヌス以降の教会法の典拠に関する基本図書は，J. F. von Schulte, *Geschichte der Quellen und Literatur des canonichen Rechts von Gratian bis auf die Gegenwart* (Stuttgart, 1875-80) で，12 世紀後半についてはその補いとして，E, Seckel, *Neues Archiv*, xxv. 521-537 (1900) と H. Singer, *Sitzungsberichte*, phil. -hist. Klasse, clxxi (1912) がある。それ以前の 300 年に関しては，ずいぶん前から Paul Fournier によって包括的な著作が準備されていて，その先駆けとなる研究はすでに多数刊行されている。教会法と神学の関係は J. de Ghellinck, *Le mouvement theologique du XIIe* siècle (Paris, 1914) を見ること。『教会法大全』の標準版は E. Friedberg (Leipzig, 1879-81) によるもの。この著者には *Quinque Compilationes* (Leipzig, 1882) の研究もある。

ローマ法と教会法のコモン・ローにたいする関係は F. Pollock and F. W. Maitland, *History of English Law* (second edition, Cambridge,

H. Hulmeにより，*Western Reserve University Bulletin*, xxviii, no. 8 (August, 1925) に翻訳されてもいる。

ゴリアルディの詩の最上の1巻本は，J. A. Schmeller, *Carmina Burana* (third edition, Breslau, 1894) である。DuMérilとThomas Wrightの古い著書にも数多く載っている。1872年までに出版された押韻詩の手引はW. Wattenbach, *Zëitschrift fur deutsches Alterthum*, iii, 469-506. に見られる。以来多くの述作が出たが，中でも重要なものは，K. Breul, *The Cambridge Songs* (Cambridge, 1915); J. Werner, Beiträge zur Kunde der lateinischen Literatur des Mittelalters (Aarau, 1905); M. Manitius, *Die Gedichte des Archipoeta* (Munich, 1913) など。翻訳はJ. A. Symonds, *Wine, Women, and Song* (多くの版あり) がもっともよい。今日，膨大な数にのぼる論文がある中で，特に，Ch. V. Langlois, "La littérature goliardique," *Revue bleue*, I. 807-813, li. 174-180 (1892-93); H. Süssmilch, *Die lateinische Vagantenpoesie* (Leipzig, 1917); J. H. Hanford, "The Progenitors of Golias," *Speculum*, i. 38-58 (1926); P. S. Allen, "Mediaeval Latin Lyrics," *Modern Philology*, v. vi (1908-09) をあげてもよかろう。最後のものと同じタイトルの論文も現在印刷中である。

中世のパロディについては，F. Novati, *Studi critici e letterari* (Turin, 1889), pp. 175-310; P. Lehmann, *Die Parodie im Mittelalter* (Munich, 1922) および *Parodistische Texte* (Munich, 1923) を見よ。対話はH. Walther, *Das Streitgedicht in der lateinischen Litteratur des Mittelalters* (Munich, 1920) に取りあげられているが，J. H. Hanfordのさまざまな研究，とりわけ"The Mediaeval Debate between Wine and Water." *Publications of the Modern Language Association of American*, xxviii. 315-367 (1913) も見ること。

ラテン文学と各国語文学との関係は，非常に領域が広く，はなはだ不十分な探究しかおこなわれていない。重要な研究の好例としてあげられるのは，J. Bédier, *Les legendes epiques* (second edition, Paris, 1914-21); E. Faral, *Recherches sur les sources latines des contes of romans courtois du moyen âge* (Paris, 1913) と"Le fabliau latin au moyen âge," *Romania*, I. 321-385 (1924); J. R. Reinhard, "The Literary Background of the *Chantefable*," *Speculum*, i. 157-169

Meyer, "Die Oxforder Gedichte des Primas," Göttingen *Nachrichten*, 1907, pp. 75 ff. なども参照せよ。アラン・ド・リルの *The Complaint of Nature* は，D. M. Moffat（New York, 1908）により翻訳された。メディチの『交誦集』の分析は Delisle, *Annuaire-Bulletin de la Suciéfé de l'Histoire de France*, 1885, pp. 100-139 のほか，Dreves, *Analecta hymnica*, xx, xxi にも見え，その中には多くの作品が印刷されている。ボードリ・ド・ブルガイユの詩は Phyllis Abrahams（Paris, 1926）による編集が終わったばかりである。

中世聖歌のもっとも重要なコレクションは G. M. Dreves と Clemens Blume 編の *Amalecta hymnica medii aevi* で，そのうち 55 巻が刊行されている（Leipzig, 1886-）。このコレクションをもとに Dreves は *Ein Jahrtausend lateinischer Hymnendichtung*（Leipzig, 1909）という選集もつくっている。文献の指針としては，V. Chevalier, *Repertorium hymnologicum*（Louvain, 1897-1920）; C. Blume, *Reperforium Repertorii*（Leipzig, 1901）がある。J. Julian, *Dictionary of Hymnology*（revised edition, London, 1915）も一読をすすめる。簡単な選集は，R. C. Trench（1849）, F. A. March（1874）, W. A. Merill（1904）が刊行している。アベラルドゥスの聖歌と哀悼歌は，*Analecta hymnica*, xlviii. 141-232 に見いだされる。サン・ヴィクトルのアダンは，D. S. Wrangham（London, 1881）の手で 3 巻本に編集，翻訳されており，彼の作とされる聖歌のあるものは，J. M. Neale による多くの韻律訳に含まれている。

劇については，E. K. Chambers, *The Mediaeval Stage*（Oxford, 1903）, ii; W. Creizenach, *Geschichte des neueren Dramas*, i（second edition, Halle, 1911）と Karl Young の多くの専門研究（豊富な文献書誌付き）を見よ。Young は典礼劇の包括的な研究も進めている。初期の奇蹟劇については，G. R. Coffman, *A New Theory concerning the Origin of the Miracle Play*（Menasha, 1914）と，Young によるその修正 *Manly Anniversary Studies*（Chicago, 1923）, pp. 254-268, そして Coffman, "A New Approach to Medieval Latin Drama," *Modern Philology*, xxii. 239-271（1925）を見よ。W. Meyer, *Gesammelte Abhandlungen*, i. 136-339 で詳細に研究されている *Ludus de Antichristo* は，Münchener Texte, i（1912）に巧みに編集され，W.

lateinische Reimprosa（Berlin, 1925）の全般的な論考を見るのがよいだろう。架空の物語を書いた書簡文については，W. Wattenbach の *Sitzungsberichte*（Berlin Academy），1892, pp. 91-123 参照。修辞学著作のコレクションとしてもっとも充実しているのは，今でも L. von Rockinger, *Quellen und Erörterungen zur bayerischen und deutschen Geschichte*, ix（1863-64）である。

中世のラテン語文体については，M. B. Ogle, *Speculum*, i. 170-189（1926）を見ること。ウォルター・マップの *De nugis curialium* は，M. R. James（Oxford, 1914）による編書，James（London, 1924）や F. Tupper と M. B. Ogle（London, 1924）による訳書がある。その構成　は，James Hinton, *Publications of the Modern Language Associations of America*, xxxii. 81-132（1917）に論じられている。詩の著作については，E. Faral, *Les arts poetiques du XIIe et XIIIe* siècle（Paris, 1924），リズミック詩については，W. Meyer, *Gesammelte Abhandlungen zur mittellateinischen Rythmik*（Berlin, 1905）を見ること。この時代の説教については，L. Bourgain, *La chaire française au XIIe siècle*（Paris, 1879）のほか，13 世紀パリの説教を取り上げた *American Historical Review*, x. 1-27（1904）所収の拙論を参照してほしい。

第６章　ラテン語の詩

12 世紀ラテン詩の全集は存在しない。Migne, *Patrologia*（編集はずさん），Flacius Illyricus, *Varia……poemata*（Basel, 1556），P. Leyser, *Historia poetarum et poematum medii aevi*（Halle, 1721）に多くが見いだされる。Manitius の第 3 巻が刊行されるまでは，Gröber, *Grundriss*, ii, I, pp. 323-432 に出ている概要が利用できる。簡単な概観ならば Taylor, *Mediaeval Mind*, ch. 33 を見ればよい。

強勢詩（rhythmics）については，まず W. Meyer, *Gesammnelte Abhandlungen zur mittellateinischen Rythmik*（Berlin, 1905）を見ること。個々の詩人に関する専門論文には，B. Hauréau, *Les mélanges poétiques d'Hildebert de Lavardin*（Paris, 1882）があるが，C. Pascal, *Poesia latina medievale*（Catania, 1907），pp. 1-68; Hauréau, *Des Poèmes latins attribués á Saint Bernard*（Paris, 1890）; W.

English Historical Review, xxx, 450-471（1915）もある。アスコリのワルテル（1228年頃）の*Summa derivationum*に関する拙論，*Melanges Ferdinand Lot*（Paris, 1926）, pp. 245-257も参照のこと。

ドナトゥスとプリスキアヌスは，H. Keil, *Grammatici Latini*（Leipzig. 1855-80）, ii-ivに編集されている。アレクサンデルの*Doctrinale*はD. Reichling（Berlin, 1893）, *Grecismus*はJ. Wrobel（Breslau, 1887）による編書がある。ドナトゥスの*Ars minor*はW. J. Chase（Madison, 1926）の手で翻訳された。彼はカトーの*Disticha*（Madison, 1922）も翻訳，論述している。テオドゥルスについては，J. Osternacher（Linz, 1902）の版と，G. L. Hamiltonの論文*Modern Philology*, vii. 169-185（1909）を見よ。この時代の文法理論については，C. Thurotの詳細，卓抜な論考*Notices et extraits des manuscrits*, xxii, 2（1868）と，G. Manacorda, *Storia della scuola in ltalia*（Milan,［1915］）, i, 2, ch. 5を見よ。問答形式の文法については，Manacorda, "Un testo scolastico di grammatica del sec. XII in uso nel basso Piemonte," *Giornale storico e letterario della Liguria*, viii, 241-282（1907）また句読法についてはF. Novati, *Rendiconti dell' Istituto lombardo*, xlii, 83-118（1909）を見よ。文法と修辞学のカリキュラムに関しては，L. J. Paetow, *The Arts Course at Mediaeval Universities*（Urbana, 1910）に記述がある。

書簡文作法の文献で最良の指針となるのは，H. Bresslau, *Handbuch der Urkundenlehre*（second edition）, ii, I, pp. 225 ffだろう。A. Bütow, *Die Entwicklung der mittelalterlichen Briefsteller bis zur Mitte des 12 Jahrhunderts*（Greifswald diss., 1908）とPaetowの*Guide*に出ている文献書誌も参照すればよい。私はAmerican Historical Review, iii. 203-229（1898）で学生の手紙について論述した。また，12世紀のイタリアの著述をめぐる*Mélanges H. Pirenne*（Brussels, 1926）, pp. 101-110と*Essays Presented to Reginald Lane Poole*（Oxford, 1927）所収の拙論もある。13世紀の教皇公式文書の実例については，現在フィラデルフィアにある手稿写本をとりあげた拙論*Miscellanea Ehrle*, iv. 275-286を参照されたい。教皇のcursusについては，R. L. Poole, *Lectures on the History of the Papal Chancery*（Cambridge, 1915）, ch. 4にあるすぐれた要約，K. Polheim, *Die*

(1875) に見られる。ラテン語の詩人にあらわれている古典の影響は, K. Francke, *Zur Geschichte der lateinischen Schulpoesie des XII. und XIII Jahrhunderts* (Munich, 1879), pp. 22-55 を参照せよ。

12 世紀のローマについては, 上記 Graf のほか, F. Gregorovius, *History of the City of Rome in the Middle Ages*, tr. by Annie Hamilton, iv (London, 1896) を見よ。Parthey 編の *Mirabilia* (Berlin, 1869) は F. M. Nichols が翻訳している (London, 1889)。Master Gregory は, M. R. James, *English Historical Review*, xxxii. 531-554 (1917) と G. McN. Rushforth, *Journal of Roman Studies*, ix. 14-58 (1919) に編集されている。F. Schneider, *Rom und Romgedanke im Mittelalter* (Munich, 1926) は, 主として初期を対象としている。

第 5 章　ラテン語

中世のラテン語史はまだ書かれていないし, 基本的な概要さえ存在しない。12 世紀の個々の著作家に関する研究が必要で, 文法家や辞書編纂者となれば, なすべきことが山ほどある。中世ラテン語の特異性に関する概説は, L. Traube, *Vorlesungen und Abhandlungen*, ii (Munich, 1911) pp. 31-121 や C. H. Beeson, *A Primer of Mediaeval Latin* (Chicago, 1925) がよい。ほかの中世ラテンのアンソロジーは, *Speculum*, i. 110-114 (1926) を見よ。

中世ラテン語とこの時期の専門用語の研究に欠かせぬ基本図書は, C. Du Fresne Du Cange, *Glossarium mediae et infimae Latinitatis* である (最良の版は 7 巻本 Paris, 1840-50。10 巻本もある。Niort, 1883-87)。目下 International Union of Academies が準備中の新しい辞書は, 紀元 1000 年あたりで終わっている。小さな辞書で満足できるものは一つもない。11, 12 世紀の辞書編纂者の中でパピアス, オスベルン, フグーチオだけが G. Geotz, *Corpus glossarium Latinorum*, i (Leipzig, 1923) で論じられている。アダン・デュ・プティ・ポンとアレクサンダル・ネッカムについては, T. Wright, *A Volume of Vocabularies* (London, 1857); A. Scheler, *Jahrbuch für romanische und englische Literatur*, vi-viii (1865-67) を見よ。ネッカムに関しては, ほかに, Haskins, *Mediaeval Science*, ch. 18 と M. Esposito,

Universities (Urbana, 1910)；同じく Paetow 編による *The Battle of the Seven Arts* (Berkeley, 1914) も参照するとよい。

若干のラテン著作家の来歴については，M. Manitius が *Philologus*, xlvii-lvi とその Supplement, vii. 721-767 に資料を集めている。*Rheinisches Museum*, Neue Folge, xlvii, Erg.-Heft (1892) にものっている。文学上の影響に関する研究は不十分だが，以下のものを見られたい。D. Comparetti, *Vergil in the Middle Ages* (London, 1895) これは主としてウェルギリウス伝説に役に立つ。M. Manitius, *Analekten zur Gschichte des Horaz im Mittelalter* (Göttingen, 1893)；L. Sudre, *Publii Ovidii Nesonis Metamorphoseon libros quomodo nostrates medii aevi poetae imitati interpretatique sint* (Paris thesis, 1893)；H. Unger, *De Ovidiana in Carminibus Buranis quae dieuntur imitatione* (Berlin diss., 1914)；C. Landi, "Stazio nel medio evo," in Atti of the Padua Academy, xxxvii. 201-232 (1921). E. K. Rand, *Ovid and his Influence* (Boston, 1925) は，この領域ではみごとな述作で，著者はオウィディウスのみならず中世全般に豊かな知識を持っている。

florilegia については，Miss E. M. Sanford, "The Use of Classical Latin Authors in the *Libri Manuales*," in *Transactins of the American Philological Association*, lv. 190-248 (1924) を，注釈については，*Histoire litteraire de la France*, xxix. 568-583 を参照のこと。

ソールズベリーのヨアンネスについては，R. L. Poole による *Dictionary of National Biography* の記事，および彼の最近の研究を見よ。ネッカムは，拙著 *Mediaeval Science* の第 18 章にある。シャルトルに関しては，A. Clerval, Les écoles de Chartres au moyen-âge (Chartres, 1895)，オルレアンに関しては，L. Delisle, "Les écoles d'Orléans," *Annuaire-Bulletin de la Société de l'Histoire de France*, 1869, pp. 139-154 を見よ。この時代の散文作家が古典を利用した実例は，C. C. J. Webb, *Ioannis Saresberiensis Policratici Libri VIII* (Oxford, 1909), i, pp. xxi ff; Walter Map, *De nugis curialium*, ed. M. R. James (Oxford, 1914), p. xxiii; A. Hofmeister, "Studien über Otto von Freising," in *Neues Archiv*, xxxvii. 727-747 (1912)；E. Boutaric, "Vincent de Beauvais et la connaissance de l'antiquité classique au treizième siècle," in *Revue des questions historiques*, xvii. 5-57

に集められている。啓発的な特殊研究としては，M. R. James, *The Ancient Libraries of Cantabury and Dover* (Cambridge, 1903); L. Delisle, “Recherches sur l’ancienne bibliothèque de Corbie,” *Mémoires de l’Académie des Inscriptions*, xxiv, I, pp. 266-342 (1861); H. Omont, “Recherches sur la bibliothèque de l’eglise cathédrale de Beauvais,” *ibid.*, xl. I-93 (1916); R. Beer, “Die Handschriften des Kloisters Santa Maria de Ripoll,” *Sitzungsberichte* of the Vienna Academy, phil.-hist. Kl., clv, 3, clviii, 2 (1907, 1908); P. Batiffol, *L’abbaye de Rossano* (Paris, 1891) などがある。フルリー写本の移動については，E. K. Rand の論文 (University of Iowa Philological Quartery, i. 258-277. [1922]) を見よ。中世の蔵書から近世の大きなコレクションが作られたことは，L. Delisle, *Le Cabinet des Manuscrits de la Bibliothèque Nationale* (Paris, 1868-81) にみごとに述べられている。

中世の記録保管所については，H. Bresslau, *Handbuch der Urkundenlehre* (second edition, Leipzig, 1912-15), chs. 4, 5。偽造については，A. Giry, *Manuel de diplomatique* (Paris, 1894) の終章，R. L. Poole, *Lectures on the History of the Papal Chancery* (Cambridge, 1915), ch. 7を参照。*Constitutio de expeditione Romana* については，P. Scheffer-Boichorst, *Zur Geschichte des XII. und XIII. Jahrhunderts* (Berlin 1897), pp. 1-26; K. Brandi, *Die Reichenauer Urkundenälschungen* (Heidelberg, 1890) を見よ。

第４章　ラテン語古典の復活

中世における古典研究の歴史を述べた最良の案内書は，J. E. Sandys, *A History of Classical Scholarship*, i (third edition, Cambridge, 1920) である。A. Graf, *Roma nella memoria e nelle immaginazioni del medio evo* (Turin, 1882-83) は，ローマ伝来の文化の一環として，ラテン著作家を取り上げている。そのほか，E. Norden, *Die antike Kunstprosa* (Leipzig, 1898), pp. 689-731; D. C. Munro, “The Attitude of the Western Church towards the Study of the Latin Classics in the Early Middle Ages,” *Papers of the American Society of Church History*, viii, 181-194; L. J. Paetow, *The Arts Course of Medieval*

Avranches" (1926) がある。

中世都市に関する文献は膨大だが，この時代の知的生活のことはほとんど記されていない。北方都市の初期の歴史には，H. Pirenne のすばらしい概説書 *Mediaeval Cities* (Princeton, 1925) がある。北イタリアの翻訳家については Haskins, *Mediaeval Science*, ch. 10 を見よ。コミュニケーションに関する著作には，J. J. Jusserand, *English Wayfaring Life in the Middle Ages*, J. Bédier. *Légendes épiques* その他商業を対象とした一般的な書物があるが，それ以外にも F. Ludwig, *Untersuchungen über die Reise- und Marschgeschwindigkeit im XII. und XIII. Jahrhundert* (Berlin, 1897) や，Haskins, "The Spread of Ideas in the Middle Ages," *Speculum*, i. 19-30 (1926) を見ればよい。

この章の諸問題は，後章，特に第 8 章の文献書誌にも出てくる。

第 3 章　書物と書庫

中世の書物について記された最良の本は，W. Wattenbach, *Das Schriftwesen im Mittelater* (third edition, Leipzig, 1896)。書体については，E. M. Thompson, *Introduction to Greek and Latin Palaeography* (Oxford, 1912) と，M. Prou, *Manuel de paléographic latine et francaise* (fourth edition, Paris, 1925) を見よ。書庫については，J. W. Clark, *The Care of Books* (third edition, Cambridge, 1909) を参照。G. H. Putnam, *Books and their Makers during the Middle Ages* (New York, 1896-97) はさらに一般向き。M. R. James, *Wanderings and Homes of Manuscripts* (*Helps for Students*, no. 17) は薄い本だが，独自の情報が豊富に盛りこまれている。L. Traube, *Vorlesungen und Abhandluugen*, i (Munich, 1909) には，写本の研究に関する多くの論考が見られる。

中世の書庫の所蔵物に関する最良の案内書は，G. Becker, *Catalogi biblio thecarum antiqui* (Bonn, 1885) である。T. Gottlieb, *Ueber mittelalterliche Bibliotheken* (Leipzig, 1890) も参考になる。1918 年以来，P. Lehmann その他による中世ドイツの図書目録の包括的な双書も出版進行中である。個々の作家の人気をめぐる多くの興味深い事実が，*Miscellanea Francesco Ehrle* (Rome, 1924), v. 331-363 の J. de Ghellinck, "En marge des catalogues des bibliothèques médiévales"

ーは，J. A. Robinson, *Gilbert Crispin* (Cambridge, 1911)，イギリスのシトー会は，F. M. Powicke, *Ailred of Rievaulx* (Manchester, 1922) を参照のこと。G. G. Coulton, *Five Centuries of English Religion*, i, 1000-1200 (Cambridge, 1923) には，知的生活に関する記述は少ない。ドイツに関しては，Hauck, *Kirchengeschichte Deutschlands* (Leipzig, 1887-1911)，スペインに関しては，M. Férotin, *Histoire de l'abbaye de Silos* (Paris, 1897) のような個別研究や，次章で触れるリポル関係の論文を見よ。

制度としての司教座聖堂は，教会法の手引書に説明がある。知的中心としての司教座聖堂は，今後の研究が期待される。さしあたっては，たとえば *Dictionary of National Biography* の中のすぐれた司教，大司教の評伝や，V. Rose, "Ptolemaeus und die Schule von Toledo," in *Hermes*, viii. 327-349 (1874) のような専門論文を見るのもよかろう。*Necrologio del Liber Confratrum di S. Matteo di Salerno* は，C. A. Garufi (Rome, 1922) によるすばらしい編書である。司教座聖堂付属学校については第 12 章を見よ。

宮廷や城の生活に関する普通の本には，知的中心としての宮廷のことはろくに書かれていない。むしろ，E. Faral, *Les jongleurs en France en moyen âge* (Paris, 1910); K. J. Holzknecht, *Literary Patronage in the Middle Ages* (University of Pennsylvania thesis, 1923) その他トルバドゥールに関する多くの本を見ればよい。ハインリッヒ獅子公については，*Historische Zeitschrift*, cxxvii. 50-65 (1922) の F. Philippi の論文，ヘンリー二世の宮廷に関しては，Stubbs, *Seventeen Lectures on Mediaeval and Modern History* (third edition, Oxford, 1900), chs. 6, 7; Haskins, *Norman Institutions* (Cambridge, 1918), ch. 5; Haskins, "Henry II as a patron of Literature," *Essays in Mediaeval History Presented to Thomas Frederick Tout* (Manchester, 1925), pp. 71-77 を見よ。シチリアの宮廷に関しては，Haskins, *Studies in the History of Mediaeval Science* (Cambridge, 1924), chs. 9, 12-14 と "England and Sicily in the Twelth Century," *English Historical Review*, xxvi. 433-447, 641-665 (1911) を見よ。ハーヴァード大学図書館に，未出版の博士論文だが，P. B. Schaeffer の "Englishmen in Italy in the Twelfth Century" (1923)，J. C. Russell の "Henry of

おむね，今となっては古い。Ch. V. Langlois, *La vie en France au moyen âge*（new edition, Paris, 1924-）は，社会史にも知的な歴史にも触れる好著だが，国語文学しか取りあげない。中世の後代に対する関係は，C. G. Crump と E. F. Jacob の編集による *The Legacy of the Middle Ages*（Oxford, 1926）が示唆に富む。

忘れてはならないのは，12 世紀の著作家は歴史，文学，神学の大きな刊行物に相当数入っているものの，その多くの作品はまだ出版されておらず，膨大な問題についてさらに綿密な研究と専門的調査を待たれているという事実である。この新しいテーマに関するただ一冊の手引書はない。いちばん役に立つのは，おそらく，ルーヴァンで出版されている *Revue d'histoire ecclésiastique* の文献書目である。

第２章　知的中心地

広く修道院についてのおもな史料としては，いくつかの修道会の『慣習規定』と，特定の修道院の多くの伝記や年代記があるが，12 世紀については，後代の組織的な巡察や検分に見られる具体的で詳細な記述が欠けている。包括的な文献書誌は，*Cambridge Mediaeval History*, v, ch. 20 を見るとよい。制度としての修道院のすぐれた研究は，F. Pijper, *De Kloosters*（The Hague, 1916）である。今日のベネディクト会士による好意的な素描として，U. Berlière, *L'ordre monastique*（second edition, Paris, 1921）F. A. Gasquet, *English Monastic Life*（London, 1904）がある。クリュニー会の知的生活については，E. Sackur, *Die Cluniacenser*（Halle, 1892-94），シトー会の知的生活については，H. d'Arbois de Jubainville, *Études sur l'etat intérieur des abbayes cisterciennes au XIIe et au XIIIe* siècle（Paris, 1858）; E. Vacandard, *Vie de Saint Bernard*（fourth edition, Paris, 1910）を見よ。Monte Cassino についてはまだ歴史家の登場が待たれるが，E. A. Loew, *The Beneventan Script*（Oxford, 1914）; E. Caspar, *Petrus Diaconus*（Berlin, 1909）はすぐれた研究である。ベックについては A. A. Porée, *Histoire de l'abbaye du Bec*（Évreux, 1901），サン・テヴルールについては *Ordericus Vitalis*（Paris, 1855）に書かれた著者 Delisle のはしがき，トロアルンについては R. N. Sauvage, *L'abbaye de Saint-Martin de Troarn*（Caen, 1911）を見よ。ウェストミンスタ

文献書誌

第１章　歴史的背景

12世紀の知的生活全般を取りあげた著作はない。この時代のさまざまな特徴がL. J. Paetow, *Guide to the Study of Mediaeval Histoty* (Berkeley, 1917）に簡単に列挙されているが，この本は中世を研究する学生には非常に価値のあるもので，特に12, 13世紀の知的状況がくわしく記されている。H. O. Taylor, *The Mediaeval Mind* (fourth edition, New York and London, 1925）は有益な概説書で，11世紀の概要が巧みに書かれているが，12世紀そのものは論じられていない。R. L. Poole, *Illustrations of the History of Mediaeval Thought and Learning* (second edition, London, 1920）には12世紀に関するみごとな数章がある。一般的な参考書としては，*Cambridge Medieval History* (Cambridge, 1926）が，文献解説も豊富で推奨に値する。知的な問題については，一般史はあまり役に立たないのが普通で，教会史，百科事典，人名事典の方がむしろ有用である。

ラテン文学史には，われわれの目的にそう多くのものが含まれている。ただ残念なことに，中でも最良のM. Manitius, *Geschichte der Lateinischen Litteratur des Mittelalters* (Munich, 1911-23）は，書誌も充実していて，この章で取扱った分野には有用なのだが，まだ1050年あたりまでしか進捗していない。故F. Novatiの*Le origini* (Milan, n. d.）も11世紀で終わっている。同じくNovati, *L'influsso del pensiero latino sopra la civilta italiana del medio evo* (Milan, 1897）や，11世紀のフランス・イタリアの知的交渉を述べた論文(*Comtes-rendus de l'Academie des Inscriptions*, 1910, pp. 169-184）も参照するとよい。*Grundriss der romanischen Philologie*, ii, I (Strasbourg, 1902）所収のG. Gröber, "Uebersicht über die lateinische Litteratur von der Mitte des 6. Jahrhunderts bis 1350"は，この時期全体，諸国全部をカバーしている。*Histoire litteraire de la France*は，ラテン語作家にくわしいが，この時代に関する論文はお

KODANSHA

本書は、一九八九年にみすず書房より刊行された、『十二世紀ルネサンス』を原本とし、改題して文庫化したものです。

チャールズ・ホーマー・ハスキンズ（Charles Homer Haskins）
1870－1937。アメリカの歴史家。ハーヴァード大学教授。

別宮貞徳（べっく　さだのり）
1927－。英文学，比較文学。元上智大学教授。

朝倉文市（あさくら　ぶんいち）
1935－。西洋中世史。ノートルダム清心女子大学名誉教授。

講談社学術文庫

定価はカバーに表示してあります。

十《じゅう》二《に》世《せい》紀《き》のルネサンス
ヨーロッパの目《め》覚《ざ》め

チャールズ・ホーマー・ハスキンズ
別《べっ》宮《く》貞徳《さだのり》・朝倉《あさくら》文市《ぶんいち》 訳

2017年８月９日　第１刷発行
2023年６月５日　第３刷発行

発行者　鈴木章一
発行所　株式会社講談社
東京都文京区音羽 2-12-21 〒112-8001
電話　編集（03）5395-3512
販売（03）5395-4415
業務（03）5395-3615

装　幀　蟹江征治
印　刷　株式会社ＫＰＳプロダクツ
製　本　株式会社国宝社
本文データ制作　講談社デジタル製作

ISBN978-4-06-292444-3

「講談社学術文庫」の刊行に当たって

これは、学術をポケットに入れることをモットーとして生まれた文庫である。学術は少年の心を養い、成年の心を満たす。その学術がポケットにはいる形で、万人のものになることは、生涯教育をうたう現代の理想である。

こうした考え方は、学術を巨大な城のように見る世間の常識に反するかもしれない。また、一部の人たちからは、学術の権威をおとすものと非難されるかもしれない。しかし、それはいずれも学術の新しい在り方を解しないものといわざるをえない。

学術は、まず魔術への挑戦から始まった。やがて、いわゆる常識をつぎつぎに改めていった。学術の権威は、幾百年、幾千年にわたる、苦しい戦いの成果である。こうしてきずきあげられた城が、一見して近づきがたいものにうつるのは、そのためである。しかし、学術の権威を、その形の上だけで判断してはならない。その生成のあとをかえりみれば、その根は常に人々の生活の中にあった。学術が大きな力たりうるのはそのためであって、生活をはなれた学術は、どこにもない。

開かれた社会といわれる現代にとって、これはまったく自明である。生活と学術との間に、もし距離があるとすれば、何をおいてもこれを埋めねばならない。もしこの距離が形の上の迷信からきているとすれば、その迷信をうち破らねばならぬ。

学術文庫は、内外の迷信を打破し、学術のために新しい天地をひらく意図をもって生まれた。文庫という小さい形と、学術という壮大な城とが、完全に両立するためには、なおいくらかの時を必要とするであろう。しかし、学術をポケットにした社会が、人間の生活にとってより豊かな社会であることは、たしかである。そうした社会の実現のために、文庫の世界に新しいジャンルを加えることができれば幸いである。

一九七六年六月　　　　野間省一

外国の歴史・地理

古代朝鮮
井上秀雄著（解説・鄭早苗）

中国・日本との軋轢と協調を背景に、古代の朝鮮は統一へとその歩を進めた。旧石器時代から統一新羅の滅亡まで、政治・社会・文化を包括し総合的に描き、朝鮮半島の古代を鮮やかに再現する朝鮮史研究の傑作。

1678

五代と宋の興亡
周藤吉之《すどうよしゆき》・中嶋　敏著

唐末の動乱から宋の統一と滅亡への四百年史。五代十国の混乱を経て宋が中国を統一するが、財政改革を巡る抗争の中、金軍入寇で江南へ逃れ両朝並立。都市が栄える一方、モンゴル勃興で滅亡に至る歴史を辿る。

1679

中世ヨーロッパの城の生活
J・ギース、F・ギース著／栗原　泉訳

中世英国における封建社会と人々の暮らし。時代は十一世紀から十四世紀、ノルマン征服を経て急速に封建化が進む中、城を中心に、人々はどのような暮らしを営んでいたのか。西欧中世の生活実態が再現される。

1712

ハンニバル　地中海世界の覇権をかけて
長谷川博隆著

大国ローマと戦ったカルタゴの英雄の生涯。地中海世界の覇権をかけて激突した古代ローマとカルタゴ。大国ローマを屈服寸前まで追いつめたカルタゴの将軍ハンニバルの天才的な戦略と悲劇的な生涯を描く。

1720

中世ヨーロッパの歴史
堀越孝一著

ヨーロッパとは何か。その成立にキリスト教が果たした役割とは？　地中海古代社会から森林と原野の内陸部へ展開、多様な文化融合がもたらしたヨーロッパ世界の形成過程を「中世人」の眼でいきいきと描きだす。

1763

中世ヨーロッパの都市の生活
J・ギース、F・ギース著／青島淑子訳

一二五〇年、トロワ。年に二度、シャンパーニュ大市が開催され、活況を呈する町を舞台に、ヨーロッパの人々の暮らしを逸話を交え、立体的に再現する。活気に満ち繁栄した中世都市の実像を生き生きと描く。

1776

十二世紀ルネサンス

伊東俊太郎著（解説・三浦伸夫）

中世の真っ只中、閉ざされた一文化圏であったヨーロッパが突如として「離陸」を開始する十二世紀。多くの書がラテン訳され充実する知的基盤。先進的アラビアに接し文明形態を一新していく歴史の動態を探る。

1780

紫禁城の栄光 明・清全史

岡田英弘・神田信夫・松村 潤著

十四～十九世紀、東アジアに君臨した二つの帝国。遊牧帝国と農耕帝国の合体が生んだ巨大な多民族国家・中国。政治改革、広範な交易網、度重なる戦争……。シナが中国へと発展する四百五十年の歴史を活写する。

1784

文明の十字路＝中央アジアの歴史

岩村 忍著

ヨーロッパ、インド、中国、中東の文明圏の間に生きた中央アジアの民。東から絹を西から黄金を運んだシルクロード。世界の屋根に分断されたトルキスタン。草原の民とオアシスの民がくり広げた壮大な歴史とは？

1803

生き残った帝国ビザンティン

井上浩一著

興亡を繰り返すヨーロッパとアジアの境界、「文明の十字路」にあって、なぜ一千年以上も存続しえたか。皇帝・貴族・知識人は変化にどう対応したか。ローマ皇帝の改宗から帝都陥落まで「奇跡の一千年」を活写。

1866

英語の冒険

M・ブラッグ著／三川基好訳

英語はどこから来てどのように世界一五億人の言語となったのか。一五〇〇年前、一五万人の話者しかいなかった英語の祖先は絶滅の危機を越えイングランドの言葉から「共通語」へと大発展。その波瀾万丈の歴史。

1869

中世ヨーロッパの農村の生活

J・ギース、F・ギース著／青島淑子訳

中世ヨーロッパ全人口の九割以上は農村に生きた。舞台はイングランドの農村。飢饉や黒死病、修道院解散や囲い込みに苦しむ人々は、村という共同体でどう生き抜いたか。文字記録と考古学的発見から描き出す。

1874

池内　紀著
悪魔の話
ヨーロッパ人をとらえつづけた想念の歴史。彼らの不安と恐怖が造り出した「悪魔」観念はやがて魔女狩りという巨大な悲劇を招く。現代にも忍び寄る、あの悪夢を想起しないではいられない決定版・悪魔学入門。
2154

ウィリアム・H・マクニール著／清水廣一郎訳
ヴェネツィア 東西ヨーロッパのかなめ　1081～1797
ベストセラー『世界史』の著者のもうひとつの代表作。十字軍の時代からナポレオンによる崩壊まで、軍事・造船・行政の技術や商業資本の蓄積に着目し、地中海最強の都市国家の盛衰と、文化の相互作用を描き出す。
2192

パット・バー著／小野崎晶裕訳
イザベラ・バード 旅に生きた英国婦人
日本、チベット、ペルシア、モロッコ……。外国人が足を運ばなかった未開の奥地まで旅した十九世紀後半の最も著名なイギリス人女性旅行家。その幼少期から異国での苦闘、晩婚後の報われぬ日々まで激動の生涯。
2200

南川高志著
ローマ五賢帝「輝ける世紀」の虚像と実像
賢帝ハドリアヌスは、同時代の人々には恐るべき「暴君」だった！「人類が最も幸福だった」とされるローマ帝国最盛期は、激しい権力抗争の時代でもあった。平和と安定の陰に隠された暗闘を史料から解き明かす。
2215

川北　稔著
イギリス　繁栄のあとさき
今日英国から学ぶべきは、衰退の中身である――。産業革命を支えたカリブ海の砂糖プランテーション。資本主義を担ったジェントルマンの非合理性……。世界システム論を日本に紹介した碩学が解く大英帝国史。
2224

本村凌二著
愛欲のローマ史 変貌する社会の底流
カエサルは妻に愛をささやいたか？　古代ローマ人の愛と性のかたちを描き、その内なる心性と歴史の深層をとらえる社会史の試み。性愛と家族をめぐる意識の変化は、やがてキリスト教大発展の土壌を築いていく。
2235